Histoire Naturelle Des Oiseaux: Tome Troisième...

Philippe Guéneau de Montbeillard, Georges-Louis
Leclerc Buffon (Comte de), Imprimerie Royale (París)

A. 2ª 2ª

~~A. 2-3~~

72-2-3

MED. 5717

35-2-A-23

HISTOIRE
NATURELLE
DES OISEAUX.

Tome Troisième.

A PARIS,
DE L'IMPRIMERIE ROYALE.

M. DCCLXXIV.

TABLE

De ce qui eſt contenu dans ce Volume.

T A B L E.

TABLE.

b

TABLE.

TABLE.

TABLE.

Par M. DE MONTBEILLARD.

HISTOIRE

HISTOIRE NATURELLE.

LE PIGEON.

IL étoit aifé de rendre domeftiques des oifeaux pefans, tels que les coqs, les dindons & les paons; mais ceux qui font légers & dont le vol eft rapide, demandoient plus d'art pour être fub-jugués; une chaumière baffe dans un terrein clos, fuffit pour contenir, élever & faire multiplier nos volailles; il faut des tours, des bâtimens élevés faits exprès, bien enduits en dehors & garnis en dedans de nombreufes cellules, pour attirer, retenir & loger les Pigeons: ils ne font réellement ni domeftiques comme les chiens & les chevaux, ni prifonniers comme les poules, ce font plutôt des captifs volontaires, des hôtes fugitifs, qui ne fe tiennent dans le logement qu'on leur offre, qu'autant qu'ils s'y plaifent, autant qu'ils y trouvent la nourriture abondante, le gîte agréable & toutes les commodités, toutes les aifances néceffaires à la vie; pour peu que quelque chofe leur manque ou leur déplaife, ils quittent & fe difperfent pour aller ailleurs: il y en a même qui préfèrent conftamment les trous poudreux des vieilles murailles aux boulins les plus propres de nos colombiers ; d'autres qui fe gîtent dans des fentes & des creux d'arbres; d'autres qui femblent fuir nos habitations & que rien ne peut y attirer; tandis qu'on en voit au contraire qui n'ofent les quitter, & qu'il faut nourrir autour de leur volière qu'ils n'abandonnent jamais. Ces habitudes oppofées, ces différences de mœurs fembleroient indiquer qu'on comprend fous le nom de *pigeon*, un grand nombre d'efpèces diverfes dont chacune auroit fon naturel propre & différent de celui des autres : & ce qui fembleroit confirmer cette idée, c'eft l'opinion de nos Nomenclateurs modernes qui comptent indépendamment d'un grand nombre de variétés, cinq efpèces de pigeons, fans y comprendre ni les ramiers ni les tourterelles. Nous féparerons d'abord ces deux dernières efpèces de celles des pigeons ; & comme ce font en effet des oifeaux qui diffèrent fpécifiquement les uns des autres, nous traiterons de chacun dans un article féparé.

Les cinq efpèces de pigeons indiqués par nos Nomenclateurs, font, 1.° le pigeon domeftique, 2.° le pigeon romain, fous l'efpèce duquel ils comprennent feize variétés, 3.° le pigeon bifet, 4.° le pigeon de roche avec une variété, 5.° le pigeon fauvage *(a):* or ces cinq efpèces, à mon avis, n'en font qu'une, & voici la preuve : le pigeon domeftique & le pigeon romain avec toutes fes variétés, quoique différens par la grandeur & par les couleurs, font certainement de la même efpèce, puifqu'ils produifent enfemble des individus féconds & qui fe reproduifent. On ne doit donc pas regarder les pigeons de volière & les pigeons de colombier, c'eft-à-dire les grands & les petits pigeons domeftiques, comme deux efpèces différentes ; & il faut fe borner à dire que ce font deux races dans une feule efpèce, dont l'une eft plus domeftique & plus perfectionnée que l'autre : de même, le pigeon bifet, le pigeon de roche & le pigeon fauvage, font trois efpèces nominales

_____

(a) Briffon, *Ornithologie*, tome I, page 68 jufqu'à 89.

qu'on doit réduire à une feule, qui eft celle du bifet, dans laquelle le pigeon de roche & le pigeon fauvage ne font que des variétés très-légères; puifque de l'aveu même de nos Nomenclateurs, ces trois oifeaux font à peu près de la même grandeur; que tous trois font de paffage, fe perchent, ont en tout les mêmes habitudes naturelles, & ne diffèrent entr'eux que par quelques teintes de couleurs.

Voilà donc nos cinq efpèces nominales déjà réduites à deux; favoir, le bifet & le pigeon, entre lefquelles deux il n'y a de différence réelle, finon que le premier eft fauvage & le fecond eft domeftique: je regarde le bifet comme la fouche première de laquelle tous les autres pigeons tirent leur origine, & duquel ils diffèrent plus ou moins, felon qu'ils ont été plus ou moins maniés par les hommes; quoique je n'aie pas été à portée d'en faire l'épreuve, je fuis perfuadé que le bifet & le pigeon de nos colombiers produiroient enfemble, s'ils étoient unis; car il y a moins loin de notre petit pigeon domeftique au bifet, qu'aux gros pigeons pattus ou romains avec lefquels néanmoins il s'unit & produit: d'ailleurs, nous voyons dans cette efpèce toutes les nuances du fauvage au domeftique, fe préfenter fucceffivement & comme par ordre de généalogie, ou plutôt de dégénération. Le bifet nous eft repréfenté d'une manière à ne pouvoir s'y méprendre, par ceux de nos pigeons fuyards qui défertent nos colombiers & prennent l'habitude de fe percher fur les arbres, c'eft la première & la plus forte nuance de leur retour à l'état de nature: ces pigeons, quoiqu'élevés dans l'état de domefticité, quoiqu'en apparence accoutumés comme les autres à un domicile fixe, à des habitudes communes, quittent ce domicile, rompent toute fociété, & vont s'établir dans les bois; ils retournent donc à leur état de nature pouffés par leur feul inftinct. D'autres apparemment moins courageux, moins hardis, quoiqu'également amoureux de leur liberté, fuient de nos colombiers pour aller habiter folitairement quelques trous de muraille, ou bien en petit nombre fe réfugient dans une tour peu fréquentée; & malgré les dangers, la difette & la folitude de ces lieux où ils manquent de tout, où ils font expofés à la belette, aux rats, à la fouine, à la chouette, & où ils font forcés de fubvenir en tout temps à leurs befoins par leur feule induftrie; ils reftent néanmoins conftamment dans ces habitations incommodes, & les préfèrent pour toujours à leur premier domicile, où cependant ils font nés, où ils ont été élevés, où tous les exemples de la fociété auroient dû les retenir; voilà la feconde nuance: ces pigeons de murailles ne retournent pas en entier à l'état de nature; ils ne fe perchent pas comme les premiers, & font néanmoins beaucoup plus près de l'état libre que de la condition domeftique. La troifième nuance eft celle de nos pigeons de colombier, dont tout le monde connoît les mœurs, & qui, lorfque leur demeure leur convient, ne l'abandonnent pas, ou ne la quittent que pour en prendre une qui leur convient encore mieux, & ils n'en fortent que pour aller s'égaier ou fe pourvoir dans les champs voifins: or, comme c'eft parmi ces pigeons même que fe trouvent les fuyards & les déferteurs dont nous venons de parler, cela prouve que tous n'ont pas encore perdu leur inftinct d'origine, & que l'habitude de la libre domefticité dans laquelle ils vivent, n'a pas entièrement effacé les traits de leur première nature à laquelle ils pourroient encore remonter: mais il n'en eft pas de même de la quatrième & dernière nuance dans l'ordre de la génération; ce font les gros & petits pigeons de volière, dont les races, les variétés, les mélanges font prefque

innumérables,

innumérables, parce que depuis un temps immémorial ils font abfolument domeftiques; & l'homme, en perfectionnant les formes extérieures, a en même temps altéré leurs qualités intérieures, & détruit jufqu'au germe du fentiment de la liberté; ces oifeaux, la plupart plus grands, plus beaux que les pigeons communs, ont encore l'avantage pour nous d'être plus féconds, plus gras, de meilleur goût; & c'eft par toutes ces raifons qu'on les a foignés de plus près, & qu'on a cherché à les multiplier malgré toutes les peines qu'il faut fe donner pour leur éducation & pour le fuccès de leur nombreux produit & de leur pleine fécondité: dans ceux-ci aucun ne remonte à l'état de nature, aucun même ne s'élève à celui de liberté, ils ne quittent jamais les alentours de leur volière, il faut les y nourrir en tout temps; la faim la plus preffante ne les détermine pas à aller chercher ailleurs; ils fe laiffent mourir d'inanition plutôt que de quêter leur fubfiftance, accoutumés à la recevoir de la main de l'homme ou à la trouver toute préparée, toujours dans le même lieu, ils ne favent vivre que pour manger, & n'ont aucune des reffources, aucuns des petits talens que le befoin infpire à tous les animaux: on peut donc regarder cette dernière claffe dans l'ordre des pigeons, comme abfolument do-meftique, captive fans retour, entièrement dépendante de l'homme: & comme il a créé tout ce qui dépend de lui, on ne peut douter qu'il ne foit l'auteur de toutes ces races efclaves, d'autant plus perfectionnées pour nous, qu'elles font plus dégénérées, plus viciées pour la Natūre.

Suppofant une fois nos colombiers établis & peuplés, ce qui étoit le premier point & le plus difficile à remplir pour obtenir quelqu'empire fur une efpèce auffi fugitive, auffi volage, on fe fera bientôt aperçu que dans le grand nombre de jeunes pigeons que ces établissemens nous produisent à chaque saison, il s'en trouve quelques-uns qui varient pour la grandeur, la forme & les couleurs. On aura donc choisi les plus gros, les plus singuliers, les plus beaux, on les aura séparés de la troupe commune pour les élever à part avec des soins plus assidus & dans une captivité plus étroite; les descendans de ces esclaves choisis auront encore présenté de nouvelles variétés qu'on aura distinguées, séparées des autres, unissant constamment & mettant ensemble ceux qui ont paru les plus beaux ou les plus utiles. Le produit en grand nombre est la première source des variétés dans les espèces; mais le maintien de ces variétés & même leur multiplication dépend de la main de l'homme; il faut recueillir de celle de la Nature les individus qui se ressemblent le plus, les séparer des autres, les unir ensemble, prendre les mêmes soins pour les variétés qui se trouvent dans les nombreux produits de leurs descendans, & par ces attentions suivies on peut avec le temps créér à nos yeux, c'est-à-dire, amener à la lumière une infinité d'êtres nouveaux que la Nature seule n'auroit jamais produits: les semences de toute matière vivante lui appartiennent, elle en compose tous les germes des êtres organisés; mais la combinaison, la succession, l'assortissement, la réunion ou la séparation de chacun de ces êtres, dépendent souvent de la volonté de l'homme; dès-lors il est le maître de forcer la Nature par ses combinaisons & de la fixer par son industrie; de deux individus singuliers qu'elle aura produits comme par hasard, il en fera une race constante & perpétuelle, & de laquelle il tirera plusieurs autres races qui, sans ses soins, n'auroient jamais vu le jour.

Si quelqu'un vouloit donc faire l'histoire complette & la description détaillée des pigeons de volière, ce seroit moins l'histoire

de la Nature que celle de l'art de l'homme ; & c'eſt par cette
raiſon que nous croyons devoir nous borner ici à une ſimple énumération, qui contiendra l'expoſition des principales variétés de
cette eſpèce, dont le type eſt moins fixe & la forme plus variable
que dans aucun autre animal.

Le Biset *(b)* ou pigeon ſauvage, *planche 510,* eſt la tige
primitive de tous les autres pigeons : communément il eſt de la
même grandeur & de la même forme, mais d'une couleur plus
biſe que le pigeon domeſtique, & c'eſt de cette couleur que lui
vient ſon nom ; cependant il varie quelquefois pour les couleurs
& la groſſeur, car le pigeon dont Friſch a donné la figure ſous
le nom de *Columba agreſtis (c),* n'eſt qu'un biſet blanc à tête &
queue rouſſes ; & celui que le même auteur a donné ſous la dénomination de *Vinago, ſive Columba montana (d),* n'eſt encore
qu'un biſet noir-bleu ; c'eſt le même qu'Albin a décrit ſous le
nom de *pigeon ramier (e),* qui ne lui convient pas ; & le
même encore dont Belon parle ſous le nom de *pigeon fuyard,*
qui lui convient mieux *(f);* car on peut préſumer que l'origine
de cette variété dans les biſets vient de ces pigeons dont j'ai parlé,

(b) Biſet. Belon, *Hiſt. des Oiſeaux,* page 311 .... Biſet, Croiſeau. *Idem,* Portraits
d'oiſeaux, *page 77,* b. *Nota.* Le nom *Croiſeau* vient peut-être de croiſé, les ailes & la
queue du biſet étant croiſées de bandes noires ou brunes. —— *Columba livia.* Geſner, *Avi.*
pag. 307 .... *Palumbus vel palumbes minor.* Idem. *Icon. Avi.* pag. 66. —— *Columba fera
ſaxatilis.* Schwenckfeld, *Theriot. Sil.* pag. 240. —— *Columba ſaxatilis M. Varronis.* Aldrov.
Avi. tom. II, pag. 483. —— Biſet. Albin, *tome III, page 18,* avec une figure, *planche
XLIV.* —— Le biſet. Briſſon, *Ornithologie,* tome I, page 82.

(c) Friſch, *planche CXLIII,* avec une bonne figure coloriée.

(d) Friſch, *planche CXXXIX,* avec une bonne figure coloriée.

(e) Albin, *tome II, page 31,* avec une figure, *planche XLVI.*

(f) Belon, *Hiſt. nat. des Oiſeaux,* page 312.

qui fuient & défertent nos colombiers pour fe rendre fauvages,
d'autant que ces bifets noirs-bleus nichent non-feulement dans les
arbres creux, mais auffi dans les trous des bâtimens ruinés & les
rochers qui font dans les forêts, ce qui leur a fait donner par
quelques Naturaliftes le nom de *pigeons de roche* ou *rocheraies :*
& comme ils aiment auffi les terres élevées & les montagnes,
d'autres les ont appelés *pigeons de montagne.* Nous remarquerons
même que les Anciens ne connoiffoient que cette efpèce de
pigeon fauvage, qu'ils appeloient Oἰνάς ou *Vinago*, & qu'ils ne
font nulle mention de notre bifet, qui néanmoins eft le feul
pigeon vraiment fauvage & qui n'a pas paffé par l'état de domefticité. Un fait qui vient à l'appui de mon opinion fur ce point,
c'eft que dans tous les pays où il y a des pigeons domeftiques,
on trouve auffi des *oenas,* depuis la Suède *(g)* jufque dans les
climats chauds *(h),* au lieu que les bifets ne fe trouvent pas dans
les pays froids, & ne reftent que pendant l'été dans nos pays
tempérés; ils arrivent par troupes en Bourgogne, en Champagne
& dans les autres provinces feptentrionales de la France, vers la

---

(g) Columba cærulefcens, collo nitido, maculâ duplici alarum nigricante. Linnæus, *Fauna
Suecica,* n.° 174.

(h) On trouve par-tout dans la Perfe des pigeons fauvages & domeftiques, mais les
fauvages font en bien plus grande quantité; & comme la fiente de pigeon eft le meilleur
fumier pour les melons, on élève grand nombre de pigeons, & avec foin, dans tout le
royaume; c'eft je crois le pays de tout le monde où l'on fait les plus beaux colombiers...
on compte plus de trois mille colombiers autour d'Hifpaham: c'eft un plaifir du peuple de
prendre des pigeons à la campagne.... par le moyen des pigeons apprivoifés & élevés
à cet ufage, qu'ils font voler en troupes tout le long du jour après les pigeons fauvages;
ils les mettent parmi eux dans leur troupe, & les amènent ainfi au colombier. *Voyage de
Chardin*, tome II, pages 29 & 30. *Voyez auffi Tavernier*, tome II, pages 22 & 23.
— Les pigeons de l'île Rodrigue font un peu plus petits que les nôtres, tous de couleur
d'ardoife, & toujours fort gras & fort bons; ils perchent & nichent fur les arbres, & on
les prend très-aifément. *Voyage de Leguat*, tome I, page 106.

fin

fin de février & au commencement de mars; ils s'établissent dans les bois, y nichent dans des creux d'arbres, pondent deux ou trois œufs au printemps, & vraisemblablement font une seconde ponte en été; & à chaque ponte ils n'élèvent que deux petits, & s'en retournent dans le mois de novembre : ils prennent leur route du côté du midi, & se rendent probablement en Afrique par l'Espagne pour y passer l'hiver.

Le biset ou pigeon sauvage, & l'oenas ou le pigeon déserteur qui retourne à l'état de sauvage, se perchent, & par cette habitude se distinguent du pigeon de muraille qui déserte aussi nos colombiers, mais qui semble craindre de retourner dans les bois, & ne se perche jamais sur les arbres : après ces trois pigeons dont les deux derniers sont plus ou moins près de l'état de nature, vient le pigeon *(i)* de nos colombiers, *planche 466,* qui, comme nous l'avons dit, n'est qu'à demi domestique, & retient encore de son premier instinct l'habitude de voler en troupe : s'il a perdu le courage intérieur d'où dépend le sentiment de l'indépendance, il a acquis d'autres qualités qui, quoique moins nobles, paroissent plus agréables par leurs effets. Ils produisent souvent trois fois l'année; & les pigeons de volière produisent jusqu'à dix & douze fois, au lieu que le biset ne produit qu'une ou deux fois tout au

---

(i) En Grec, Πελειας; en Latin, *Columba;* en Espagnol, *Colont ou Paloma;* en Italien, *Columbo, Columba;* en Allemand, *Taube* ou *Tauben;* en Saxon, *Duve;* en Suédois, *Duwa;* en Anglois, *Dove, common dove house pigeon;* en Polonois, *Golab.* — Pigeon. Belon, *Hist. nat. des Oiseaux,* page 3 1 3 ....Coulon, Colombe, Pigeon, Pigeon privé. *Idem,* Portraits d'oiseaux, *page 78, a.—Columba vulgaris.* Gesner, *de Avibus,* pag. 279. *Columba,* Prosper. Alpin. *Ægypt.* vol. I, pag. 198. *—Columba vulgaris.* Sloane, *Jamaïc.* pag. 302. — Pigeon. Du Tertre, *Hist. des Antilles,* tome II, page 266. — Pigeon sauvage ordinaire. Albin, *tome III, page 17,* avec une figure, *planche XLII.*— Le Pigeon domestique. Brisson, *Ornithol.* tom. I, pag. 68.

plus; combien de plaisirs de plus suppose cette différence, sur-tout dans une espèce qui semble les goûter dans toutes leurs nuances, & en jouir plus pleinement qu'aucune autre! ils pondent à deux jours de distance, presque toujours deux œufs, rarement trois, & n'élèvent presque jamais que deux petits, dont ordinairement l'un se trouve mâle & l'autre femelle; il y en a même plusieurs, & ce sont les plus jeunes qui ne pondent qu'une fois; car le produit du printemps est toujours plus nombreux, c'est-à-dire, la quantité de pigeonneaux dans le même colombier plus abondante qu'en automne, du moins dans ces climats. Les meilleurs colombiers où les pigeons se plaisent & multiplient le plus, ne sont pas ceux qui sont trop voisins de nos habitations; placez-les à quatre ou cinq cents pas de distance de la ferme, sur la partie la plus élevée de votre terrein, & ne craignez pas que cet éloignement nuise à leur multiplication; ils aiment les lieux paisibles, la belle vue, l'exposition au levant, la situation élevée où ils puissent jouir des premiers rayons du Soleil: j'ai souvent vu les pigeons de plusieurs colombiers, situés dans le bas d'un vallon, en sortir avant le lever du soleil pour gagner un colombier situé au-dessus de la colline, & s'y rendre en si grand nombre que le toit étoit entiè-rement couvert de ces pigeons étrangers, auxquels les domiciliés étoient obligés de faire place, & quelquefois même forcés de la céder: c'est sur-tout au printemps & en automne qu'ils semblent rechercher les premières influences du soleil, la pureté de l'air & les lieux élevés. Je puis ajouter à cette remarque une autre obser-vation, c'est que le peuplement de ces colombiers isolés, élevés & situés haut, est plus facile, & le produit bien plus nombreux que dans les autres colombiers; j'ai vu tirer quatre cents paires de pigeonneaux d'un de mes colombiers, qui par sa situation &

la hauteur de sa bâtisse, étoit élevé d'environ deux cents pieds au-dessus des autres colombiers, tandis que ceux-ci ne produisoient que le quart ou le tiers tout au plus ; c'est-à-dire, cent ou cent trente paires ; il faut seulement avoir soin de veiller à l'oiseau de proie qui fréquente de préférence ces colombiers élevés & isolés, & qui ne laisse pas d'inquiéter les pigeons sans néanmoins en détruire beaucoup, car il ne peut saisir que ceux qui se séparent de la troupe.

Après le pigeon de nos colombiers qui n'est qu'à demi domestique, se présentent les pigeons de volière qui le sont entièrement, & dont nous avons si fort favorisé la propagation des variétés, les mélanges & la multiplication des races, qu'elles demanderoient un volume d'écriture & un autre de planches, si nous voulions les décrire & les représenter toutes ; mais, comme je l'ai déjà fait sentir, ceci est plutôt un objet de curiosité & d'art qu'un sujet d'Histoire Naturelle ; & nous nous bornerons à indiquer les principales branches de cette famille immense, auxquelles on pourra rapporter les rameaux & les rejetons des variétés secondaires.

Les Curieux en ce genre donnent le nom de *biset* à tous les pigeons qui vont prendre leur vie à la campagne, & qu'on met dans de grands colombiers : ceux qu'ils appellent *pigeons domestiques* ne se tiennent que dans de petits colombiers ou volières, & ne se répandent pas à la campagne ; il y en a de plus grands & de plus petits ; par exemple, les pigeons culbutans & les pigeons tournans, qui sont les plus petits de tous les pigeons de volière, le sont plus que le pigeon de colombier : ils sont aussi plus légers de vol & plus dégagés de corps, & quand ils se mêlent avec les pigeons de colombier, ils perdent l'habitude de tourner & de culbuter ; il semble que ce soit l'état de captivité forcée qui leur fait tourner la tête, & qu'elle reprend son assiette dès qu'ils recouvrent leur liberté.

Les races pures, c'est-à-dire, les variétés principales de pigeons domestiques avec lesquelles on peut faire toutes les variétés secondaires de chacune de ces races, sont, 1.° les pigeons appelés *grosses gorges,* parce qu'ils ont la faculté d'enfler prodigieusement leur jabot en aspirant & retenant l'air; 2.° les pigeons mondains qui sont les plus recommandables par leur fécondité, ainsi que les pigeons romains, les pigeons pattus & les nonains; 3.° les pigeons - paons qui élèvent & étalent leur large queue comme le dindon ou le paon; 4.° le pigeon - cravatte ou à gorge frisée; 5.° le pigeon - coquille Hollandois; 6.° le pigeon - hirondelle; 7.° le pigeon - carme; 8.° le pigeon - heurté; 9.° les pigeons Suisses; 10.° le pigeon culbutant; 11.° le pigeon tournant.

La race du pigeon grosse-gorge est composée des variétés suivantes.

1.° Le pigeon grosse-gorge soupe-en-vin, dont les mâles sont très-beaux, parce qu'ils sont panachés, & dont les femelles ne panachent point.

2.° Le pigeon grosse-gorge chamois panaché: la femelle ne panache point; c'est à cette variété qu'on doit rapporter le pigeon de la *planche C X L V I* de Frisch, que les Allemands appellent *Kropf - taube* ou *Kroüper,* & que cet auteur a indiqué sous la dénomination de *columba strumosa seu columba œsophago inflato.*

3.° Le pigeon grosse-gorge, blanc comme un cygne.

4.° Le pigeon grosse-gorge blanc, pattu & à longues ailes qui se croisent sur la queue, dans lequel la boule de la gorge paroît fort détachée.

5.°

5.° Le pigeon groſſe-gorge gris panaché, & le gris doux, dont la couleur eſt douce & uniforme par tout le corps.

6.° Le pigeon groſſe-gorge gris-de-fer, gris barré & à rubans.

7.° Le pigeon groſſe-gorge gris piqué comme argenté.

8.° Le pigeon groſſe-gorge-jacinte d'une couleur bleue ouvragée en blanc.

9.° Le pigeon groſſe-gorge couleur de feu; il y a ſur toutes ſes plumes une barre bleue & une barre rouge, & la plume eſt terminée par une barre noire.

10.° Le pigeon groſſe-gorge couleur de bois de noyer.

11.° Le pigeon groſſe-gorge couleur de marron avec les pennes de l'aile toutes blanches.

12.° Le pigeon groſſe-gorge maurin d'un beau noir velouté avec les dix plumes de l'aile blanches comme dans le groſſe-gorge marron; ils ont tous deux la bavette ou le mouchoir blanc ſous le cou, & dans ces dernières races à vol blanc & à groſſe gorge, la *femelle* eſt ſemblable au mâle; au reſte, dans toutes les races de groſſes-gorges d'origine pure, c'eſt-à-dire de couleur uniforme, les dix pennes ſont toutes blanches juſqu'à la moitié de l'aile, & on peut regarder ce caractère comme général.

13.° Le pigeon groſſe-gorge ardoiſé avec le vol blanc & la cravatte blanche; la femelle eſt ſemblable au mâle. Voilà les races principales des pigeons à groſſe-gorge : mais il y en a encore pluſieurs autres moins belles, comme les rouges, les olives, les couleurs de nuit, &c.

Tous les pigeons en général ont plus ou moins la faculté d'enfler

Tome III. D

leur jabot en infpirant l'air; on peut de même le faire enfler en foufflant de l'air dans leur gofier : mais cette race de pigeons groffe-gorge, ont cette même faculté d'enfler leur jabot fi fupérieurement qu'elle doit dépendre d'une conformation particulière dans les organes; ce jabot prefque auffi gros que tout le refte de leur corps, & qu'ils tiennent continuellement enflé, les oblige à retirer leur tête, & les empêche de voir devant eux : auffi pendant qu'ils fe rengorgent, l'oifeau de proie les faifit fans qu'ils l'aperçoivent; on les élève donc plutôt par curiofité que pour l'utilité.

Une autre race eft celle des pigeons mondains : c'eft la plus commune & en même temps la plus eftimée à caufe de fa grande fécondité.

Le mondain eft à peu-près d'une moitié plus fort que le bifet; la femelle reffemble affez au mâle; ils produifent prefque tous les mois de l'année, pourvu qu'ils foient en petit nombre dans la même volière, & il leur faut au moins à chacun trois ou quatre paniers ou plutôt des trous un peu profonds formés comme des cafes, avec des planches, afin qu'ils ne fe voient pas lorfqu'ils couvent; car chacun de ces pigeons défend non-feulement fon panier & fe bat contre les autres qui veulent en approcher, mais même il fe bat auffi pour tous les paniers qui font de fon côté.

Par exemple, il ne faut que huit paires de ces pigeons mondains dans un efpace carré de huit pieds de côté : & les perfonnes qui en ont élevé, affurent qu'avec fix paires on pourroit avoir tout autant de produit: plus on augmente leur nombre dans un efpace donné, plus il y a de combats, de tapage & d'œufs caffés. Il y a dans cette race affez fouvent des mâles ftériles & auffi des femelles infécondes, & qui ne pondent pas.

Ils font en état de produire à huit ou neuf mois d'âge, mais ils ne font en pleine ponte qu'à la troifième année; cette pleine ponte dure jufqu'à fix ou fept ans, après quoi le nombre des pontes diminue, quoiqu'il y en ait qui pondent encore à l'âge de douze ans; la ponte des deux œufs fe fait quelquefois en vingt-quatre heures, & dans l'hiver en deux jours, en forte qu'il y a un intervalle de temps différent fuivant la faifon entre la ponte de chaque œuf; la femelle tient chaud fon premier œuf fans néanmoins le couver affidûment; elle ne commence à couver conftamment qu'après la ponte du fecond œuf; l'incubation dure ordinairement dix-huit jours, quelquefois dix-fept, fur-tout en été, & jufqu'à dix-neuf ou vingt jours en hiver: l'attachement de la femelle à fes œufs eft fi grand, fi conftant, qu'on en a vu fouffrir les incommodités les plus grandes & les douleurs les plus cruelles plutôt que de les quitter. Une femelle entr'autres dont les pattes gelèrent & tombèrent, & qui malgré cette fouffrance & cette perte de membres, continua fa couvée jufqu'à ce que fes petits fuffent éclos; fes pattes avoient gelé, parce que fon panier étoit tout près de la fenêtre de la volière.

Le mâle pendant que fa femelle couve fe tient fur le panier le plus voifin, & au moment que preffée par le befoin de manger, elle quitte fes œufs pour aller à la tremie, le mâle qu'elle a appelé auparavant par un petit roucoulement, prend fa place, couve fes œufs, & cette incubation du mâle dure deux ou trois heures chaque fois, & fe renouvelle ordinairement deux fois en vingt-quatre heures.

On peut réduire les variétés de la race des pigeons mondains à trois pour la grandeur, qui toutes ont pour caractère commun un filet rouge autour des yeux:

1.° Les premiers mondains font des oifeaux lourds, & à peu près gros comme de petites poules, on ne les recherche qu'à caufe de leur grandeur; car ils ne font pas bons pour la multiplication.

2.° Les bagadais font de gros mondains avec un tubercule au-deffus du bec en forme d'une petite morille, & un ruban rouge beaucoup plus large autour des yeux, c'eft-à-dire, une feconde paupière charnue rougeâtre qui leur tombe même fur les yeux lorfqu'ils font vieux, & les empêche alors de voir: ces pigeons ne produifent que difficilement & en petit nombre.

Les bagadais ont le bec courbé & crochu, & ils préfentent plufieurs variétés: il y en a de blancs, de noirs, de rouges, de minimes, &c.

3.° Le pigeon Efpagnol qui eft encore un pigeon mondain, auffi gros qu'une poule & qui eft très-beau; il diffère du bagadais en ce qu'il n'a point de morille au-deffus du bec, que la feconde paupière charnue eft moins faillante, & que le bec eft droit au lieu d'être courbé: on le mêle avec le bagadais, & le produit eft un très-gros & très-grand pigeon.

4.° Le pigeon turc qui a, comme le bagadais, une groffe excroiffance au-deffus du bec avec un ruban rouge qui s'étend depuis le bec autour des yeux: ce pigeon turc eft très-gros, huppé, bas de cuiffes, large de corps & de vol; il y en a de minimes ou bruns prefque noirs, tels que celui qui eft repréfenté dans la *planche CXLIX* de Frifch; d'autres dont la couleur eft gris-de-fer, gris de-lin, chamois & foupe-en-vin: ces pigeons font très-lourds & ne s'écartent pas de leur volière.

5.° Les pigeons romains, qui ne font pas tout-à-fait fi grands que les turcs, mais qui ont le vol auffi étendu, n'ont point de huppe; il y en a de noirs, de minimes & de tachetés *(pl. 110)*.

Ce

Ce font-là les plus gros pigeons domeſtiques ; il y en a d'autres de moyenne grandeur & d'autres plus petits. Dans les pigeons pattus qui ont les pieds couverts de plumes juſque ſur les ongles, on diſtingue le pattu ſans huppe dont Friſch a donné la figure, *planche CXLV,* ſous la dénomination de *trummel taube* en allemand, & de *columba tympaniſans* en latin, *pigeon tambour* en françois ; & le pattu huppé dont le même Auteur a donné la figure, *planche CXLIV,* ſous le nom de *mon taube* en allemand, & ſous la dénomination latine *columba menſtrua ſeu criſtata pedibus plumoſis :* ce pigeon pattu que l'on appelle *pigeon tambour,* ſe nomme auſſi *pigeon glou glou,* parce qu'il répète continuelle-ment ce ſon, & que ſa voix imite le bruit du tambour entendu de loin ; le pigeon pattu huppé eſt auſſi appelé *pigeon de mois,* parce qu'il produit tous les mois & qu'il n'attend pas que ſes petits ſoient en état de manger ſeuls pour couver de nouveau ; c'eſt une race recommandable par ſon utilité, c'eſt-à-dire, par ſa grande fécondité, qui cependant ne doit pas ſe compter de douze fois par an, mais communément de huit & neuf pontes, ce qui eſt encore un très-grand produit.

Dans les races moyennes & petites de pigeons domeſtiques, on diſtingue le pigeon nonain dont il y a pluſieurs variétés ; ſavoir, le ſoupe-en-vin, le rouge panaché, le chamois panaché ; mais dont les femelles de tous trois ne ſont jamais panachées : il y a auſſi dans la race des nonains, une variété qu'on appelle *pigeon maurin,* qui eſt *tout* noir avec la tête blanche & le bout des ailes auſſi blanc ; & c'eſt à cette variété qu'on doit rapporter le pigeon de la *planche CL* de Friſch, auquel il donne en allemand le nom de *ſchleyer* ou *parruquen taube;* & en latin, *columba galerita;* & qu'il traduit en françois par pigeon coiffé ; mais en général, tous les nonains, soit maurins ou autres, sont coiffés, ou plutôt ils ont comme un demi-capuchon sur la tête qui descend le long du cou & s'étend sur la poitrine, en forme de cravate composée de plumes redressées: cette variété est voisine de la race du pigeon grosse-gorge; car ce pigeon coiffé est de la même grandeur, & fait aussi enfler un peu son jabot; il ne produit pas autant que les autres nonains dont les plus parfaits sont tout blancs, & sont ceux qu'on regarde comme les meilleurs de la race; tous ont le bec très-court; ceux-ci produisent beaucoup, mais les pigeonneaux sont très-petits.

Le pigeon-paon est un peu plus gros que le pigeon nonain; on l'appelle pigeon-paon, parce qu'il peut redresser sa queue & l'étaler comme le paon. Les plus beaux de cette race ont jusqu'à trente-deux plumes à la queue, tandis que les pigeons d'autres races n'en ont que douze; lorsqu'ils redressent leur queue, ils la poussent en avant, & comme ils retirent en même temps la tête en arrière, elle touche à la queue. Ils tremblent aussi pendant tout le temps de cette opération, soit par la forte contraction des muscles, soit par quelqu'autre cause, car il y a plus d'une race de pigeons trembleurs *(k);* c'est ordinairement quand ils sont en amour, qu'ils étalent ainsi leur queue, mais ils le font aussi dans d'autres temps. La femelle relève & étale sa queue comme le mâle, & l'a toute aussi belle; il y en a de tout blancs, d'autres blancs, avec la tête & la queue noires; & c'est à cette seconde variété qu'il faut rapporter le pigeon de la *planche CLI* de Frisch, qu'il appelle en allemand *pfau-taube* ou *hunerschwantz*, & en latin

---

(k) *Nota.* On connoît en effet un pigeon trembleur différent du pigeon-paon, en ce qu'il n'a pas la queue si large à beaucoup près. Le pigeon-paon a été indiqué par Willulghby & Ray sous la dénomination *Columba tremula laticauda;* & le pigeon trembleur sous celle de *Columba tremula angusticauda seu acuticauda:* celui-ci sans relever ou étaler sa queue, tremble (dit-on) presque continuellement.

columba caudata : cet Auteur remarque que dans le même temps que le pigeon-paon étale sa queue, il agite fièrement & constamment sa tête & son cou, à peu-près comme l'oiseau appelé *torcol :* ces pigeons ne volent pas aussi-bien que les autres, leur large queue est cause qu'ils sont souvent emportés par le vent & qu'ils tombent à terre; ainsi on les élève plutôt par curiosité que pour l'utilité. Au reste, ces pigeons qui par eux-mêmes ne peuvent faire de longs voyages, ont été transportés fort loin par les hommes; il y a aux Philippines, dit Gemelli Careri, des pigeons qui relèvent & étalent leur queue comme le paon.

Les pigeons-polonois sont plus gros que les pigeons-paons : ils ont pour caractère d'avoir le bec très-gros & très-court, les yeux bordés d'un large cercle rouge, les jambes très-basses : il y en a de différentes couleurs, beaucoup de noirs, des roux, des chamois, des gris piqués & de tout blancs.

Le pigeon-cravate est l'un des plus petits pigeons; il n'est guère plus gros qu'une tourterelle, & en les appariant ensemble, ils produisent des mulets ou métis. On distingue le pigeon-cravate du pigeon-nonain, en ce que le pigeon-cravate n'a point de demi-capuchon sur la tête & sur le cou, & qu'il n'a précisément qu'un bouquet de plumes qui semblent se rebrousser sur la poitrine & sous la gorge; ce sont de très-jolis pigeons, bien faits, qui ont l'air très-propre, & dont il y en a de soupe-en-vin, de chamois, de panachés, de roux & de gris, de tout blancs & de tout noirs, & d'autres blancs avec des manteaux noirs; c'est à cette dernière variété qu'on peut rapporter le pigeon représenté dans la *planche CXLVII* de Frisch, sous le nom allemand *Mowchen,* & la dénomination latine, *Columba collo hirsuto.* Ce pigeon ne s'apparie pas volontiers avec les autres pigeons, & n'est pas d'un

grand produit: d'ailleurs il est petit, & se laisse aisément prendre
par l'oiseau de proie; c'est par toutes ces raisons qu'on n'en élève
guère.

Les pigeons qu'on appelle coquille-hollandois, parce qu'ils ont
derrière la tête, des plumes à rebours qui forment comme une
espèce de coquille, sont aussi de petite taille; ils ont la tête noire,
le bout de la queue & le bout des ailes aussi noirs, tout le reste
du corps blanc. Il y en a aussi à tête rouge, à tête bleue & à
tête & queue jaunes, & ordinairement la queue est de la même
couleur que la tête, mais le vol est toujours tout blanc. La première
variété qui a la tête noire, ressemble si fort à l'hirondelle de mer,
que quelques-uns lui ont donné ce nom avec d'autant plus d'analogie, que ce pigeon n'a pas le corps rond comme la plupart des
autres, mais alongé & fort dégagé.

Il y a indépendamment des têtes & queues bleues qui ont la
coquille, dont nous venons de parler, d'autres pigeons qui ont
simplement le nom de tête & queue bleues, d'autres de tête &
queue noires, d'autres de tête & queue rouges, & d'autres
encore, tête & queue jaunes, & qui tous quatre ont l'extrémité
des ailes de la même couleur que la tête; ils sont à peu-près
gros comme les pigeons-paons, leur plumage est très-propre
& bien arrangé.

Il y en a qu'on appelle aussi pigeons-hirondelles, qui ne sont
pas plus gros que des tourterelles, ayant le corps alongé de
même, & le vol très-léger; tout le dessous de leur corps est
blanc, & ils ont toutes les parties supérieures du corps ainsi que
le cou, la tête & la queue noirs, ou rouges, ou bleus, ou jaunes,
avec un petit casque de ces mêmes couleurs sur la tête, mais le
dessous de la tête est toujours blanc comme le dessous du cou.

C'est

C'eſt à cette variété qu'il faut rapporter le pigeon cuiraſſé de Jonſton *(l)* & de Willulghby *(m),* qui a pour caractère particulier d'avoir les plumes de la tête, celles de la queue & les pennes des ailes toujours de la même couleur, & le corps d'une couleur différente, par exemple le corps blanc, & la tête, la queue & les ailes noires, ou de quelqu'autre couleur que ce ſoit.

Le pigeon-carme, qui fait une autre race, eſt peut-être le plus petit de tous nos pigeons; il paroît accroupi comme l'oiſeau que l'on appelle le *crapaud-volant :* il eſt auſſi très-pattu, ayant les pieds fort courts, & les plumes des jambes très-longues. Les femelles & les mâles ſe reſſemblent, ainſi que dans la plupart des autres races; on y compte auſſi quatre variétés qui ſont les mêmes que dans les races précédentes; ſavoir, les gris-de-fer, les chamois, les ſoupe-en-vin & les gris-doux; mais ils ont tous, le deſſous du corps & des ailes blanc, tout le deſſus de leur corps étant des couleurs que nous venons d'indiquer : ils ſont encore remarquables par leur bec qui eſt plus petit que celui d'une tourterelle, & ils ont auſſi une petite aigrette derrière la tête qui pouſſe en pointe comme celle de l'alouette huppée.

Le pigeon-tambour ou *glou glou,* dont nous avons parlé, que l'on appelle ainſi, parce qu'il forme ce ſon *glou glou,* qu'il répète fort ſouvent lorſqu'il eſt auprès de ſa femelle, eſt auſſi un pigeon fort bas & fort pattu, mais il eſt plus gros que le pigeon-carme, & à peu-près de la taille du pigeon-polonois.

Le pigeon-heurté, c'eſt-à-dire, maſqué comme d'un coup de pinceau noir, bleu, jaune ou rouge, au-deſſus du bec ſeulement, & juſqu'au milieu de la tête avec la queue de la même couleur

(1) *Columba galeata.* Jonſton, *Avi.* pag. 63.
(m) *Columba galeata.* Willulghby; *Ornithol.* pag. 132, n.° 11.

Tome III. F

& tout le réſte du corps blanc, eſt un pigeon fort recherché des Curieux ; il n'eſt point pattu, & eſt de la groſſeur des pigeons mondains ordinaires.

Les pigeons-ſuiſſes ſont plus petits que les pigeons ordinaires, & pas plus gros que les pigeons biſets ; ils ſont de même tout auſſi légers de vol : il y en a de pluſieurs ſortes ; ſavoir, des panachés de rouge, de bleu, de jaune ſur un fond blanc ſatiné avec un collier qui vient former un plaſtron ſur la poitrine, & qui eſt d'un rouge rembruni ; ils ont ſouvent deux rubans ſur les ailes de la même couleur que celle du plaſtron.

Il y a d'autres pigeons-ſuiſſes qui ne ſont point panachés, & qui ſont ardoiſés de couleur uniforme ſur tout le corps, ſans collier ni plaſtron, d'autres qu'on appelle *colliers jaunes-jaſpés,* *colliers jaunes-maillés,* d'autres *colliers jaunes fort maillés,* &c. parce qu'ils portent des colliers de cette couleur.

Il y a encore dans cette race de pigeons-ſuiſſes, une autre variété qu'on appelle *pigeon azuré,* parce qu'il eſt d'une couleur plus bleue que les ardoiſes.

Le pigeon culbutant eſt encore un des plus petits pigeons ; celui que M. Friſch a fait repréſenter, *planche CXLVIII,* ſous les noms de *tummel taube, tumler, columba geſtuoſa ſeu geſti-cularia,* eſt d'un roux brun, mais il y en a de gris & de variés de roux & de gris : il tourne ſur lui-même en volant, comme un corps qu'on jetteroit en l'air, & c'eſt par cette raiſon qu'on l'a nommé *pigeon culbutant ;* il ſemble que tous ſes mouvemens ſuppoſent des vertiges qui, comme je l'ai dit, peuvent être attri-bués à la captivité. Il vole très-vîte, s'élève le plus haut de tous, & ſes mouvemens ſont très-précipités & fort irréguliers. Friſch dit que comme par ſes mouvemens, il imite en quelque façon, les geſtes & les ſauts des danſeurs de corde & des voltigeurs, on lui a donné le nom de pigeon-pantomime, *columba geſtuoſa*. Au reſte, ſa forme eſt aſſez ſemblable à celle du biſet, & l'on s'en ſert ordinairement pour attirer les pigeons des autres colombiers, parce qu'il vole plus haut, plus loin & plus long-temps que les autres, & qu'il échappe plus aiſément à l'oiſeau de proie.

Il en eſt de même du pigeon tournant que M. Briſſon *(n)*, d'après Willulghby, a appelé le *pigeon batteur;* il tourne en rond lorſqu'il vole & bat ſi fortement des ailes, qu'il fait autant de bruit qu'une claquette, & ſouvent il ſe rompt quelques plumes de l'aile par la violence de ce mouvement qui ſemble tenir de la convulſion: ces pigeons tournans ou batteurs ſont communément gris avec des taches noires ſur les ailes.

Je ne dirai qu'un mot de quelques autres variétés équivoques ou ſecondaires dont les Nomenclateurs ont fait mention, & qui reſſortiſſent ſans doute aux races que nous venons d'indiquer, mais qu'on auroit quelque peine à y rapporter directement & ſûrement, d'après les deſcriptions de ces Auteurs; tels ſont, par exemple, 1.° le pigeon de Norwège, indiqué par Schwenckfeld *(o)*, qui eſt blanc comme neige, & qui pourroit bien être un pigeon pattu huppé plus gros que les autres.

2.° Le pigeon de Crète, ſuivant Aldrovande *(p)*, ou de Barbarie, ſelon Willulghby *(q)*, qui a le bec très-court &

(n) Columba percuſſor. Willulghby, *Ornithol.* pag. 132, n.° 9. — Le Pigeon batteur. Briſſon, *Ornithol.* tome I, page 79.

(o) Schwenckfeld, *Theriot. Sil.* pag. 239.

(p) Aldrovande, *Avi.* tome II, page 478.

(q) Columba Barbarica ſeu Numidica. Willulghby, *Ornithol.* pag. 132, n.° 8, *planche* XXXIV, ſous la dénomination de *Columba Numidica ſeu Cypria.*

les yeux entourés d'une large bande de peau nue, le plumage bleuâtre & marqué de deux taches noirâtres fur chaque aile.

3.° Le pigeon-frifé de Schwenckfeld *(r)* & d'Aldrovande *(ſ)*, qui eſt tout blanc & frifé fur tout le corps.

4.° Le pigeon-meſſager de Willulghby *(t)*, qui reſſemble beaucoup au pigeon turc, tant par ſon plumage brun que par ſes yeux entourés d'une peau nue, & ſes narines couvertes d'une membrane épaiſſe : on s'eſt, dit-on, ſervi de ces pigeons pour porter promptement des lettres au loin, ce qui leur a fait donner le nom de *meſſagers*.

5.° Le pigeon-cavalier de Willulghby *(u)* & d'Aldrovande *(x)*, qui provient, dit-on, du pigeon groſſe-gorge & du pigeon-meſſager participant de l'un & de l'autre ; car il a la faculté d'enfler beaucoup ſon jabot comme le pigeon groſſe-gorge, & il porte fur ſes narines des membranes épaiſſes comme le pigeon-meſſager ; mais il y a apparence qu'on pourroit également ſe ſervir de tout autre pigeon pour porter de petites choſes, ou plutôt les rapporter de loin ; il ſuffit pour cela de les féparer de leur femelle & de les tranſporter dans le lieu d'où l'on veut recevoir des nouvelles, ils ne manqueront pas de revenir auprès de leur femelle dès qu'ils feront mis en liberté *(y)*.   On

---

(r) *Columba crifpa.* Schwenckfeld, *Theriot. Sil.* pag. 239.

(ſ) *Columba crifpis pennis.* Aldrovande, *Avi.* tome II, page 470, *avec une figure.*

(t) *Columba tabellaria.* Willulghby, *Ornitholog.* pag. 132, n.° 5, *avec une figure,* planche XXXIV.

(u) *Columba eques.* Willulghby, *Ornithol.* pag. 132, n.° 12.

(x) Pigeon-cavalier. Albin, *tome II, page 30,* avec une figure, *planche XLV.*

(y) Dans les colombiers du Caire on fépare quelques mâles dont on retient les femelles, & on envoie ces mâles dans les villes dont on veut avoir des nouvelles ; on écrit fur un petit morçeau de papier, qu'on recouvre de cire après l'avoir plié ;

on

On voit que ces cinq races de pigeons ne font que des variétés
fecondaires des premières que nous avons indiquées, d'après les
obfervations de quelques Curieux qui ont paffé leur vie à élever
des pigeons, & particulièrement du fieur Fournier qui en fait
commerce, & qui a été chargé pendant quelques années du foin
des volières & des baffe-cours de S. A. S. Monfeigneur le comte
de Clermont; ce Prince, qui de très-bonne heure s'eft déclaré pro-
tecteur des Arts, toujours animé du goût des belles connoiffances,
a voulu favoir jufqu'où s'étendoient en ce genre les forces de la
Nature; on a raffemblé par fes ordres toutes les efpèces, toutes
les races connues des oifeaux domeftiques, on les a multipliées
& variées à l'infini; l'intelligence, les foins & la culture ont ici,
comme en tout, perfectionné ce qui étoit connu, & développé
ce qui ne l'étoit pas; on a fait éclore jufqu'aux arrière-germes
de la Nature; on a tiré de fon fein toutes les productions ulté-
rieures qu'elle feule & fans aide n'auroit pu amener à la lumière;
en cherchant à épuifer les tréfors de fa fécondité, on a reconnu
qu'ils étoient inépuifables, & qu'avec un feul de fes modèles,
c'eft-à-dire, avec une feule efpèce, telle que celle du pigeon ou
de la poule, on pouvoit faire un peuple compofé de mille familles
différentes, toutes reconnoiffables, toutes nouvelles, toutes plus
belles que l'efpèce dont elles tirent leur première origine.

Dès le temps des Grecs on connoiffoit les pigeons de volière,

on l'ajufte & l'attache fous l'aile du pigeon mâle, & on le lâche de grand matin
après lui avoir bien donné à manger, de peur qu'il ne s'arrête; il s'en va droit au
colombier où eft fa femelle..... il fait en un jour le trajet qu'un homme de pied
ne fauroit faire en fix. *Voyage de* Pietro della Valle, *tome I, pages 416 & 417.*
——On fe fert à Alep de pigeons qui portent, en moins de fix heures, des lettres
d'Alexandrette à Alep, quoiqu'il y ait vingt-deux bonnes lieues. *Voyage de* Thévenot,
tome II, page 73.

Tome III.   G

puifqu'Ariftote dit qu'ils produifent dix & onze fois l'année, & que ceux d'Égypte produifent jufqu'à douze fois *(z)*; l'on pourroit croire néanmoins que les grands colombiers où les pigeons ne produifent que deux ou trois fois par an, n'étoient pas fort en ufage du temps de ce Philofophe : il compofe le genre *columbacé* de quatre efpèces *(a)*; favoir, le ramier *(palumbes)*, la tourterelle *(turtur)*, le bifet *(vinago)*, & le pigeon *(columbus)*; & c'eft de ce dernier dont il dit que le produit eft de dix pontes par an : or ce produit fi fréquent ne fe trouve que dans quelques races de nos pigeons de volière; Ariftote n'en diftingue pas les différences, & ne fait aucune mention des variétés de ces pigeons domeftiques; peut-être ces variétés n'exiftoient qu'en petit nombre; mais il paroît qu'elles s'étoient bien multipliées du temps de Pline *(b)*, qui parle des grands pigeons de Campanie & des curieux en ce genre, qui achetoient à un prix exceffif une paire de beaux pigeons dont ils racontoient l'origine & la nobleffe, & qu'ils élevoient dans des tours placées au-deffus du toit de leurs maifons. Tout ce que nous ont dit les Anciens au fujet des mœurs & des habitudes des pigeons doit donc fe rapporter aux pigeons de volière plutôt qu'à ceux de nos colombiers, qu'on doit regarder comme une efpèce

---

(z) Ariftote, *Hiftoria Animalium*, lib. VI, cap. IV.

(a) Ibid. lib. VIII, cap. III.

(b) *Columbarum amore infaniunt multi; fuper tecta exædificant turres iis; nobilitatemque fingularum & origines narrant veteres. Jam exemplo L. Axius Eques romanus ante bellum civile pompeianum denariis quadringentis fingula paria vendidavit, ut M. Varro tradit; quin & patriam nobilitavere, in Campaniâ grandiffimæ provenire exiftimatæ.* Pline, *Hift. nat.* lib. X, cap. XXXVII.

Nota. Les quatre cents deniers romains font foixante-dix livres de notre monnoie; la manie pour les beaux pigeons eft donc encore plus grande aujourd'hui que du temps de Pline, car nos curieux les payent beaucoup plus cher.

510

Le Bisct.

Le Pigeon commun.

Pigeon Romain.

moyenne entre les pigeons domeſtiques & les pigeons ſauvages, & qui participent en effet des mœurs des uns & des autres.

Tous ont de certaines qualités qui leur ſont communes, l'amour de la ſociété, l'attachement à leurs ſemblables, la douceur de mœurs, la chaſteté, c'eſt-à-dire, la fidélité réciproque, & l'amour ſans partage du mâle & de la femelle; la propreté, le ſoin de ſoi-même qui ſuppoſent l'envie de plaire; l'art de ſe donner des grâces qui le ſuppoſe encore plus; les careſſes tendres, les mou-vemens doux, les baiſers timides qui ne deviennent intimes & preſſans qu'au moment de jouir; ce moment même ramené quelques inſtans après par de nouveaux deſirs, de nouvelles approches également nuancées, également ſenties; un feu toujours durable, un goût toujours conſtant, & pour plus grand bien encore la puiſſance d'y ſatisfaire ſans ceſſe; nulle humeur, nul dégoût, nulle querelle; tout le temps de la vie employé au ſervice de l'amour & au ſoin de ſes fruits; toutes les fonctions pénibles également réparties; le mâle aimant aſſez pour les partager & même ſe charger des ſoins maternels, couvant régulièrement à ſon tour, & les œufs & les petits, pour en épargner la peine à ſa compagne, pour mettre entr'elle & lui cette égalité dont dépend le bonheur de toute union durable: quels modèles pour l'homme s'il pouvoit ou ſavoit les imiter!

OISEAUX ÉTRANGERS,
Qui ont rapport au PIGEON.

IL y a peu d'efpèces qui foient auffi généralement répandues que celle du pigeon; comme il a l'aile très-forte, & le vol foutenu, il peut faire aifément de longs voyages : auffi la plupart des races fauvages ou domeftiques, fe trouvent dans tous les climats; de l'Égypte jufqu'en Norwège, on élève des pigeons de volière, & quoiqu'ils profpèrent mieux dans les climats chauds, ils ne laiffent pas de réuffir dans les pays froids, tout dépendant des foins qu'on leur donne; & ce qui prouve que l'efpèce en général, ne craint ni le chaud ni le froid, c'eft que le Pigeon-fauvage ou Bifet, fe trouve également dans prefque toutes les contrées des deux continens (a).

Le pigeon-brun de la nouvelle Efpagne, indiqué par Fer-nandez, fous le nom Mexicain *Cehoilotl (b)*, qui eft brun

_____

(a) Les oifeaux que les habitans de nos îles de l'Amérique appellent *ramiers*, font les vrais bifets de l'Europe; ils font paffagers, & ne s'arrêtent jamais long-temps en un lieu; ils fuivent les graines qui ne mûriffent pas en même temps dans tous les endroits des îles; ils branchent & nichent fur les plus hauts arbres deux ou trois fois l'année..... il n'eft pas croyable combien les Chaffeurs en tuent. Lorfqu'ils mangent de bonnes graines, ils font gras & d'auffi bon goût que les pigeons d'Europe; mais ceux qui fe nourriffent de graines amères, comme de celles de l'acomas, font amers comme de la fuie. *Du Tertre*, Hift. des Antilles, *tome II, page 256.*—Il y a des pigeons fur la côte de Guinée, qui font des plus communs, tels que nos pigeons des champs, & qui ne laiffent pas d'être un fort bon manger. *Bofman*, Voyage de Guinée, *page 242.*—Il y a aux îles Maldives quantité de pigeons..... Il y a à Calécut des pigeons fort gros & des paons fauvages. *Voyage de* Pyrard, *pages 131 & 426.*

(b) Fernandez, *Hift. nov. Hifp.* cap. CXXXII, pag. 42.

par-tout,

par-tout, excepté la poitrine & les extrémités des ailes qui font blanches, ne nous paroît être qu'une variété du bifet : cet oifeau du Mexique a le tour des yeux d'un rouge vif, l'iris noire, & les pieds rouges; celui que le même Auteur *(c)* indique fous le nom de *Hoilotl,* qui eft brun, marqué de taches noires, n'eft vraifemblablement qu'une variété d'âge ou de fexe du précédent; & un autre du même pays appelé *Kacahoilotl,* qui eft bleu fur toutes les parties fupérieures, & rouge fur la poitrine & le ventre, n'eft peut-être encore qu'une variété de notre pigeon-fauvage *(d),* & tous trois me paroiffent appartenir à l'efpèce de notre pigeon d'Europe.

Le pigeon indiqué par M. Briffon *(e),* fous le nom de *pigeon-violet de la Martinique,* & qui eft repréfenté *(planche 162),* fous ce même nom de pigeon de la Martinique, ne nous paroît être qu'une très-légère variété de notre pigeon commun. Celui que ce même Auteur *(f)* appelle fimplement pigeon de la Martinique, & qui eft repréfenté *(pl. 141),* fous la dénomination de *pigeon-roux de Cayenne,* ne forment ni l'un ni l'autre, des efpèces différentes de celle de notre pigeon; il y a même toute apparence que le dernier n'eft que la femelle du premier,

(c) Fernandez, *Hift. nov. Hifp.* cap. LVI, pag. 26; & cap. LX, pag. 57.

(d) Ibidem, cap. CLIX, pag. 46.

(e) Columba caftaneo-violacea; ventre rufefcente; remigibus interiùs rufis...... Columba *violacea Martinicana.* Le pigeon violet de la Martinique. Briffon, *Ornithologie,* tome I, page 129, *planche XII, fig. 1.* — Perdrix rouffe. Du Tertre, *Hift. des Antilles,* tome II, page 254.

(f) Columba fupernè fufco-rufefcens, infernè dilutè fulvo-vinacea; torque violaceo aureo; maculis in utrâque alâ nigris; rectricibus lateralibus tæniâ tranfverfâ nigrâ donatis, apice albis....Columba Martinicana. Le pigeon de la Martinique. On l'appelle à la Martinique perdrix. Briffon, *Ornithologie,* tome I, pages 103 & 104.

& qu'ils tirent leur origine de nos pigeons fuyards. On les appelle improprement *perdrix* à la Martinique où il n'y a point de vraies perdrix, mais ce font des pigeons qui ne reffemblent à la perdrix, que par la couleur du plumage, & qui ne diffèrent pas affez de nos pigeons, pour qu'on doive leur donner un autre nom ; & comme l'un nous eft venu de Cayenne, & l'autre de la Martinique, on peut en inférer que l'efpèce eft répandue dans tous les climats chauds du nouveau continent.

Le pigeon décrit & deffiné par M. Edwards *(pl. CLXXVI)*, fous la dénomination de *pigeon-brun des Indes orientales*, eft de la même groffeur que notre pigeon-bifet ; & comme il n'en diffère que par les couleurs, on peut le regarder comme une variété produite par l'influence du climat. Il eft remarquable en ce que fes yeux font entourés d'une peau d'un beau bleu, dénuée de plumes, & qu'il relève fouvent & fubitement fa queue, fans cependant l'étaler comme le pigeon-paon.

Il en eft de même du pigeon d'Amérique, donné par Catefby *(g)*, fous le nom de *pigeon de paffage*, & par Frifch, fous celui de *columba Americana (h)*, qui ne diffère de nos pigeons fuyards & devenus fauvages, que par les couleurs & par les plumes de la queue qu'il a plus longues, ce qui femble le rapprocher de la tourterelle ; mais ces différences ne nous paroiffent pas fuffifantes pour en faire une efpèce diftincte & féparée de celle de nos pigeons.

Il en eft encore de même du pigeon indiqué par Ray *(i)*,

(g) Catefby, *Hift. nat. de la Caroline*, tome I, *pl. XXIII*, avec une figure coloriée.

(h) Frifch, *planche CXLII*, avec une figure coloriée.

(i) *Columba Maderas-patana variis coloribus eleganter depicta.* Ray, *Syft. Avi.* pag. 196, n.° 15.

appelé par les Anglois *pigeon-perroquet*, décrit enfuite par M.
Briffon *(k)*, & que nous avons fait repréfenter *(pl. 138)*, fous
la dénomination de *pigeon-vert des Philippines* : comme il eft
de la même grandeur que notre pigeon-fauvage ou fuyard, &
qu'il n'en diffère que par la force des couleurs, ce qu'on peut
attribuer au climat chaud, nous ne le regarderons que comme
une variété dans l'efpèce de notre pigeon.

Il s'eft trouvé dans le cabinet du Roi, un oifeau fous le nom
de *pigeon-vert d'Amboine*, qui n'eft pas celui que M. Briffon
a donné fous ce nom *(l)*, & que nous avons fait repréfenter
(pl. 163) : cet oifeau eft d'une race très-voifine de la précédente, & pourroit bien même n'en être qu'une variété de fexe
ou d'âge.

Le pigeon vert d'Amboine, décrit par M. Briffon *(m)*,
eft de la groffeur d'une tourterelle, & quoique différent par la
diftribution des couleurs de celui auquel nous avons donné le
même nom, il ne peut cependant être regardé que comme une
variété de l'efpèce de notre pigeon d'Europe, & il y a toute
apparence que le pigeon vert de l'île Saint-Thomas indiqué par
Marcgrave *(n)*, qui eft de la même grandeur & figure de notre
pigeon d'Europe, mais qui en diffère ainfi que de tous les autres
pigeons, par fes pieds couleur de fafran, eft cependant encore

---

(k) Le pigeon vert des Philippines. Briffon, *Ornithologie*, tome I, page 143;
avec une figure, planche XI, fig. 2.

(l) Briffon, *Ornithologie*, tome I, page 145.

(m) *Columba viridi-olivacea ; dorfo caftaneo ; remigibus fupra nigris, infra cinereis, oris
exterioribus flavis; pedibus nudis.....Colomba viridis Amboinenfis.* Le pigeon vert d'Amboine. *Idem, ibidem*, avec une figure, *planche X, fig. 2.*

(n) *Columbæ fylveftris fpecies ex infulâ Sancti Thomæ.* Marcgrave, *Hift. nat. Brafil.*
pag. 213.

une variété du pigeon fauvage. En général, les pigeons ont tous
les pieds rouges, il n'y a de différence que dans l'intenfité ou la
vivacité de cette couleur, & c'eft peut-être par maladie ou par
quelqu'autre caufe accidentelle, que ce pigeon de Marcgrave les
avoit jaunes; du refte il reffemble beaucoup aux pigeons verts des
Philippines & d'Amboine, de nos planches enluminées. Thévenot
fait mention de ces pigeons verts dans les termes fuivans: « il fe
» trouve aux Indes, à Agra, des pigeons tout verts, & qui ne
» diffèrent des nôtres, que par cette couleur. Les chaffeurs les
prennent aifément avec de la glue » (o).

Le pigeon de la Jamaïque, indiqué par Hans Sloane (p),
qui eft d'un brun-pourpré fur le corps, & blanc fous le ventre,
& dont la grandeur eft à peu-près la même que celle de notre
p¡geon fauvage, doit être regardé comme une fimple variété de
cette efpèce, d'autant plus qu'on ne le trouve pas à la Jamaïque
en toutes faifons, & qu'il n'y eft que comme oifeau de paffage.

Un autre qui fe trouve dans le même pays de la Jamaïque,
& qui n'eft encore qu'une variété de notre pigeon fauvage; c'eft
celui qui a été indiqué par Hans Sloane (q), & enfuite par
Catefby (r), fous la dénomination de pigeon à la couronne
blanche : comme il eft de la même groffeur que notre pigeon
fauvage, & qu'il niche & multiplie de même dans les trous des

---

(o) Voyages de Thévenot, *tome III, page 73.*

(p) *Columba minor ventre candido.* Sloane, *Jamaïc.* page 303, *planche CCLXII,
fig. 1.* — *Columba media ventre candido.* Browne, *Nat. Hift. of Jamaïc.* pag. 469.

(q) *Columba minor, capite albo.* Goritas, *de Oviedo.* Sloane, *Jamaïc.* page 303,
planche CCLXI, fig. 2.

(r) Pigeon à la couronne blanche. Catefby, *Hift. de la Caroline*, tome I, page 25,
planche XXV, avec une bonne figure coloriée.

rochers,

162.

Pigeon, de la Martinique .

Pigeon roux de Cayenne.

Pigeon verd, des Philippines.

rochers, on ne peut guère douter qu'il ne soit de la même espèce.

On voit par cette énumération, que notre pigeon sauvage d'Europe se trouve au Mexique, à la nouvelle Espagne, à la Martinique, à Cayenne, à la Caroline, à la Jamaïque, c'est-à-dire, dans toutes les contrées chaudes & tempérées des Indes occidentales; & qu'on le retrouve aux Indes orientales, à Amboine & jusqu'aux Philippines.

LE RAMIER (a).

COMME cet Oifeau *(pl. 316)*, eft beaucoup plus gros que le bifet, & que tous deux tiennent de très-près au pigeon domeftique , on pourroit croire que les petites races de nos pigeons de volière font iffues des bifets, & que les plus grandes viennent des Ramiers, d'autant plus que les Anciens étoient dans l'ufage d'élever des ramiers *(b)*, de les engraiffer & de les faire multiplier; il fe peut donc que nos grands pigeons de volière, & particulièrement les gros pattus, viennent originairement des ramiers; la feule chofe qui paroîtroit s'oppofer à cette idée, c'eft que nos petits pigeons domeftiques produifent avec les grands, au lieu qu'il ne paroît pas que le ramier produife avec le bifet, puifque tous deux fréquentent les mêmes lieux fans fe mêler enfemble: la tourterelle, qui s'apprivoife encore plus aifément que le ramier, & que l'on peut facilement élever & nourrir dans les maifons, pourroit à égal titre, être regardée comme la tige

(a) Pigeon-ramier; en Grec, Φάσα ou Φάῄα; en Latin, *Palumbes;* en Italien, *Colombo torquato;* en Efpagnol, *Paloma torcatz;* en Allemand, *Riugel-taube;* en Suiffe, *Schlag-tub;* en Hollandois, *Ring-duve;* en Flamand, *Krieff-duve,* & dans le Brabant, *Manfeau;* en Anglois, *Ring-dove,* & dans le nord de l'Angleterre, *Cushat;* en Suédois, *Rindufwa,* & dans le Oeland *Siutut;* en Polonois, *Grzywacz;* en Périgord, *Palombe;* en Picardie, *Maufard* & *Phavier* felon Salerne, page 162. — *Ramier,* Belon, *Hift. nat. des Oifeaux,* page 307.... *Ramier, Manfart, Coulon* ou *Pigeon-ramier.* Idem, *Portraits d'Oifeaux,* page 76, *b.* — *Palumbus.* Gefner, *Avi.* pag. 310...... *Palumbus major vel torquatus,* idem. *Icon. Avi.* pag. 66. — *Palumbus,* Profp. Alpin. Ægypt. vol. I, pag. 198. — *Columba collo utrinque albo, ponè maculâ fufcâ.* Linn. *Faun. Suec.* n.° 175. — *Palumbus five Palumbes major; Columba torquatâ,* Frifch, *planche CXXXVIII,* avec une figure coloriée. Le Pigeon-ramier. Briffon, *Ornithologie,* tome I, page 89.

(b) *Palumbes antiqui cellares habebant quas pafcendo faginabant. Perrottus apud Gefnerum, de Avibus,* page 310.

de quelques-unes de nos races de pigeons domeſtiques, ſi elle n'étoit pas ainſi que le ramier d'une eſpèce particulière & qui ne ſe mêle pas avec les pigeons ſauvages : mais on peut concevoir que des animaux qui ne ſe mêlent pas dans l'état de nature, parce que chaque mâle trouve une femelle de ſon eſpèce, doivent ſe mêler dans l'état de captivité s'ils ſont privés de leur femelle propre & quand on ne leur offre qu'une femelle étrangère ; le biſet, le ramier & la tourterelle ne ſe mêlent pas dans les bois, parce que chacun y trouve la femelle qui lui convient le mieux, c'eſt-à-dire, celle de ſon eſpèce propre ; mais il eſt poſſible qu'étant privés de leur liberté & de leur femelle, ils s'uniſſent *avec celles qu'on leur préſentent; & comme ces trois eſpèces ſont* fort voiſines, les individus qui réſultent de leur mélange, doivent ſe trouver féconds & produire par conſéquent des races ou variétés conſtantes ; ce ne ſeront pas des mulets ſtériles, comme ceux qui proviennent de l'âneſſe & du cheval, mais des métis féconds, comme ceux que produit le bouc avec la brebis : à juger du genre *colombacé* par toutes les analogies, il paroît que dans l'état de nature il y a, comme nous l'avons dit, trois eſpèces principales, & deux autres qu'on peut regarder comme intermédiaires ; les Grecs avoient donné à chacune de ces cinq eſpèces des noms différens, ce qu'ils ne faiſoient jamais que dans l'idée qu'il y avoit en effet diverſité d'eſpèce ; la première & la plus grande, eſt le *phaſſa* ou *phatta* qui eſt notre ramier ; la ſeconde, eſt le *péléias* qui eſt notre biſet ; la troiſième, le *trugon* ou la *tourterelle ;* la quatrième, qui fait la première des intermédiaires, eſt l'*oenas* qui étant un peu plus grand que le biſet, doit être regardé comme une variété dont l'origine peut ſe rapporter aux pigeons fuyards ou déſerteurs de nos colombiers ; enfin la cinquième, eſt le *phaps* qui eſt un ramier plus petit que le *phaſſa;* & qu'on a par cette raiſon appelé *palumbus minor,* mais qui ne nous paroît faire qu'une variété dans l'eſpèce du ramier ; car on a obſervé que ſuivant les climats, les ramiers ſont plus ou moins grands ; ainſi toutes les eſpèces nominales, anciennes & modernes ſe réduiſent toujours à trois, c'eſt-à-dire, à celles du biſet, du ramier & de la tourterelle, qui peut-être ont contribué toutes trois à la variété preſque infinie qui ſe trouve dans nos pigeons domeſtiques.

Les ramiers arrivent dans nos provinces au printemps, un peu plus tôt que les biſets, & partent en automne un peu plus tard ; c'eſt au mois d'août qu'on trouve en France les ramereaux en plus grande quantité, & il paroît qu'ils viennent d'une ſeconde ponte qui ſe fait ſur la fin de l'été ; car la première ponte qui ſe fait de très-bonne heure au printemps eſt ſouvent détruite, parce que le nid n'étant pas encore couvert par les feuilles eſt trop expoſé. Il reſte des ramiers pendant l'hiver dans la plupart de nos provinces ; ils perchent comme les biſets, mais ils n'établiſſent pas, comme eux, leurs nids dans des trous d'arbres, ils les placent à leur ſommet & les conſtruiſent aſſez légèrement avec des bûchettes, ce nid eſt plat & aſſez large pour recevoir le mâle & la femelle ; je ſuis aſſuré qu'elle pond de très-bonne heure au printemps, deux & ſouvent trois œufs ; car on m'a apporté pluſieurs nids où il y avoit deux & quelquefois trois ramereaux *(c)* déjà

forts

—————————————————————————————

« *(c)* M. Salerne dit que les *Poulailliers* d'Orléans achettent en Berri & en Sologne, » dans la ſaiſon des nids, une quantité conſidérable de tourtereaux qu'ils ſoufflent » eux - mêmes avec la bouche, les engraiſſent de millet en moins de quinze jours » pour les porter enſuite à Paris ; qu'ils engraiſſent de même les ramereaux ; qu'ils y » portent auſſi des pigeons biſets & d'autres pigeons qu'ils appellent des *poſtes ;* que » ces derniers ſont ſelon eux des pigeons de colombiers devenus fuyards ou vagabonds ;

qui

forts au commencement d'avril ; quelques gens ont prétendu que
dans notre climat, ils ne produifent qu'une fois l'année, à moins
qu'on ne prenne leurs petits ou leurs œufs, ce qui, comme l'on
fait, force tous les oifeaux à une feconde ponte. Cependant
Frifch affure qu'ils couvent deux fois par an *(d)*, ce qui nous
paroît très-vrai ; comme il y a conftance & fidélité dans l'union
du mâle & de la femelle, cela fuppofe que le fentiment d'amour
& le foin des petits dure toute l'année. Or la femelle pond
quatorze jours après les approches du mâle *(e)*, elle ne couve
que pendant quatorze autres jours, & il ne faut qu'autant de
temps pour que les petits puiffent voler & fe pourvoir d'eux-
mêmes : ainfi il *y a toute apparence qu'ils produifent* plutôt deux
fois qu'une par an ; la première, comme je l'ai dit, au commencement du printemps ; & la feconde, au folftice d'été, comme
l'ont remarqué les Anciens : il eft très-certain que cela eft ainfi
dans tous les climats chauds & tempérés, & très-probable qu'il
en eft à peu-près de même dans les pays froids. Ils ont un roucoulement plus fort que celui des pigeons, mais qui ne fe fait
entendre que dans la faifon des amours & dans les jours fereins ;

---

qui nichent tantôt dans un endroit & tantôt dans un autre, dans les églifes, dans «
des tours, dans des murailles de vieux châteaux ou dans des rochers. *Ornithologie,* «
page 162. » *Nota.* Ce fait prouve que les Ramiers, ainfi que tous les pigeons &
tourterelles, peuvent être élevés comme les autres oifeaux domeftiques, & que par
conféquent ils peuvent avoir donné naiffance aux plus belles variétés & aux plus grandes
races de nos pigeons de volière. M. le Roy, Lieutenant des chaffes & Infpecteur du
parc de Verfailles, m'a auffi affuré que les ramereaux pris au nid, s'apprivoifent &
s'engraiffent très-bien, & que même des vieux ramiers pris au filet s'accoutument
aifément à vivre dans des volières, où l'on peut, en les foufflant, leur faire prendre
graiffe en fort peu de temps.

(d) Voyez Frifch, *à l'article du* Ringel-taube, *planche* C X X X V I I I.

(e) Ariftote, *Hift. animal.* lib. V I, cap. I V.

Tome III.   K.

car dès qu'il pleut, ces oiseaux se taisent, & on ne les entend que très-rarement en hiver : ils se nourrissent de fruits sauvages, de glands, de faine, de fraises dont ils sont très-avides, & aussi de féves & de grains de toute espèce ; ils font un grand dégât dans les blés lorsqu'ils sont versés ; & quand ces alimens leur manquent, ils mangent de l'herbe : ils boivent à la manière des pigeons, c'est-à-dire, de suite & sans relever la tête qu'après avoir avalé toute l'eau dont ils ont besoin ; comme leur chair, & sur-tout celle des jeunes, est excellente à manger, on recherche soigneusement leurs nids, & on en détruit ainsi une grande quantité : cette dévastation, jointe au petit produit, qui n'est que de deux ou trois œufs à chaque ponte, fait que l'espèce n'est nombreuse nulle part ; on en prend à la vérité beaucoup avec des filets dans les lieux de leur passage, sur-tout dans nos provinces voisines des Pyrénées ; mais ce n'est que dans une saison, & pendant peu de jours.

Il paroît que quoique le ramier préfère les climats chauds & tempérés *(f)*, il habite quelquefois dans les pays septentrionaux, puisque M. Linnæus le met dans la liste des oiseaux qui se trouvent en Suède *(g)* ; & il paroît aussi qu'ils ont passé d'un continent à l'autre *(h)*, car il nous est arrivé des provinces

---

(f) Les rochers des deux îles de la Madeleine servent de retraite à un nombre infini de pigeons-ramiers naturels au pays, & qui ne diffèrent de ceux d'Europe, qu'en ce qu'ils sont d'une délicatesse & d'un goût plus exquis. *Voyage au Sénégal par M. Adanson,* page 165.

(g) Linn. *Faun. Suec.* n.° 175.

(h) A la Guadeloupe, les graines de bois d'Inde qui étoient mûres, avoient attiré une infinité de ramiers ; car ces oiseaux aiment passionnément ces graines ; ils s'en engraissent à merveilles, & leur chair en contracte une odeur de gérofle & de muscade tout-à-fait agréable..... Quand ces oiseaux sont gras, ils sont extrêmement

par Marinet.

Le Pigeon Ramier .

méridionales de l'Amérique, ainſi que des contrées les plus
chaudes de notre continent, pluſieurs oiſeaux qu'on doit regarder
comme des variétés ou des eſpèces très-voiſines de celle du ramier,
& dont nous allons faire mention dans l'article ſuivant.

___

pareſſeux . . . . . pluſieurs coups de fuſil ne les obligent point de s'envoler, ils ſe
contentent de ſauter d'une branche à l'autre en criant & regardant tomber leurs
compagnons. *Nouveau voyage aux îles de l'Amérique, tome V, page 486.* ━ A la baie
de Tous - les - Saints il y a de deux ſortes de pigeons - ramiers, les uns de la groſſeur
de nos pigeons-ramiers (d'Europe) ſont d'un gris-obſcur, les autres plus petits ſont
d'un gris - clair ; les uns & les autres ſont un très - bon manger, & il y en a de ſi
grandes troupes depuis le mois de Mai juſqu'en Septembre, qu'un ſeul homme en
peut tuer neuf ou dix douzaines dans une matinée, lorſque le ciel eſt couvert de
brouillards & qu'ils viennent manger les baies qui croiſſent dans les forêts. *Voyage de*
Dampier, *tome IV, page 66.*

OISEAUX ÉTRANGERS,

Qui ont rapport au RAMIER.

I.

LE Pigeon-ramier des Moluques, indiqué fous ce nom par M. Briſſon *(a)*, & que nous avons fait repréſenter *(pl. 164)*, avec une noix muſcade dans le bec, parce qu'il ſe nourrit de ce fruit ; quelqu'éloigné que ſoit le climat des Moluques de celui de l'Europe, cet oiſeau reſſemble ſi fort à notre Ramier par la grandeur & la figure, que nous ne pouvons le regarder que comme une variété produite par l'influence du climat.

Il en eſt de même de l'oiſeau indiqué & décrit par M. Edwards *(b)*, & qu'il dit ſe trouver dans les provinces méri-dionales de la Guinée : comme il eſt à demi-pattu & à peu-près de la grandeur du ramier d'Europe, nous le rapporterons à cette eſpèce comme ſimple variété, quoiqu'il en diffère par les couleurs, étant marqué de taches triangulaires ſur les ailes, & qu'il ait tout le deſſous du corps gris, les yeux entourés d'une peau rouge & nue, l'iris d'un beau jaune, le bec noirâtre : mais toutes ces différences de couleur dans le plumage, le bec & les yeux peuvent être regardées comme des variétés produites par le climat

Une troiſième variété du ramier qui ſe trouve dans l'autre continent, c'eſt le pigeon à queue annelée de la Jamaïque, indiqué par Hans Sloane *(c)* & Brown, qui étant de la grandeur

---

(a) Ornithologie, tome I, page 148, *avec une figure*, planche XIII, fig. 2.

(b) The *triangular Spotted* pigeon. *Hiſt. of Birds*, planche LXXV.

(c) Columba caudâ torquatâ, ſeu faſcia fuſcâ notata. Sloane, *Jamaïc.* pag. 302.
— *Columba major, nigro cæruleſcens, caudâ faſciatâ.* Brown, *page 468.*

à peu-près

à peu-près du ramier d'Europe, peut y être rapporté plutôt qu'à aucune autre espèce : il est remarquable par la bande noire qui traverse sa queue bleue, par l'iris des yeux qui est d'un rouge plus vif que celui de l'œil du ramier , & par deux tubercules qu'il a près de la base du bec.

II.

LE FOUNINGO.

L'OISEAU appelé à Madagascar *Founingo-mena-rabou*, & auquel nous conserverons partie de ce nom , parce qu'il nous paroît être d'une espèce particulière, & qui quoique voisine de celle du ramier, *en diffère trop par la grandeur pour qu'on puisse le regarder comme une simple variété (d)*. M. Brisson a indiqué le premier cet oiseau *(e)*, & nous l'avons fait représenter *(pl. 11)*, sous la dénomination de *pigeon-ramier bleu de Madagascar;* il est beaucoup plus petit que notre ramier d'Europe, & de la même grandeur à peu-près qu'un autre pigeon du même climat qui paroît avoir été indiqué par Bontius *(f)*, & qui a ensuite été décrit par M. Brisson *(g)*, sur un individu venant de Madagascar où il s'appelle *founingo maïtsou,* ce qui paroît prouver

---

(d) *Nota.* Ce qui nous fait présumer que le founingo est d'une autre espèce que celle de notre ramier, c'est que ce dernier se trouve dans ce même climat. « Nous vimes (dit Bontekoe) dans l'île de Mascarenas, quantité de pigeons-ramiers bleus « qui se laissoient prendre à la main; nous en tuames ce jour-là près de deux cents. . . . « nous y trouvames aussi quantité de ramiers. » *Voyage aux Indes orientales*, page 16.

(e) Le Pigeon-ramier bleu de Madagascar. Brisson, *Ornithologie*, tome I, page 140, *avec une figure*, planche XIV, fig. 1.

(f) *Columba viridissimi coloris.* Bontius, Ind. orient. *pag. 62.*

(g) Le Pigeon-ramier vert de Madagascar. *Ornithologie*, tome I, page 142, *avec une figure*, planche XIV, fig. 2.

Tome III. L

que malgré la différence de couleur du vert au bleu, ces deux oiseaux sont de la même espèce, & qu'il n'y a peut-être entr'eux d'autre différence que celle du sexe ou de l'âge : on trouvera *(pl. 111)* cet oiseau vert représenté sous la dénomination de *pigeon-ramier vert de Madagascar.*

III.

LE RAMIRET.

L'OISEAU représenté *(pl. 213)* sous la dénomination de *pigeon-ramier de Cayenne,* dont l'espèce est nouvelle, & n'a été indiquée par aucun des Naturalistes qui nous ont précédés; comme elle nous a paru différente de celle du ramier d'Europe & de celle du *founingo* d'Afrique, nous avons cru devoir lui donner un nom propre, & nous l'avons appelé *Ramiret,* parce qu'il est plus petit que notre ramier; c'est un des plus jolis oiseaux de ce genre, & qui tient un peu à celui de la tourterelle par la forme de son cou & l'ordonnance des couleurs, mais qui en diffère par la grandeur & par plusieurs caractères qui le rapprochent plus des ramiers que d'aucune autre espèce d'oiseau.

I V.

LE Pigeon des îles Nincombar ou plutôt Nicobar *(pl. 491)*, décrit & dessiné par Albin *(h)*, qui, selon lui, est de la grandeur de notre ramier d'Europe, dont la tête & la gorge sont d'un noir-bleuâtre, le ventre d'un brun-noirâtre, & les parties supérieures

---

(h) Pigeon de Nincombar. Albin, *tome III, page 20,* avec des figures, *planche* *XLVII,* le mâle; & *planche XLVIII,* la femelle. *Nota.* Cette différence de sexe donnée par Albin n'est pas certaine; voyez ci-après ce qu'en dit M. Edwards.

du corps & des ailes variées de bleu, de rouge, de pourpre, de jaune & de vert. Selon M. Edwards qui a donné depuis Albin une très-bonne defcription & une excellente figure de cet oifeau *(i)*, il ne paroiffoit que de la groffeur d'un pigeon ordinaire. .... Les plumes fur le cou font longues & pointues comme celles d'un coq de baffe-cour, elles ont de très-beaux reflets de couleurs variées de bleu, de rouge, d'or & de couleur de cuivre; le dos & le deffus des ailes font verts avec des reflets d'or & cuivre.... J'ai, ajoute M. Edwards, trouvé dans Albin des figures qu'il appelle le *coq* & la *poule de cette efpèce;* je les ai examinées enfuite chez le Chevalier Sloane, & je n'ai pu y trouver aucune différence de laquelle on pouvoit conclure que ces oifeaux étoient le mâle & la femelle. ..... Albin l'appelle *pigeon Ninkcombar;* le vrai nom de l'île, d'où cet oifeau a été apporté, eft Nicobar.... il y a plufieurs petites îles qui portent ce nom & qui font fituées au nord de Sumatra.

V.

L'OISEAU *(pl. 1 1 8)* nommé par les Hollandois *Crown-vogel,* donné par M. Edwards, *planche CCCXXXVIII,* fous le nom de *gros pigeon-couronné des Indes;* & par M. Briffon *(k),* fous celui de *faifan-couronné des Indes.*

Quoique cet oifeau foit auffi gros qu'un dindon, il paroît certain qu'il appartient au genre du pigeon; il en a le bec, la tête, le cou, toute la forme du corps; les jambes, les pieds, les ongles, la voix, le roucoulement, les mœurs, &c; c'eft parce qu'on a été trompé par fa groffeur qu'on n'a pas fongé à le

(i) Edwards, *Glanures,* pages 271 & fuiv. *planche CCCXXXIX.*

(k) Briffon, *Ornithologie,* tome I, page 278, *planche VI, fig. I.*

comparer au pigeon , & que M. Briſſon & enſuite notre
deſſinateur, l'ont appelé *faiſan;* le dernier volume des Oiſeaux
de M. Edwards n'avoit pas encore paru, mais voici ce qu'en
dit cet habile Ornithologiſte : « Il eſt de la famille des pigeons,
» quoiqu'auſſi gros qu'un dindon de médiocre grandeur. . . . . .
» M. Loten a rapporté des Indes pluſieurs de ces oiſeaux
» vivans. . . . . Il eſt natif de l'île de Banda. . . . .
» M. Loten m'a aſſuré que c'eſt proprement un pigeon , &
» qu'il en a tous les geſtes & tous les tons ou roucoulemens en
» careſſant ſa femelle : j'avoue que je n'aurois jamais ſongé à
» trouver un pigeon dans un oiſeau de cette groſſeur ſans une
telle information *(1).* »

Il eſt arrivé à Paris tout nouvellement, à M. le Prince de
Soubiſe, cinq de ces oiſeaux vivans ; ils ſont tous cinq ſi reſ-
ſemblans les uns aux autres par la groſſeur & la couleur qu'on
ne peut diſtinguer les mâles & les femelles ; d'ailleurs, ils ne
pondent pas, & M. Mauduit, très-habile Naturaliſte, nous a
aſſuré en avoir vu pluſieurs en Hollande où ils ne pondent pas
plus qu'en France. Je me ſouviens d'avoir lû dans quelques
Voyages, qu'aux grandes Indes on élève & nourrit ces oiſeaux
dans des baſſe-cours, à peu-près comme les poules.

---

(1) Edwards, *Glanures*, pages 269 & ſuiv.

Pigeon Ramier, des Moluques .

Pigeon ramier bleu de Madagascar.

213.

Pigeon ramier, de Cayenne.

Pigeon de Nincombar.

Faisan couronné des Indes.

LA TOURTERELLE (a).

LA Tourterelle aime peut-être plus qu'aucun autre oiseau, la fraîcheur en été & la chaleur en hiver ; elle arrive dans notre climat fort tard au printemps, & le quitte dès la fin du mois d'août ; au lieu que les bisets & les ramiers arrivent un mois plus tôt, & ne partent qu'un mois plus tard, plusieurs même restent pendant l'hiver : toutes les tourterelles, sans en excepter aucune, se réunissent en troupes, arrivent, partent & voyagent ensemble ; elles ne séjournent ici que quatre ou cinq mois ; pendant ce court espace de temps, elles s'apparient, nichent, pondent & élèvent leurs petits au point de pouvoir les emmener avec elles. Ce sont les bois les plus sombres & les plus frais qu'elles préfèrent pour s'y établir ; elles placent leur nid, qui est presque tout plat, sur les plus hauts arbres, dans les lieux les plus éloignés de nos habitations. En Suède *(b)*, en Allemagne, en France, en Italie, en Grèce *(c)*, & peut-être encore dans des pays plus froids & plus chauds, elles ne séjournent que pendant l'été & quittent

---

(a) La Tourterelle, en Grec, Τρύγων ; en Latin, *Turtur* ; en Espagnol, *Tortota* ou *Tortora* ; en Italien, *Tortora, Tortorella* ; en Allemand, *Turtel, Turtel-taube* ; en Anglois, *Turhe, Turhe-dove* ; en Suédois, *Turtur-dufwa* ; en Polonois, *Trakawke.* — Turterelle. Belon, *Histoire des Oiseaux*, page 309 . . . . Tourte, Turterelle, Torterelle, Tourterelle. Idem, *Portraits d'Oiseaux*, page 77. *a.* — *Turtur.* Gesner, *Avi.* page 316. — *Tortora nostrate.* Olina, *page 34, avec une figure.* — Tourterelle. Albin, *tome II, page 31, avec une figure.* — Turtur. Frisch, *planche XIV*, avec une figure coloriée.

(b) Linnæus, *Fauna Suecica*, n.° 175.

(c) *Nec hibernare apud nos patiuntur Turtures . . . . . . volant gregatim Turtures cum accedunt & abeunt. . . . . . coturnices quoque discedunt nisi paucæ locis apricis remanserint : quod & turtures faciunt.* Arist. *Hist. Anim.* lib. VIII, pag. 12.

Tome III.   M

également avant l'automne : feulement Ariftote nous apprend qu'il en refte quelques-unes en Grèce, dans les endroits les plus abrités : cela femble prouver qu'elles cherchent les climats très-chauds pour y paffer l'hiver. On les trouve prefque par-tout *(d)* dans l'ancien continent, on les retrouve dans le nouveau *(e)* &

« *(d)* Nous vimes dans le royaume de Siam , deux fortes de tourterelles; la » première eft femblable aux nôtres & la chair en eft bonne; la feconde a le plumage » plus beau , mais la chair en eft jaunâtre & de mauvais goût. Les campagnes font pleines de ces tourterelles. » *Second voyage* de Siam , *page 248* ; & Geronier, *Hift. nat. & polit.* de Siam , *page 35.* — Les pigeons-ramiers & les tourterelles viennent aux îles Canaries des côtes de Barbarie. *Hiftoire générale des Voyages*, tome II, page 241. — A Fida, en Afrique, il y a une fi grande quantité de tourterelles , qu'un homme, qui tiroit affez bien , vouloit s'engager à en tuer cent en fix heures de temps. Bofman, *Voyage* de Guinée , *page 416.* — Il y a des tourterelles aux Phi-lippines, aux îles de Pulo-condor, à Sumatra. Dampier, *tome I, page 406* ; *tome II, page 82* ; *& tome III, page 155.* — Il y a ici (à la Nouvelle Hollande) quantité de tourterelles dodues & graffes, qui font un très-bon manger. *Idem*, tome IV, page 139.

(e) Les campagnes du Chili font peuplées d'une infinité d'oifeaux, particulière-ment de pigeons-ramiers & de beaucoup de tourterelles. *Voyage* de Fréfier, *page 74....* Les pigeons-ramiers y font amers, & les tourterelles n'y font pas un grand régal. *Idem*, page 111.—A la Nouvelle Efpagne il y a plufieurs oifeaux d'Europe, comme des pigeons, des tourterelles grandes comme celles d'Europe, & de petites comme des grives. Gemelli Careri, *tome VI, page 212.* — Je n'ai vu en aucun endroit du monde, une auffi grande quantité de tourterelles & de pigeons-ramiers qu'à Areca, au Pérou. Le Gentil, *tome I, page 94.* — Il y a dans les terres de la baie de Cam-pêche trois fortes de tourterelles ; les unes ont le jabot blanc, le refte du plumage d'un gris tirant fur le bleu; ce font les plus groffes, & elles font bonnes à manger. Les autres font de couleur brune par-tout le corps, moins graffes & plus petites que les premières : ces deux efpèces volent par paires, & vivent des baies qu'elles cueillent fur les arbres. Les troifièmes font d'un gris fort fombre, on les appelle *tourterelles de terre*, elles font beaucoup plus groffes qu'une alouette, rondes & dodues; elles vont par couple fur la terre. *Voyage de* Dampier, *tome III, page 310.* — On croit com-munément qu'il y a à Saint-Domingue des perdrix rouges & des ortolans; on fe trompe, ce font différentes efpèces de tourterelles ; les nôtres y font fur-tout fort communes. Charlevoix, *Hiftoire de* Saint-Domingue, *tome I, pages 28 & 29.*—A la Martinique & aux Antilles, les tourterelles ne fe trouvent guère que dans les endroits

jufque dans les îles de la mer du Sud *(f);* elles font comme les pigeons, fujettes à varier, & quoique naturellement plus fauvages, on peut néanmoins les élever de même, & les faire multiplier dans des volières. On unit aifément enfemble les différentes variétés, on peut même les unir au pigeon, & leur faire produire des métis ou des mulets, & former ainfi de nouvelles races ou de nouvelles variétés individuelles. « J'ai vu, m'écrit un témoin digne de foi *(g)*, dans le Bugey, chez « un Chartreux, un oifeau né du mélange d'un pigeon avec une « tourterelle; il étoit de la couleur d'une tourterelle de France, « il tenoit plus de la tourterelle que du pigeon; il étoit inquiet, « & troubloit la paix dans la volière. Le pigeon-père étoit d'une « très-petite efpèce, d'un blanc parfait, avec les ailes noires. » Cette obfervation, qui n'a pas été fuivie jufqu'au point de favoir fi le métis provenant du pigeon & de la tourterelle, étoit fécond, ou fi ce n'étoit qu'un mulet ftérile; cette obfervation, dis-je,

---

écartés, où elles font peu chaffées; celles de l'Amérique m'ont paru un peu plus groffes que celles de France. . . . . . Dans le temps qu'elles font leurs petits on en prend beaucoup de jeunes avec des filets, on les nourrit dans des volières, elles s'y engraiffent parfaitement bien, mais elles n'ont pas le goût fi fin que les fauvages; il eft prefque impoffible de les apprivoifer. Celles qui vivent en liberté, fe nourriffent de *prunes de monbin* & *d'olives fauvages*, dont les noyaux leur reftent affez long-temps dans le jabot, ce qui a fait croire à quelques-uns, qu'elles mangeoient de petites pierres: elles font ordinairement fort graffes & de bon goût. *Nouveaux Voyages aux îles de l'Amérique*, tome II, page 237.

(f) Dans les îles enchantées de la mer du Sud, nous vimes des tourterelles qui étoient fi familières, qu'elles venoient fe percher fur nous. *Hiftoire des navigations* aux terres Auftrales, *tome II, page 52* . . . . Il y a force tourterelles aux îles Galla-pagos, dans la mer du Sud; elles font fi privées, qu'on en peut tuer cinq ou fix douzaines en une après-midi avec un fimple bâton. *Nouveaux Voyages aux îles de l'Amérique*, tome II, page 67.

(g) M. Hebert, que j'ai déjà cité plus d'une fois.

prouve au moins la très-grande proximité de ces deux espèces : il est donc fort possible, comme nous l'avons déjà insinué, que les bisets, les ramiers & les tourterelles, dont les espèces paroissent se soutenir séparément & sans mélange dans l'état de nature, se soient néanmoins souvent unies dans celui de domesticité; & que de leur mélange, soient issues la plupart des races de nos pigeons domestiques, dont quelques-uns sont de la grandeur du ramier, & d'autres ressemblent à la tourterelle par la petitesse, par la figure, &c. & dont plusieurs enfin tiennent du biset ou participent de tous trois.

Et ce qui semble confirmer la vérité de notre opinion, sur ces unions qu'on peut regarder comme illégitimes, puisqu'elles ne sont pas dans le cours ordinaire de la Nature, c'est l'ardeur excessive que ces oiseaux ressentent dans la saison de l'amour : la tourterelle est encore plus tendre, disons plus lascive que le pigeon, & met aussi dans ses amours, des préludes plus singuliers. Le pigeon mâle se contente de tourner en rond en piaffant & se donnant des grâces autour de sa femelle. Le mâle tourterelle, soit dans les bois, soit dans une volière, commence par saluer la sienne en se prosternant devant elle dix-huit ou vingt fois de suite, il s'incline avec vivacité & si bas, que son bec touche à chaque fois la terre ou la branche sur laquelle il est posé, il se relève de même; les gémissemens les plus tendres accompagnent ces salutations, d'abord la femelle y paroît insensible, mais bientôt l'émotion intérieure se déclare par quelques sons doux, quelques accens plaintifs qu'elle laisse échapper, & lorsqu'une fois elle a senti le feu des premières approches, elle ne cesse de brûler, elle ne quitte plus son mâle, elle lui multiplie les baisers, les caresses, l'excite à la jouissance & l'entraîne aux plaisirs jusqu'au temps de

la

la ponte où elle se trouve forcée de partager son temps, & de donner des soins à sa famille. Je ne citerai qu'un fait qui prouve assez combien ces oiseaux sont ardens *(h)*; c'est qu'en mettant ensemble dans une cage, des tourterelles mâles, & dans une autre des tourterelles femelles, on les verra se joindre & s'accoupler comme s'ils étoient de sexe différent; seulement cet excès arrive plus promptement & plus souvent aux mâles qu'aux femelles : la contrainte & la privation ne servent donc souvent qu'à mettre la Nature en désordre, & non pas à l'éteindre !

Nous connoissons dans l'espèce de la tourterelle, deux races ou variétés constantes; la première est la tourterelle commune *(pl. 394)*, la seconde s'appelle la *tourterelle à collier (pl. 244)*, parce qu'elle porte sur le cou, une sorte de collier noir; toutes deux se trouvent dans notre climat, & lorsqu'on les unit ensemble, elles produisent un métis: celui que Schwencfeld décrit, & qu'il appelle *turtur mixtus (i)*, provenoit d'un mâle de tourterelle commune & d'une femelle de tourterelle à collier, & tenoit plus de la mère que du père: je ne doute pas que ces métis ne soient féconds, & qu'ils ne remontent à la race de la mère dans la suite des générations. Au reste, la tourterelle à collier est un peu plus grosse que la tourterelle commune, & ne diffère en rien pour le naturel & les mœurs; on peut même dire qu'en général les pigeons, les ramiers & les tourterelles se ressemblent encore plus par l'instinct & les habitudes naturelles, que par la

---

(h) La tourterelle, m'écrit M. le Roy, diffère du ramier & du pigeon par son libertinage & son inconstance, malgré sa réputation. Ce ne sont pas seulement les femelles enfermées dans les volières qui s'abandonnent indifféremment à tous les mâles; j'en ai vu de sauvages qui n'étoient ni contraintes ni corrompues par la domesticité, faire deux heureux de suite sans sortir de la même branche.

(i) Theriotrop. Sil. *page 365.*

Tome III.   N

figure : ils mangent & boivent de même fans relever la tête, qu'après avoir avalé toute l'eau qui leur eft néceffaire ; ils volent de même en troupes ; dans tous la voix eft plutôt un gros murmure ou un gémiffement plaintif, qu'un chant articulé : tous ne produifent que deux œufs, quelquefois trois, & tous peuvent produire plufieurs fois l'année, dans des pays chauds ou dans des volières.

394

La Tourterelle .

La Tourterelle à collier.

OISEAUX ÉTRANGERS,

Qui ont rapport à la TOURTERELLE.

I.

LA Tourterelle, comme le pigeon & le ramier, a fubi des variétés dans les différens climats, & fe trouve de même dans les deux continens. Celle qui a été indiquée par M. Briffon *(a)*, fous le nom de tourterelle du Canada, & que nous avons fait repréfenter *(pl. 176)*, eft un peu plus grande, & a la queue plus longue que notre tourterelle d'Europe ~~(pl. 487)~~; celle de Saint-Domingue eft auffi plus grande, mais ces différences *pl: 487.* ne font pas affez confidérables pour qu'on en doive faire une efpèce diftincte & féparée: il me paroît qu'on peut y rapporter l'oifeau donné par M. Edwards fous le nom de *pigeon à longue queue (planche XV)*, & que M. Briffon a appelé *tourterelle d'Amérique (b)*; ces oifeaux fe reffemblent beaucoup, & comme ils ne diffèrent que par leur longue queue de notre tourterelle, nous ne les regardons que comme des variétés produites par l'influence du climat.

I I.

LA tourterelle du Sénégal & la tourterelle à collier du Sénégal *(pl. 160 & 161)*, toutes deux indiquées par M. Briffon *(c)*, & dont la feconde n'eft qu'une variété de la

---

(a) *Ornithologie*, tome I, page 118.

(b) Briffon, *tome I, page 101.*

(c) La Tourterelle du Sénégal, *pl. X, fig. 1.*—La Tourterelle à collier du Sénégal, *pl. XI, fig. 1.* Ornithologie, *tome I, pages 122 & 124.*

première, comme la tourterelle à collier d'Europe, n'est qu'une variété de l'espèce commune, ne nous paroissent pas être d'une espèce réellement différente de celle de nos tourterelles, étant à peu-près de la même grandeur, & n'en différant guère que par les couleurs, ce qui doit être attribué à l'influence du climat.

Nous présumons même que la tourterelle du Sénégal à gorge tachetée *(d)*, étant de la même grandeur & du même climat que les précédentes, n'en est encore qu'une variété.

III.
LE TOUROCCO.

Mais il y a dans cette même contrée du Sénégal, un oiseau qui n'a été indiqué par aucun des Naturalistes qui nous ont précédés, que nous avons fait représenter *(pl. 329)*, sous la dénomination de *tourterelle du Sénégal à large queue*, nous ayant été donné sous ce nom par M. Adanson; néanmoins, comme cette espèce nouvelle nous paroît réellement différente de celle de la tourterelle d'Europe, nous avons cru devoir lui donner le nom propre de *tourocco*, parce que cet oiseau ayant le bec & plusieurs autres caractères de la tourterelle, porte sa queue comme le hocco.

IV.
LA TOURTELETTE.

Un autre oiseau qui a rapport à la tourterelle, est celui qui a été indiqué par M. Brisson *(e)*, & que nous avons fait représenter *(pl. 140)*, sous la dénomination de *tourterelle à*

(d) La Tourterelle du Sénégal à gorge tachetée. Brisson, *Ornithologie*, tome I, page 125, *planche VIII, fig. 3.*

(e) *Ornithologie*, tome I, page 120, *avec une figure*, planche IX, fig. 2.

cravate

cravate noire du cap de Bonne-efpérance; nous croyons devoir lui donner un nom propre, parce qu'il nous paroît être d'une efpèce particulière & différente de celle de la tourterelle; nous l'appelons donc *Tourtelette*, parce qu'il eft beaucoup plus petit que notre tourterelle; il en diffère auffi en ce qu'il a la queue bien plus longue, quoique moins large que celle du tourocco, il n'y a que les deux plumes du milieu de la queue qui foient très-longues; c'eft le mâle de cette efpèce qui eft ici repréfenté; il diffère de la femelle en ce qu'il porte une efpèce de cravate d'un noir brillant fous le cou & fur la gorge, au lieu que la femelle n'a que du gris mêlé de brun fur ces mêmes parties: cet oifeau fe trouve au Sénégal comme au cap de Bonne-efpérance, & probablement dans toutes les contrées méridionales de l'Afrique.

V.

LE TURVERT.

NOUS donnons le nom *Turvert* à un oifeau vert qui a du rapport avec la tourterelle, mais qui nous paroît être d'une efpèce diftincte & féparée de toutes les autres; nous comprenons fous cette efpèce de turvert les trois oifeaux repréfentés *(pl. 142, 214 & 177)*; le premier de ces oifeaux a été indiqué par M. Briffon *(f)*, fous la dénomination de *tourterelle verte d'Amboine*, & dans nos planches fous celle de *tourterelle pourprée d'Amboine*, parce que cette couleur de la gorge eft le caractère le plus frappant de cet oifeau *(g)*; le fecond

---

(f) *Ornithologie*, tome I, page 152, *avec une figure*, pl. xv, fig. 2.

(g) C'eft vraifemblablement à cette efpèce qu'il faut rapporter les paffages fuivans. « Il y a dans l'île de Java, un nombre infini de tourterelles de couleurs différentes,

fous le nom de *tourterelle de Batavia*, n'a été indiqué par aucun Naturaliste, nous ne le regardons pas comme formant une efpèce différente du turvert; on peut préfumer qu'étant du même climat & peu différent par la grandeur, la forme & les couleurs, ce n'eft qu'une variété peut-être de fexe ou d'âge: le troifième, fous la dénomination de *tourterelle de Java,* parce qu'on nous a dit qu'il venoit de cette île ainfi que le précédent, ne nous paroît encore être qu'une fimple variété du turvert, mais plus caractérifée que la première par la différence de la couleur fous les parties inférieures du corps.

VI.

CE ne font pas-là les feules efpèces ou variétés du genre des tourterelles; car fans fortir de l'ancien continent, on trouve la *Tourterelle de Portugal (h)*, qui eft brune avec des taches noires & blanches de chaque côté & vers le milieu du cou; la *tourterelle rayée de la Chine (i)*, qui eft un bel oifeau dont la tête & le cou font rayés de jaune, de rouge & de blanc;

» de vertes avec des taches noires & blanches; de jaunes & blanches, de blanches » & noires, & une efpèce dont la couleur eft cendrée: leur groffeur eft auffi différente » que leurs couleurs font variées; les unes font de la groffeur d'un pigeon, & les autres font plus petites qu'une grive. » Le Gentil, *Voyage autour du Monde*, tome III, page 74.

« Il y a aux Philippines une forte de tourterelle qui a les plumes grifes fur le dos » & blanches fur l'eftomac, au milieu duquel on voit une tache rouge comme une plaie fraîche dont le fang fortiroit. » Gemelli Careri, *tome V, page 266.*

(h) Colombe de Portugal. Albin, *tome II, page 32*, avec une figure, *pl. XLVIII.* — Briffon, *Ornithologie*, tome I, page 98.

(i) Colombe de la Chine. Albin, *tome III, page 19*, avec une figure, *pl. XLVI.* — Briffon, *Ornithologie*, tome I, page 107.

la tourterelle rayée des Indes (k), qui n'eſt pas rayée longi-
tudinalement ſur le cou comme la précédente, mais tranſverſalement ſur le corps & les ailes; la *tourterelle d'Amboine (l)*,
auſſi rayée tranſverſalement de lignes noires ſur le cou & la
poitrine, avec la queue très-longue: mais comme nous n'avons
vu aucun de ces quatre oiſeaux en nature, & que les Auteurs
qui les ont décrits, les nomment *colombes* ou *pigeons;* nous ne
devons pas décider ſi tous appartiennent plus à la tourterelle
qu'au pigeon.

V I I.

L A T O U R T E.

Dans le nouveau continent, on trouve d'abord la tourterelle
de Canada qui, comme je l'ai dit, eſt de la même eſpèce que
notre tourterelle d'Europe.

Un autre oiſeau *(pl. 175)*, qu'avec les Voyageurs nous
appellerons *tourte,* eſt celui qui a été donné par Cateſby *(m);*
ſous le nom de *tourterelle de la Caroline.* Il nous paroît être
le même; la ſeule différence qu'il y ait entre ces deux oiſeaux,
eſt une tache couleur d'or, mêlée de vert & de cramoiſi, qui
dans l'oiſeau de Cateſby, ſe trouve au-deſſous des yeux, ſur les
côtés du cou, & qui ne ſe voit pas dans le nôtre, ce qui nous
fait croire que le premier eſt le mâle, & le ſecond la femelle:

(*k*) Pigeon - barré. Edwards, *Hiſt. of Birds*, tome I, *planche* X V I. —Briſſon,
Ornithologie, tome I, page 1 0 9.

(*l*) *Columba rufa , caudâ longiſſimâ ; pennis collum* & *pectus tegentibus nigricante
tranſverſim ſtriatis, remigibus fuſcis, rectricibus fuſcoruſeſcentibus* . . . . . *Turtur Amboinenſis.*
La tourterelle d'Amboine. *Ornithologie*, page 1 2 7 , *avec une figure*, pl. IX, fig. 3.

(*m*) *Hiſt. nat.* de la Caroline, *tome I, page 24*, avec une figure coloriée. .

on peut avec quelque fondement rapporter à cette efpèce, le *picacuroba* du Brefil, indiqué par Marcgrave *(n)*.

Je préfume auffi que la tourterelle de la Jamaïque, indiquée par Albin *(o)*, & enfuite par M. Briffon *(p)*, étant du même climat que la précédente *(pl. 174)*, & n'en différant pas affez pour faire une efpèce à part, doit être regardée comme une variété dans l'efpèce de la tourte, & c'eft par cette raifon que nous ne lui avons pas donné de nom propre & particulier.

Au refte, nous obferverons que cet oifeau a beaucoup de rapport avec celui donné par M. Edwards, & que le fien pourroit bien être la femelle du nôtre *(q)*. La feule chofe qui s'oppofe à cette préfomption fondée fur les reffemblances, c'eft la différence des climats; on a dit à M. Edwards que fon oifeau venoit des Indes orientales, & le nôtre fe trouve en Amérique; ne fe pourroit-il pas qu'il y eût erreur fur le climat dans M. Edwards? ces oifeaux fe reffemblent trop entre eux, & ne font pas affez différens de la tourte, pour qu'on puiffe fe perfuader qu'ils font de climats fi éloignés; car nous fommes affurés que celui dont nous donnons la repréfentation, a été envoyé de la Jamaïque au cabinet du Roi.

(*n*) *Picacuroba Brafilienfibus.* Hift. nat. Braf. *page 204.*

(*o*) Albin, *tome II, page 32,* avec une figure, *planche XLIX.*

(*p*) *Ornithologie,* tome I, page 135, *avec une figure,* planche XIII, fig. 1.

(*q*) Edwards, *Hift. Nat. of Birds,* tome I, planche XIV.

VIII.

VIII.

LE COCOTZIN.

L'OISEAU d'Amérique indiqué par Fernandez *(r)*, fous le nom de *Cocotzin*, que nous lui conferverons, parce qu'il eft d'une efpèce différente de tous les autres ; & comme il eft auffi plus petit qu'aucune des tourterelles, plufieurs Naturaliftes l'ont défigné par ce caractère en l'appelant *petite tourterelle (f)* ; d'autres l'ont appelé *ortolan (t)*, parce que n'étant guère plus gros que cet oifeau, il eft de même très-bon à manger. On l'a repréfenté *(pl. 243)* fous les dénominations de *petite tourterelle de Saint-Domingue*, figure 1 ; & *petite tourterelle de la Martinique*, figure 2. Mais après les avoir examinés & comparés en nature, nous préfumons que tous deux ne font que la même efpèce d'oifeau, dont celui repréfenté *figure 2*, eft le mâle ;

(r) Cocotzin. *Hift. Nat. nov. Hifp.* pag. 24, cap. XLIV. —Cocotti. *Idem, ibidem,* pag. 23, cap. XLII.—*Cocotzin aliud genus.* Idem, ibidem, page 24, cap. XLIV. *Nota.* Ces trois oifeaux ne nous paroiffent être que de légères variétés dans la même efpèce.

(f) Turtur minimus, alis maculofis. Ray, Syn. Avi. *pag. 184, n.° 25. — Turtur minimus, guttatus.* Sloane, Jamaïc. pag. 305.—*Columba fubfufca minima, &c.* Brown, *Nat. hift. of Jamaïc.* pag. 469.—Petite tourterelle tachetée. Catefby, *tome I, page 26*, avec une figure coloriée de la femelle, *planche XXVI.*

(t) Ortolan de la Martinique. Du Tertre, *Hiftoire des Antilles, tome II, page 254.* —Les oifeaux à qui nos Infulaires donnent le nom d'*ortolan*, ne font que des tourterelles beaucoup plus petites que celles d'Europe..... Leur plumage eft d'un gris-cendré, le deffous de la gorge tire un peu fur le roux ; elles vont toujours par couple, & on en trouve beaucoup dans les bois. Ces oifeaux aiment à voir le monde, fe promenant dans les chemins fans s'effaroucher, & quand on les prend jeunes, ils deviennent très-privés ; ce font des pelotons d'une graiffe qui a un goût excellent. *Nouveau voyage aux îles de l'Amérique, tome II, page 237.*

Tome III.   P

& celui *figure 1*, la femelle. Il paroît auſſi qu'on doit y rapporter le *picuipinima* de Piſon & de Marcgrave *(u)*, & la petite tourterelle d'Acapulco, dont parle Gemelli Careri *(x)*. Ainſi cet oiſeau ſe trouve dans toutes les parties méridionales du nouveau continent.

(u) Picuipinima. Piſon, *Hiſt. nat.* pag. 86. — *Picuipinima Braſilienſibus.* Marcgrave, *hiſt. nat. Braſil.* pag. 204.

(x) Aux environs d'Acapulco, on voit des tourterelles plus petites que les nôtres avec la pointe des aîles coloriée, qui volent juſque dans les maiſons. *Gemelli Careri, tome VI, page 9.*

176.

Tourterelle , du Canada .

Tourterelle, de S.ᵗ Dominque.

Tourterelle, du Sénégal.

Tourterelle à Collier, du Senegal.

329.

Tourterelle à large queue, du Sénégal.

Tourterelle à Cravate noire, du Cap de Bonne Espérance.

214

Tourterelle, de Batavia.

Dessiné et gravé par Martinet

Tourterelle, de Java.

Tourterelle de la Caroline

Dessiné et gravé par Martinet

Tourterelle, de la Jamaïque.

par Martinet.

1. Petite Tourterelle de St Domingue. 2. Petite Tourterelle de la Martinique.

LE CRAVE

OU

LE CORACIAS (a).

QUELQUES Auteurs ont confondu cet oiseau *(pl. 255)* avec
le choquard appelé communément *choucas des Alpes*: cependant
il en diffère d'une manière assez marquée par ses proportions
totales *(b)* & par les dimensions, la forme & la couleur de
son bec qu'il a plus long, plus menu, plus arqué & de couleur
rouge; il a aussi la queue plus courte, les ailes plus longues, &
par une conséquence naturelle, le vol plus élevé; enfin ses yeux
sont entourés d'un petit cercle rouge.

Il est vrai que le crave ou coracias se rapproche du choquard par
la couleur & par quelques-unes de ses habitudes naturelles. Ils ont
tous deux le plumage noir, avec des reflets verts, bleus, pourpres,
qui jouent admirablement sur ce fond obscur; tous deux se
plaisent sur le sommet des plus hautes montagnes, & descendent
rarement dans la plaine, avec cette différence néanmoins, que le
premier paroît beaucoup plus répandu que le second.

(a) Crave, est le nom qu'on lui donne en Picardie, suivant Belon; en Grec,
Κορακίας, en Grec moderne, *Scurapola*; en Latin, selon Cambden, *Avis incendiaria;*
en Italien, *Spelviero, Taccola, Tatula, Pazon, Zorl, Cutta;* en François, *Chouette* &
Choucas rouge; dans le Valais, *Choquard* & *Chouette;* en Allemand, *Steintahen* (Choucas
de roche), *Stein-tulen, Stein-krae;* en Anglois, *Cornish-chough; Cornwall-kae, Killegrew.*
En comparant ces noms divers avec ceux du *Choquard* ou *Choucas des Alpes,* on en
trouvera qui sont les mêmes; effet de la méprise qui a fait confondre ces deux
espèces en une seule.

C'est le Coracias de M. Brisson, *tome II, page 3.*

(b) Nota. Que le module de la Planche est presque double de ce qu'il doit être.

Le coracias eſt un oiſeau d'une taille élégante, d'un naturel vif, inquiet, turbulent, & qui cependant ſe prive à un certain point. Dans les commencemens on le nourrit d'une eſpèce de pâtée faite avec du lait, du pain, des grains, &c. & dans la ſuite il s'accommode de tous les mets qui ſe ſervent ſur nos tables.

Aldrovande en a vu un à Bologne en Italie, qui avoit la ſingulière habitude de caſſer les carreaux de vitres de dehors en dedans, comme pour entrer dans les maiſons par la fenêtre *(c)*; habitude, qui tenoit ſans doute au même inſtinct qui porte les corneilles, les pies & les choucas, à s'attacher aux pièces de métal & à tout ce qui eſt luiſant; car le coracias eſt attiré, comme ces oiſeaux, par ce qui brille, & comme eux, cherche à ſe l'approprier. On l'a vu même enlever du foyer *de la* cheminée des morceaux de bois tout allumés, & mettre ainſi le feu dans la maiſon; en ſorte que ce dangereux oiſeau joint la qualité d'incendiaire à celle de voleur domeſtique; mais on pourroit, ce me ſemble, tourner contre lui-même cette mauvaiſe habitude & la faire ſervir à ſa propre deſtruction, en employant les miroirs pour l'attirer dans les piéges, comme on les emploie pour attirer les alouettes.

M. Salerne dit avoir vu à Paris deux coracias qui vivoient en fort bonne intelligence avec des pigeons de volière; mais apparemment il n'avoit pas vu le corbeau ſauvage de Geſner, ni la deſcription qu'en donne cet auteur, lorſqu'il a dit, d'après M. Ray, qu'il *s'accordoit en tout,* excepté pour la grandeur,

---

(c) Voyez l'*Ornithologie* d'Aldrovande, *tome I, page 766;* & celle de Briſſon, *tome II, page 3.*

avec le coracias *(d)*; foit qu'il voulût parler, fous ce nom de coracias, de l'oifeau dont il s'agit dans cet article : foit qu'il entendît notre choquard ou le *pyrrhocorax* de Pline, car le choquard eft abfolument différent, & Gefner, qui avoit vu le coracias de cet article & fon corbeau fauvage, n'a eu garde de confondre ces deux efpèces : il favoit que le corbeau fauvage diffère du coracias par fa huppe, par le port de fon corps, par la forme & la longueur de fón bec, par la brièveté de fa queue, par le bon goût de fa chair, du moins de celle de fes petits, enfin parce qu'il eft moins criard, moins fédentaire, & qu'il change plus régulièrement de demeure en certains temps de l'année *(e)*, fans parler de quelques autres différences qui le diftinguent de chacun de ces deux oifeaux en particulier.

Le coracias a le cri aigre, quoique affez fonore, & fort femblable à celui de la pie de mer; il le fait entendre prefque continuellement, auffi Olina remarque-t-il que fi on l'élève, ce n'eft point pour fa voix, mais pour fon beau plumage *(f)*. Cependant Belon *(g)* & les auteurs de la Zoologie Britannique *(h)*, difent qu'il apprend à parler.

La femelle pond quatre ou cinq œufs blancs, tachetés de jaune fale; elle établit fon nid au haut des vieilles tours aban-données, & des rochers efcarpés; mais non pas indiftinctement;

(d) Hiftoire Naturelle des Oifeaux, *page 9 1*.—Ray, *Synopfis avium*, page 40.

(e) *Adventant initio veris eodem tempore quo Ciconiæ . . . . . . Primæ omnium quod fciam avolant circa initium julii, &c.*— Gefner, *De avibus*, page 352.

(f) *La Cutta del becco roffo, che è del refto tutta nera come cornacchia, fuor che i piedi che fon gialli, vien dalle montagne. Latinamente dicefi coracias. Quefta non parla, ma folo fi tiene per bellezza.* Uccelleria, *fol. 35.*

(g) Nature des Oifeaux, *page 287.*

(h) Page *84.*

car felon M. Edwards, ces oifeaux préfèrent les rochers de la côte occidentale d'Angleterre à ceux des côtes orientale & méridionale, quoique celles-ci préfentent à peu-près les mêmes fites & les mêmes expofitions.

Un autre fait de même genre, que je dois à un Obfervateur digne de toute confiance *(i)*, c'eft que ces oifeaux, quoique habitans des Alpes, des montagnes de Suiffe, de celles d'Auvergne, &c. ne paroiffent pas néanmoins fur les montagnes du Bugey, ni dans toute la chaîne qui borde le pays de Gex jufqu'à Genève. Belon, qui les avoit vus fur le mont Jura en Suiffe, les a retrouvés dans l'île de Crète, & toujours fur la cime des rochers *(k)*. Mais M. Haffelquift affure qu'ils arrivent & fe répandent en Égypte, vers le temps où le Nil débordé eft prêt à rentrer dans fon lit *(l)*. En admettant ce fait, quoique contraire à tout ce que l'on fait d'ailleurs de la nature de ces oifeaux, il faut donc fuppofer qu'ils font attirés en Égypte par une nourriture abondante, telle qu'en peut produire un terrain gras & fertile, au moment où fortant de deffous les eaux, il reçoit la puiffante influence du foleil; & en effet, les craves fe nourriffent d'infectes & de grains nouvellement femés & ramollis par le premier travail de la végétation.

Il réfulte de tout cela, que ces oifeaux ne font point attachés abfolument & exclufivement aux fommets des montagnes & des rochers, puifqu'il y en a qui paroiffent régulièrement en certains temps de l'année dans la baffe Égypte; mais qu'ils ne fe plaifent pas également fur les fommets de tout rocher & de toute

---

(i) M. Hébert, Tréforier de l'Extraordinaire des guerres, à Dijon.

(k) Nature des Oifeaux, *page 287;* & Obfervations, *fol. 11, verfo.*

(l) Itinera, page 240.

montagne, & qu'ils préfèrent conftamment les uns aux autres,
non point à raifon de leur hauteur ou de leur expofition, mais à
raifon de certaines circonftances qui ont échappé jufqu'à préfent
aux Obfervateurs.

Il eft probable que le coracias d'Ariftote *(m)* eft le même
que celui de cet article, & non le *pyrrhocorax* de Pline, dont
il diffère en groffeur, comme auffi par la couleur du bec que
le pyrrhocorax a jaune *(n):* d'ailleurs, le crave ou coracias à bec
& pieds rouges, ayant été vu par Belon fur les montagnes de
Crète *(o),* il étoit plus à portée d'être connu d'Ariftote que le
pyrrhocorax, lequel paffoit chez les anciens pour être propre &
particulier aux montagnes des Alpes, & qu'en effet Belon n'a
point vu dans la Grèce.

Je *dois* avouer cependant qu'Ariftote fait de fon coracias une
efpèce de choucas (χολόιος), comme nous en faifons une du
pyrrhocorax de Pline, ce qui femble former un préjugé en
faveur de l'identité, ou du moins de la proximité de ces deux
efpèces; mais comme dans le même chapitre je trouve un palmi-
pède joint aux choucas, comme étant de même genre, il eft
vifible que ce Philofophe confond des oifeaux de nature différente, ou plutôt que cette confufion réfulte de quelques fautes
de copiftes, & qu'on ne doit pas fe prévaloir d'un texte probablement altéré, pour fixer l'analogie des efpèces, mais qu'il eft
plus fûr d'établir cette analogie d'après les vrais caractères de
chaque efpèce. Ajoutez à cela que le nom de *pyrrhocorax,* qui
eft tout grec, ne fe trouve nulle part dans les livres d'Ariftote;

(m) Hiftoria animalium, lib. IX, cap. XXIV.
(n) Luteo roftro. Pline, lib. X, cap. XLVIII.
(o) Obfervations, *fol. 11, verfo.*

que Pline, qui connoissoit bien ces livres, n'y avoit point aperçu l'oiseau qu'il désigne par ce nom, & qu'il ne parle point du *pyrrhocorax* d'après ce que le Philosophe grec a dit du coracias, comme il est aisé de s'en convaincre en comparant les passages.

Celui qui a été observé par les auteurs de la Zoologie Britannique, & qui étoit un véritable coracias, pesoit treize onces, avoit environ deux pieds & demi de vol, la langue presque aussi longue que le bec, un peu fourchue & les ongles noirs, forts & crochus *(p)*.

M. Gerini fait mention d'un coracias à bec & pieds noirs, qu'il regarde comme une variété de l'espèce dont il s'agit dans cet article, ou comme la même espèce différente d'elle-même par quelques accidens de couleur, suivant l'âge, le sexe, &c. *(q)*.

(p) British Zoology, *page 84.*
(q) Storia degli Uccelli, tome II, page 38.

LE CORACIAS

255.

Le Coracias, des Alpes.

LE CORACIAS HUPPÉ

O U

LE SONNEUR (a).

J'ADOPTE ce nom que quelques-uns ont donné à l'oiseau dont il s'agit dans cet article, à cause du rapport qu'ils ont trouvé entre son cri & le son de ces clochettes qu'on attache au cou du bétail.

Le sonneur est de la grosseur d'une poule; son plumage est noir, avec des reflets d'un beau vert, & variés à peu-près comme dans le crave ou coracias, dont nous venons de parler: il a aussi comme lui le bec & les pieds rouges; mais son bec est encore plus long, plus menu, & fort propre à s'insinuer dans les fentes de rochers, dans les crevasses de la terre, & dans les trous d'arbres & de murailles, pour y chercher les vers & les insectes dont il fait sa principale nourriture. On a trouvé dans son estomac des débris de grillons-taupes, vulgairement appelés *courtillères*. Il mange aussi des larves de hannetons, & se rend utile par la guerre qu'il fait à ces insectes destructeurs.

Les plumes qu'il a sur le sommet de la tête, sont plus longues que les autres, & lui forment une espèce de huppe, pendante en arrière; mais cette huppe, qui ne commence à paroître que dans les oiseaux adultes, disparoît dans les vieux, & c'est de-là sans doute qu'ils ont été appelés, en certains endroits, du nom

---

(a) C'est le *Corvus sylvaticus* de Gesner, *page 351*; & le *Coracias* huppé de M. Brisson, *tome II, page 6*, appelé à Zurich, *Scheller, Waldt-rapp, Stein-rap*; & en Bavière, comme en Stirie, *Clauss-rapp*. En Italien, *Corva spilato*; en Polonois, *Kruk-lesny, Nocny*; en Anglois, *Wood crow from switzerland*.

R

de *corbeaux-chauves*; & que dans quelques defcriptions ils font repréfentés comme ayant la tête jaune, marquée de taches rouges. Ces couleurs font apparemment celles de la peau, lorfqu'au temps de la vieilleffe elle eft dépouillée de fes plumes.

Cette huppe, qui a valu au fonneur le nom de *huppe de montagne (b)*, n'eft pas la feule différence qui le diftingue du crave ou coracias; il a encore le cou plus grêle & plus alongé, la tête plus petite, la queue plus courte, &c. De plus, il n'eft connu que comme oifeau de paffage, au lieu que le crave ou coracias, n'eft oifeau de paffage qu'en certains pays & certaines circonftances, comme nous l'avons vu plus haut : c'eft d'après ces traits de diffemblance que Gefner en a fait deux efpèces diverfes, & que je me fuis cru fondé à les diftinguer par des noms différens.

Les fonneurs ont le vol très-élevé, & vont prefque toujours par troupes *(c)*; ils cherchent fouvent leur nourriture dans les prés & dans les lieux marécageux, & ils nichent toujours au haut des vieilles tours abandonnées, ou dans des fentes de rochers efcarpés & inacceffibles, comme s'ils fentoient que leurs petits font un mets délicat & recherché, & qu'ils vouluffent les mettre hors de la portée des hommes; mais il fe trouve toujours des hommes qui ont affez de courage ou de mépris d'eux-mêmes pour expofer leur vie par l'appât du plus vil intérêt, & l'on en voit beaucoup dans la faifon, qui, pour dénicher ces petits

---

(b) Klein, *Ordo avium*, page 111, n.° XVI.

(c) Je fais que M. Klein fait du fonneur un oifeau folitaire, mais c'eft contre le témoignage formel de Gefner, qui paroît être le feul auteur qui ait parlé de cet oifeau d'après fa propre obfervation, & que M. Klein copie lui-même dans tout le refte, fans le favoir, en copiant Albin.

oifeaux, fe hafardent à fe laiffer couler le long d'une corde, fixée au haut des rochers où font les nids, & qui fufpendus ainfi au-deffus des précipices, font la plus vaine & la plus périlleufe de toutes les récoltes.

Les femelles pondent deux ou trois œufs par couvée, & ceux qui cherchent leurs petits, laiffent ordinairement un jeune oifeau dans chaque nid, afin de s'affurer de leur retour pour l'année fuivante. Lorfqu'on enlève la couvée, les père & mère jettent un cri, *ka-ka, kœ-kœ;* le refte du temps ils fe font rarement entendre. Les jeunes fe privent affez facilement & d'autant plus facilement qu'on les a pris plus jeunes & avant qu'ils fuffent en état de voler.

Ils arrivent dans le pays de Zurich, vers le commencement d'avril, *en même temps que les cicognes;* on recherche leurs nids aux environs de la Pentecôte, & ils s'en vont au mois de *juin* avant tous les autres oifeaux *(d).* Je ne fais pourquoi M. Barrere en a fait une efpèce de courlis.

Le fonneur fe trouve fur les Alpes, & fur les hautes montagnes d'Italie, de Stirie, de Suiffe, de Bavière & fur les hauts rochers qui bordent le Danube, aux environs de Paffau & de Kelheym. Ces oifeaux choififfent pour leur retraite, certaines gorges bien expofées entre ces rochers, d'où leur eft venu le nom de *Klauff-rappen,* corbeaux des gorges.

(d) Voyez Gefner, *de Avibus,* page 351.

LE CORBEAU (a).

QUOIQUE le nom de Corbeau *(pl. 495)* * ait été donné par les Nomenclateurs à plusieurs oiseaux, tels que les corneilles, les choucas, les craves ou coracias, &c. nous en restreindrons ici l'acception, & nous l'attribuerons exclusivement à la seule espèce du grand corbeau, du *corvus* des Anciens, qui est assez différent de ces autres oiseaux par sa grosseur *(b)*, ses mœurs, ses habitudes naturelles, pour qu'on doive lui appliquer une dénomination distinctive, & sur-tout lui conserver son ancien nom.

Cet oiseau a été fameux dans tous les temps; mais sa réputation est encore plus mauvaise qu'elle n'est étendue; peut-être par cela même qu'il a été confondu avec d'autres *oiseaux*, & qu'on lui a imputé tout ce qu'il y avoit de mauvais dans plusieurs

---

(a) C'est le *Corbeau* de M. Brisson, *tome II, page 8.* En Grec, Κοραξ; en Latin, *Corvus*; en Espagnol, *Cuervo*; en Italien, *Corvo*; en Allemand, *Rabe, Rave, Kol-Rave*; en Anglois, *Raven*; en Suédois, *Korp*; en Polonois, *Kruk*; en Hébreu, *Oreb*; en Arabe, *Gerabib*; en Persan, *Calak*; en vieux François, *Corbin*; en Guyenne, *Escorbeau*; ses petits se nomment *Corbillats* & *Corbillards*; & le mot *Corbiner* exprimoit autrefois le cri des Corbeaux & des Corneilles, selon Cotgrave. *Voyez Salerne, page 85.* En comparant les noms qu'on a donnés à cet oiseau dans les idiomes modernes, on remarquera que ces noms dérivent tous visiblement de ceux qu'il avoit dans les anciennes langues, en se rapprochant plus ou moins de son cri. Il faut se souvenir que les Voyageurs donnent souvent, & très-mal-à-propos, le nom de Corbeau à un oiseau d'Amérique, qui a été rapporté à l'espèce du vautour, *tome I.er* de cette *Histoire des Oiseaux*, page 175.

* Le dessin de cette planche a été fait d'après un de ces individus, dont le plumage est plutôt brun que noir, & qui ont le bec plus fort & plus convexe que celui désigné dans cette planche.

(b) Le corbeau est de la grosseur d'un bon coq; il pèse trente-quatre ou trente-cinq onces, par conséquent, masse pour masse, il équivaut à trois corneilles & à deux freux.

espèces.

efpèces. On l'a toujours regardé comme le dernier des oifeaux de
proie, & comme l'un des plus lâches & des plus dégoûtans. Les
voiries infectes, les charognes pourries, font, dit-on, le fonds
de fa nourriture; s'il s'affouvit d'une chair vivante, c'eft de celles
des animaux foibles ou utiles, comme agneaux, levrauts, &c. *(c)*
On prétend même qu'il attaque quelquefois les grands animaux
avec avantage, & que fuppléant à la force qui lui manque par
la rufe & l'agilité, il fe cramponne fur le dos des buffles, les
ronge tout vifs & en détail après leur avoir crevé les yeux *(d)*;
& ce qui rendroit cette férocité plus odieufe, c'eft qu'elle feroit
en lui l'effet, non de la néceffité, mais d'un appétit de préférence pour la chair & le fang, d'autant qu'il peut vivre de tous
les fruits, de toutes les graines, de tous les infectes & même
des poiffons *morts*, & *qu'aucun autre animal ne mérite mieux*
la dénomination d'omnivore (e).

(c) Aldrovande. *Ornithologie*, tome I, page 702. ——*Traité de la Pipée*, où l'on
raconte la chaffe d'un lièvre entreprife par deux corbeaux qui paroiffoient s'entendre,
lui crevèrent les yeux & finirent par le prendre.

(d) Voyez Ælian, *Natur. animal.* lib. II, cap. LI; & le *Recueil des Voyages qui*
ont fervi à l'établiffement de la Compagnie des Indes, tome VIII, pages 273 *& fuiv.*
C'eft peut-être là l'origine de l'antipathie qu'on a dit être entre le bœuf & le corbeau.
Voyez Ariftote, *Hift. animal.* lib. IX, cap. I. Au refte, j'ai peine à croire qu'un
corbeau attaque un buffle, comme les Voyageurs difent l'avoir obfervé. Il peut fe
faire que ces oifeaux fe pofent quelquefois fur le dos des buffles, comme la corneille
mantelée fe pofe fur le dos des ânes & des moutons, & la pie fur le dos des cochons,
pour manger les infectes qui courent dans le poil de ces animaux. Il peut fe faire
encore que par fois les corbeaux entament le cuir des buffles par quelques coups de
bec mal mefurés, & même qu'ils leur crèvent les yeux, par une fuite de cet inftinct
qui les porte à s'attacher à tout ee qui eft brillant; mais je doute fort qu'ils aient
pour but de les manger tout vifs & qu'ils puffent en venir à bout.

(e) Voyez Ariftote, *Hift. animal.* lib. VIII, cap III. Willughby, *Ornithologie*,
pages 82 *& fuiv.* J'en ai vu de privés qu'on nourriffoit en grande partie de viande,
tantôt crue, tantôt cuite.

Tome III.   S

Cette violence & cette univerfalité d'appétit ou plutôt de voracité, tantôt l'a fait profcrire comme un animal nuifible & deftructeur, & tantôt lui a valu la protection des loix, comme à un animal utile & bienfaifant; en effet, un hôte de fi groffe dépenfe ne peut qu'être à charge à un peuple pauvre ou trop peu nombreux; au lieu qu'il doit être précieux dans un pays riche & bien peuplé, comme confommant les immondices de toute efpèce dont regorge ordinairement un tel pays. C'eft par cette raifon qu'il étoit autrefois défendu en Angleterre, fuivant Belon, de lui faire aucune violence *(f)*, & que dans l'ifle de Feroé, dans celle de Malte, &c. on a mis fa tête à prix *(g)*.

Si aux traits fous lefquels nous venons de repréfenter le corbeau, on ajoute fon plumage lugubre, fon cri plus lugubre encore, quoique très-foible, à proportion de fa groffeur; fon port *ignoble*, fon regard farouche, tout fon corps exhalant l'infection *(h)*, on

---

(f) *Nature des Oifeaux*, page 279. Belon écrivoit vers l'an 1550: *Sancta avis a noftris habetur, nec facilè ab ullo occiditur. FAUNA SUECICA*, n.° 69. Les corbeaux jouiffent de la même fauve-garde à Surinam, felon le docteur Fermin; *Defcription de Surinam*, tome II, page 148.

(g) *Actes de Copenhague*, années 1671, 1672. *Obfervat. XLIX*. A l'égard de l'ifle de Malte, on m'affure que ce font des corneilles; mais on me dit en même temps que ces corneilles font établies fur les rochers les plus déferts de la côte, ce qui me fait croire que ce font des corbeaux.

(h) Les auteurs de la *Zoologie Britannique*, font les feuls qui difent que le corbeau exhale une odeur agréable, ce qui eft difficile à croire d'un oifeau qui vit de charogne. D'ailleurs on fait par expérience que les corbeaux nouvellement tués laiffent aux doigts une odeur auffi défagréable que celle du poiffon. C'eft ce que m'affure M. Hébert, obfervateur digne de toute confiance, & ce qui eft confirmé par le témoignage de Hernandès, *page 331*. Il eft vrai qu'on a dit du caranero, efpèce de vautour d'Amérique, à qui on a auffi appliqué le nom de corbeau, qu'il exhale une odeur de mufc, quoiqu'il vive de voiries. (Voyez le Page du Pratz, *Hiftoire de la Louifiane*, tome II, page 111); mais le plus grand nombre affure précifément le contraire.

ne fera pas furpris que dans prefque tous les temps il ait été regardé comme un objet de dégoût & d'horreur : fa chair étoit interdite aux Juifs : les fauvages n'en mangent jamais *(i)*, & parmi nous, les plus miférables n'en mangent qu'avec répugnance & après avoir enlevé la peau qui eft très-coriace. Par-tout on le met au nombre des oifeaux finiftres, qui n'ont le preffentiment de l'avenir que pour annoncer des malheurs. De graves Hiftoriens ont été jufqu'à publier la relation de batailles rangées entre des armées de corbeaux & d'autres oifeaux de proie, & à donner ces combats comme un préfage des guerres cruelles qui fe font allumées dans la fuite entre les nations *(k)*. Combien de gens encore aujourd'hui frémiffent & s'inquiètent au bruit de fon croaffement ! Toute fa fcience de l'avenir fe borne cependant, ainfi que celle des autres *habitans de l'air*, à connoître mieux que nous l'élément qu'il habite, à être plus fufceptible de fes moindres impreffions, à preffentir fes moindres changemens, & à nous les annoncer par certains cris & certaines actions qui font en lui l'effet naturel de ces changemens. Dans les provinces méri-dionales de la Suède, dit M. Linnæus, lorfque le ciel eft ferein, les corbeaux volent très-haut en faifant un certain cri qui s'entend de fort loin *(l)*. Les auteurs de la *Zoologie Britannique* ajoutent que dans cette circonftance ils volent le plus fouvent par paires *(m)*. D'autres Écrivains moins éclairés, ont fait d'autres remarques

---

(i) Voyage du Père Théodat, Récollet, *page 300.*

(k) *Voyez* Æneas Sylvius, *Hift. Europ.* cap. LIII. — Bembo, *Init.* lib. V. — Gefner, *De avibus,* page 347.

(l) « *In Smolandiâ & Auftralioribus provinciis cœlo fereno altè volitat, & fingularem clangorem feu tonum Clong remotiffimè fonantem excitat.* Fauna Suecica, n.° 69. »

(m) British Zoology, *page 75.*

mêlées plus ou moins d'incertitudes & de superstitions (n).

Dans le temps que les aruspices faisoient partie de la religion, les corbeaux, quoique mauvais prophètes, ne pouvoient qu'être des oiseaux fort intéressans : car la passion de prévoir les évènemens futurs, même les plus tristes, est une ancienne maladie du genre humain ; aussi s'attachoit-on beaucoup à étudier toutes leurs actions, toutes les circonstances de leur vol, toutes les différences de leur voix, dont on avoit compté jusqu'à soixante-quatre inflexions distinctes, sans parler d'autres différences plus fines & trop difficiles à apprécier (o) ; chacune avoit sa signification déterminée ; il ne manqua pas de charlatans pour en procurer l'intelligence (p), ni de gens simples pour y croire ; Pline lui-même, qui n'étoit ni charlatan ni superstitieux, mais qui travailla quelquefois sur de mauvais mémoires, a eu soin d'indiquer celle de toutes ces voix qui étoit la plus sinistre (q). Quelques-uns ont poussé la folie jusqu'à manger le cœur & les entrailles de ces oiseaux dans l'espérance de s'approprier leur don de prophétie (r).

Non-seulement le corbeau a un grand nombre d'inflexions de voix répondant à ses différentes affections intérieures, il a encore le talent d'imiter le cri des autres animaux (ſ), & même la parole de l'homme, & l'on a imaginé de lui couper le filet afin de perfectionner cette disposition naturelle. *Colas* est le mot

---

(n) *Voyez* Pline, Belon, Gesner, Aldrovande, &c.

(o) Aldrovande, *tome I, page 693.*

(p) *Voyez* Pline, *lib. XXIX, cap. VI.*

(q) *Pessima eorum significatio cum gluttunt vocem velut strangulati,* lib. **X**, cap. XII.

(r) Porphyr. *De abstinendo ab animant.* lib. II.

(ſ) Aldrovande, *tome I, page 693.*

qu'il

qu'il prononce le plus aifément *(t)*, & Scaliger en a entendu un qui, lorfqu'il avoit faim, appeloit diftinctement le cuifinier de la maifon, nommé *Conrad (u)*. Ces mots ont en effet quelques rapports avec le cri ordinaire du corbeau.

On faifoit grand cas à Rome de ces oifeaux parleurs, & un Philofophe n'a pas dédaigné de nous raconter affez au long l'hiftoire de l'un d'eux *(x)*. Ils n'apprennent pas feulement à parler, ou plutôt à répéter la parole humaine, mais ils deviennent familiers dans la maifon; ils fe privent quoique vieux *(y)*, & paroiffent même capables d'un attachement perfonnel & durable *(z)*.

Par une fuite de cette foupleffe de naturel, ils apprennent auffi, non pas à dépouiller leur voracité, mais à la régler & à l'employer au fervice de l'homme. Pline parle d'un certain *Craterus* d'Afie qui s'étoit rendu fameux par fon habileté à les dreffer pour la chaffe, & qui favoit fe faire fuivre, même par

---

(t) Belon, *Nature des Oifeaux*, page 279.

(u) Exercitatio (in Cardanum, 237). Scaliger remarque comme une chofe plaifante, que ce même corbeau ayant trouvé un papier de mufique l'avoit criblé de coups de bec, comme s'il eût voulu lire cette mufique (ou battre la mefure). Il me paroît plus naturel de penfer qu'il avoit pris les notes pour des infectes, dont on fait qu'il fait quelquefois fa nourriture.

(x) « *Maturè (& adhuc pullus) fermoni affuefactus omnibus matutinis evolans in Roftra, ... Tiberium, dein Germanicum & Drufum Cæfares nominatim, mox « tranfeuntem populum Romanum falutabat, poftea ad tabernam remeans, &c.* » Pline, *lib. X, cap. XLIII.*

(y) Corvus longævus citiffimè fit domefticus. Voyez Gefner, *page 338.*

(z) Témoin ce corbeau privé dont parle Schwenckfeld, lequel s'étant laiffé entraîner trop loin par fes camarades fauvages, & n'ayant pu fans doute retrouver le lieu de fa demeure, reconnut dans la fuite fur le grand chemin l'homme qui avoit coutume de lui donner à manger, plana quelque temps au-deffus de lui en croaffant, comme pour lui faire fête, vint fe pofer fur fa main & ne le quitta plus. *Aviarium Silefiæ*, page 245.

les corbeaux fauvages *(a)*. Scaliger rapporte que le roi Louis (apparemment Louis XII), en avoit ainfi dreffé, dont il fe fervoit pour la chaffe des perdrix *(b)*. Albert en avoit vu un autre à Naples qui prenoit & des perdrix & des faifans, & même d'autres corbeaux ; mais pour chaffer ainfi les oifeaux de fon efpèce, il falloit qu'il y fût excité & comme forcé par la préfence du Fauconnier *(c)*. Enfin il femble qu'on lui ait appris quelquefois à défendre fon maître, & à l'aider contre fes ennemis avec une forte d'intelligence & par une manœuvre combinée; du moins fi l'on peut croire ce que rapporte Aulu-Gelle du corbeau de Valerius *(d)*.

Ajoutons à tout cela que le corbeau paroît avoir une grande fagacité d'odorat pour éventer de loin les cadavres *(e)*; Thucydide lui accorde même un inftinct affez fûr pour *s'abftenir de* ceux des animaux qui font morts de la pefte *(f)*; mais il faut avouer que ce prétendu difcernement fe dément quelquefois &

(a) Pline, *lib. X, cap. XLIII.*

(b) *In Cardanum exercitat.* 2 3 2.

(c) *Voyez* Aldrovande, *page 702. Voyez* auffi Dampier, *tome II, page 2 5.*

(d) Un Gaulois de grande taille, ayant défié à un combat fingulier les plus braves des Romains, un Tribun, nommé Valerius, qui accepta le défi, ne triompha du Gaulois que par le fecours d'un corbeau qui ne ceffa de harceler fon ennemi, & toujours à propos, lui déchirant les mains avec fon bec, lui fautant au vifage & aux yeux, en un mot, l'embarraffant de manière qu'il ne put faire ufage de toute fa force contre Valerius, à qui le nom de *Corvinus* en refta. *Noct. Atticæ*, lib. IX, cap. XI.

(e) *Corvi in aufpiciis foli intellectum videntur habere fignificationum fuarum, nam cum Mediæ hofpites occifi funt, omnes e Peloponnefo & Atticâ regione volaverunt.* Pline, *lib. X, cap. XII.* D'après Ariftote, *lib. IX, cap. XXXI.* — *Mirâ fagacitate cadavera fubolfacit licet remotiffima.* Fauna Suecica, n.° 69.

(f) *Voyez Thucydid.* lib. II.

ne l'empêche pas toujours de manger des chofes qui lui font contraires, comme nous le verrons plus bas. Enfin c'eſt encore à l'un de ces oifeaux qu'on a attribué la fingulière induſtrie, pour amener à fa portée l'eau qu'il avoit aperçue au fond d'un vafe trop étroit, d'y laiſſer tomber une à une de petites pierres, lefquelles en s'amoncelant firent monter l'eau infenfiblement & le mirent à même d'étancher fa foif *(g).* Cette foif, fi le fait eſt vrai, eſt un trait de diſſemblance qui diſtingue le corbeau de la plupart des oifeaux de proie *(h),* fur-tout de ceux qui fe nourriſſent de proie vivante, lefquels n'aiment à fe défaltérer que dans le fang, & dont l'induſtrie eſt beaucoup plus excitée par le befoin de manger que par celui de boire. Une autre différence, c'eſt que les corbeaux ont les mœurs plus fociales; mais il eſt facile d'en rendre raiſon : *comme ils mangent de toutes fortes de nourritures, ils ont plus de reſſources que les autres oifeaux* carnaſſiers, ils peuvent donc fubfiſter en plus grand nombre dans un même efpace de terrein, & ils ont moins de raiſon de fe fuir les uns les autres. C'eſt ici le lieu de remarquer, que quoique les corbeaux privés mangent de la viande crue & cuite, & qu'ils paſſent communément pour faire, dans l'état de liberté, une grande deſtruction de mulots, de campagnols, &c. *(i)* M. Hébert

_____

(g) Pline, *lib. X, cap. XLIII.*

(h) *Infigniter aquis oblectatur corvus ac cornix.* Geſner, *page 336.*

(i) On dit qu'à l'Iſle de France on conferve précieuſement une certaine efpèce de corbeau, deſtinée à détruire les rats & les fouris. *Voyage d'un Officier du Roi, 1772, pages 122 & fuiv.* On dit que les iſles Bermudes ayant été affligées pendant cinq années de fuite par une prodigieuſe multitude de rats, qui dévoroient les plantes & les arbres, & qui paſſoient à la nage fucceſſivement d'une iſle à l'autre; ces rats difparurent tout d'un coup, fans qu'on en pût affigner d'autre caufe, finon que dans les deux dernières années, on avoit vu dans ces mêmes iſles une grande quantité

qui les a obfervés long-temps & de fort près, ne les a jamais vus s'acharner fur les cadavres, en déchiqueter la chair, ni même fe pofer deffus; & il eft fort porté à croire qu'ils préfèrent les infectes, & fur-tout les vers de terre à toute autre nourriture : il ajoute qu'on trouve de la terre dans leurs excrémens.

Les corbeaux, les vrais corbeaux de montagne ne font point oifeaux de paffage, & diffèrent en cela plus ou moins des corneilles auxquelles on a voulu les affocier. Ils femblent particulièrement attachés au rocher qui les a vu naître, ou plutôt fur lequel ils fe font appariés; on les y voit toute l'année en nombre à peu-près égal, & ils ne l'abandonnent jamais entièrement : s'ils defcendent dans la plaine, c'eft pour chercher leur fubfiftance; mais ils y defcendent plus rarement l'été que l'hiver, parce qu'ils évitent les grandes chaleurs, & c'eft la feule influence que la différente température des faifons paroiffe avoir fur leurs habitudes. Ils ne paffent point la nuit dans les bois, comme font les corneilles; ils favent fe choifir, dans leurs montagnes, une retraite à l'abri du nord, fous des voûtes naturelles, formées par des avances ou des enfoncemens de rocher; c'eft-là qu'ils fe retirent pendant la nuit, au nombre de quinze ou vingt. Ils dorment perchés fur les arbriffeaux qui croiffent entre les rochers; ils font leurs nids dans les crevaffes de ces mêmes rochers, ou dans des trous de murailles, au haut des vieilles tours abandonnées,

---

de corbeaux, qui n'y avoient jamais paru auparavant, & qui n'y ont point reparu depuis; mais tout cela ne prouve point que les corbeaux foient de grands deftructeurs de rats, car on peut être la dupe d'un préjugé dans l'Ifle de France comme ailleurs; & à l'égard des rats des ifles Bermudes, il peut fe faire qu'ils fe foient entre-détruits, comme il arrive fouvent, ou qu'ils foient morts de faim après avoir tout confommé, ou qu'ils aient été fubmergés & noyés par un coup de vent, en paffant d'une ifle à l'autre, & cela fans que les corbeaux y aient eu beaucoup de part.

&

& quelquefois fur les hautes branches des grands arbres ifolés *(k)*. Chaque mâle a fa femelle à qui il demeure attaché plufieurs années de fuite *(l)* : car ces oifeaux fi odieux, fi dégoûtans pour nous, favent néanmoins s'infpirer un amour réciproque & conftant; ils favent auffi l'exprimer comme la tourterelle par des careffes graduées, & femblent connoître les nuances des préludes & la volupté des détails. Le mâle, fi l'on en croit quelques Anciens, commence toujours par une efpèce de chant d'amour *(m)*, enfuite on les voit approcher leurs becs, fe careffer, fe baifer, & l'on n'a pas manqué de dire, comme de tant d'autres oifeaux, qu'ils s'accouploient par le bec *(n)*; fi cette abfurde méprife pouvoit être juftifiée, c'eft parce qu'il eft auffi rare de voir ces oifeaux s'accoupler réellement, qu'il eft commun de les voir fe careffer; en effet, ils ne fe joignent prefque jamais de jour, ni dans un lieu découvert, mais au contraire dans les endroits les plus retirés & les plus fauvages *(o)*, comme s'ils avoient l'inftinct de fe mettre en fûreté dans le fecret de la Nature, pendant la

---

(k) M. Linnæus dit qu'en Suède le corbeau niche principalement fur les fapins, *Fauna Suecica, n.º 69 ;* & M. Frifch, qu'en Allemagne c'eft principalement fur les grands chênes *(Pl. 63)*. Cela veut dire qu'il préfère les arbres les plus hauts, & non l'efpèce du chêne ou fapin.

(l) Quandoque ad quadragefimum ætatis annum . . . jura conjugii . . . fervare traduntur. Aldrovande. *Ornithologie*, tome I, page 700. Athénée renchérit encore là-deffus.

(m) Oppian. *De aucupio.*

(n) Ariftote, qui attribue cette abfurdité à Anaxagore, a bien voulu la réfuter férieufement, en difant que les corbeaux femelles avoient une vulve & des ovaires. . . . . . que fi la femence du mâle paffoit par le ventricule de la femelle, elle s'y digéreroit & ne produiroit rien. *De generatione*, lib. III, cap. vi.

(o) Albert dit qu'il a été témoin une feule fois de l'accouplement des corbeaux, & qu'il fe paffe comme dans les autres efpèces d'oifeaux. *Voyez* Gefner, *de Avibus*, page 337.

durée d'une action qui, fe rapportant toute entière à la confervation de l'efpèce, femble fufpendre dans l'individu le foin actuel
de fa propre exiftence. Nous avons déjà vu le *jean-le-blanc* fe
cacher pour boire, parce qu'en buvant il enfonce fon bec dans
l'eau jufqu'aux yeux, & par conféquent ne peut être alors fur
fes gardes *(p)*. Dans tous ces cas les animaux fauvages fe
cachent par une forte de prévoyance qui ayant pour but immédiat
le foin de leur propre confervation, paroît plus près de l'inftinct
des bêtes que tous les motifs de décence dont on a voulu leur
faire honneur : & ici le corbeau a d'autant plus befoin de cette
prévoyance, qu'ayant moins d'ardeur & de force pour l'acte de
la génération *(q)*, fon accouplement doit probablement avoir
une certaine durée.

La femelle fe diftingue du mâle, felon Barrere, en ce qu'elle
eft d'un noir moins décidé & qu'elle a le bec plus foible; & en
effet, j'ai bien obfervé dans certains individus des becs plus forts
& plus convexes que dans d'autres, & différentes teintes de noir
& même de brun dans le plumage; mais ceux qui avoient le
bec le plus fort étoient d'un noir moins décidé, foit que cette
couleur fût naturelle, foit qu'elle fût altérée par le temps & par
les précautions qu'on a coutume de prendre pour la confervation
des oifeaux defféchés. Cette femelle pond aux environs du mois
de mars *(r)*, jufqu'à cinq ou fix œufs *(f)*, d'un vert pâle &

(p) Voyez ci-devant l'hiftoire de cet oifeau, *tome I, page 99.*

(q) *Corvinum genus libidinofum non eft; quippe quòd parùm fœcundum fit; coire tamen id quoque vifum eft.* Ariftote, *de Generatione*, lib. III, cap. VI.

(r) Willughby dit, que quelquefois les corbeaux pondent encore plutôt en Angleterre. *Ornithologie*, page 83.

(f) Ariftot. *Hift. animal.* lib. IX, cap. XXXI.

bleuâtre, marquetés d'un grand nombre de taches & de traits de couleur obfcure *(t)*. Elle les couve pendant environ vingt jours *(u)*, & pendant ce temps le mâle a foin de pourvoir à fa nourriture; il y pourvoit même largement, car les gens de la campagne trouvent quelquefois dans les nids des corbeaux, ou aux environs, des amas affez confidérables de grains, de noix & d'autres fruits. Il eft vrai qu'on a foupçonné que ce n'étoit pas feulement pour la fubfiftance de la couveufe au temps de l'incubation, mais pour celle de tous deux pendant l'hiver *(x)*. Quoi qu'il en foit de leur intention, il eft certain que cette habitude de faire ainfi des provifions & de cacher ce qu'ils peuvent attraper, ne fe borne pas aux comeftibles, ni même aux chofes qui peuvent leur être utiles, elle s'étend encore à tout ce qui fe trouve à leur bienféance, & il paroît qu'ils préfèrent les pièces de métal & tout ce qui brille aux yeux *(y)*. On en a vu un à Erford, qui eut bien la patience de porter une à une & de cacher fous une pierre dans un jardin une quantité de petites monnoies, jufqu'à concurrence de cinq ou fix florins *(z)*; & il n'y a guère de pays qui n'ait fon hiftoire de pareils vols domeftiques.

Quand les petits viennent d'éclore, il s'en faut bien qu'ils foient de la couleur des père & mère; ils font plutôt blancs que noirs, au contraire des jeunes cygnes qui doivent être un jour d'un fi beau blanc, & qui commencent par être bruns *(a)*.

(t) Willughby, *à l'endroit cité.*

(u) Ariftot. *Hift. animal.* lib. VI, cap. VI.

(x) Aldrovande, *Ornithologie*, tome I, pages 691 & 699.

(y) Frifch, *planche 63.*

(z) *Voyez* Gefner, *de Avibus*, page 338.

(a) Aldrovande, *Ornithologie*, tome I, page 702.

Dans les premiers jours la mère semble un peu négliger ses petits, elle ne leur donne à manger que lorsqu'ils commencent à avoir des plumes, & l'on n'a pas manqué de dire qu'elle ne commençoit que de ce moment à les reconnoître à leur plumage naissant, & à les traiter véritablement comme siens *(b)*. Pour moi, je ne vois dans cette diète des premiers jours, que ce que l'on voit plus ou moins dans presque tous les autres animaux, & dans l'homme lui-même; tous ont besoin d'un peu de temps pour s'accoutumer à un nouvel élément, à une nouvelle existence. Pendant ce temps de diète le petit oiseau n'est pas dépourvu de toute nourriture, il en trouve une au-dedans de lui-même & qui lui est très-analogue, c'est le restant du jaune que renferme l'*abdomen*, & qui passe insensiblement dans les intestins par un conduit particulier *(c)*. La mère après ces premiers temps nourrit ses petits avec des alimens convenables, qui ont déjà subi une préparation dans son jabot, & qu'elle leur dégorge dans le bec, à peu-près comme font les pigeons *(d)*.

Le mâle ne se contente pas de pourvoir à la subsistance de la famille, il veille aussi pour sa défense, & s'il s'aperçoit qu'un milan ou tel autre oiseau de proie s'approche du nid, le péril de ce qu'il aime le rend courageux, il prend son essor, gagne le dessus, & se rabattant sur l'ennemi, il le frappe violemment de son bec : si l'oiseau de proie fait des efforts pour reprendre le dessus, le corbeau en fait de nouveaux pour conserver son avantage, & ils s'élèvent quelquefois si haut qu'on les perd absolument de vue, jusqu'à ce qu'excédés de fatigue, l'un ou

---

(b) Aldrovande, *tome I, page 702.*
(c) Willughby, *Ornithologie*, page 82.
(d) Idem, ibidem.

l'autre,

l'autre, ou tous les deux, fe laiffent tomber du haut des airs *(e)*.

Ariftote & beaucoup d'autres, d'après lui, prétendent que lorfque les petits commencent à être en état de voler, le père & la mère les obligent à fortir du nid, & à faire ufage de leurs ailes; que bientôt même ils les chaffent totalement du diftrict qu'ils fe font appropriés, fi ce diftrict trop ftérile ou trop refferré, ne fuffit pas à la fubfiftance de plufieurs couples *(f)*, & en cela ils fe montreroient véritablement oifeaux de proie; mais ce fait ne s'accorde point avec les obfervations que M. Hébert a faites fur les corbeaux des montagnes du Bugey, lefquels prolongent l'éducation de leurs petits, & continuent de pourvoir à leur fubfiftance bien au-delà du terme où ceux-ci font en état d'y pourvoir par eux-mêmes. Comme l'occafion de faire de telles obfervations & le talent de les faire auffi-bien ne fe rencontrent pas fouvent, j'ai cru devoir en rapporter ici le détail dans les propres termes de l'Obfervateur.

« Les petits corbeaux éclofent de fort bonne heure, & dès le mois de mai ils font en état de quitter le nid. Il en naiffoit « chaque année une famille en face de mes fenêtres, fur des « rochers qui bornoient la vue. Les petits, au nombre de quatre « ou cinq, fe tenoient fur de gros blocs éboulés à une hauteur « moyenne, où il étoit facile de les voir; & ils fe faifoient « d'ailleurs affez remarquer par un piaulement prefque continuel. « Chaque fois que le père ou la mère leur apportoient à manger, « ce qui arrivoit plufieurs fois le jour, ils les appeloient par un « cri *crau, crau, crau*, très-différent de leur piaulement. Quel- « quefois il n'y en avoit qu'un feul qui prît l'effor, & après un «

(e) Frifch, *planche 63.*
(f) Ariftote, *Hiftor. Animal.* lib. IX, cap. XXXI.

» léger essai de ses forces il revenoit se poser sur son rocher;
» presque toujours il en restoit quelqu'un, & c'est alors que son
» piaulement devenoit continuel. Lorsque les petits avoient l'aile
» assez forte pour voler, c'est-à-dire, quinze jours au moins
» après leur sortie du nid, les père & mère les emmenoient
» tous les matins avec eux, & les ramenoient tous les soirs:
» c'étoit toujours sur les cinq ou six heures après midi que toute
» la bande revenoit au gîte, & le reste de la soirée se passoit
» en criailleries très-incommodes. Ce manège duroit tout l'été,
» ce qui donne lieu de croire que les corbeaux ne font pas
deux couvées par an. »

Gesner a nourri de jeunes corbeaux avec de la chair crue,
des petits poissons & du pain trempé dans l'eau *(g)*. Ils sont
fort friands de cerises, & ils les avalent avidement avec les
queues & les noyaux; mais ils ne digèrent que la pulpe, &
deux heures après ils rendent par le bec les noyaux & les queues;
on dit qu'ils rejettent aussi les os des animaux qu'ils ont avalés
avec la chair; de même que la cresserelle, les oiseaux de proie
nocturnes, les oiseaux pêcheurs, &c. rendent les parties dures
& indigestes des animaux ou des poissons qu'ils ont dévorés *(h)*.
Pline dit que les corbeaux sont sujets tous les étés à une maladie
périodique de soixante jours, dont, selon lui, le principal
symptôme est une grande soif *(i)*; mais je soupçonne que
cette maladie n'est autre chose que la mue, laquelle se fait plus

---

(g) De Avibus, page 336.

(h) Voyez Aldrovande, *tome I.ᵉʳ page 697; & le tome I.ᵉʳ* de cette Histoire
Naturelle des Oiseaux, *page 222*.

(i) Lib. XXIX, cap. III.

lentement dans le corbeau que dans plufieurs autres oifeaux de proie *(k)*.

Aucun Obfervateur, que je fache, n'a déterminé l'âge auquel les jeunes corbeaux, ayant pris la plus grande partie de leur accroiffement, font vraiment adultes & en état de fe reproduire, & fi chaque période de la vie étoit proportionnée dans les oifeaux, comme dans les animaux quadrupèdes, à la durée totale de la vie, on pourroit foupçonner que les corbeaux ne deviendroient adultes qu'au bout de plufieurs années ; car quoiqu'il y ait beaucoup à rabattre fur la longue vie qu'Héfiode accorde aux corbeaux *(l)*, cependant il paroît affez avéré que cet oifeau vit quelquefois un fiècle & davantage : on en a vu dans plufieurs villes de France qui avoient atteint cet âge, & dans tous les pays & tous les temps, il a paffé pour un oifeau très-vivace ; mais il s'en faut bien que le terme de l'âge adulte, dans cette efpèce, foit retardé en proportion de la durée totale de la vie, car fur la fin du premier été, lorfque toute la famille vole de compagnie, il eft déjà difficile de diftinguer à la taille les vieux d'avec les jeunes, & dès-lors il eft très-probable que ceux-ci font en état de fe reproduire dès la feconde année.

_____

(k) Voyez Gefner, *page 336.*

(l) Hefiodus .... *Cornici novem noftras adtribuit ætates, quadruplum ejus cervis, id triplicatum corvis.* Pline, *lib. VII, cap. XLVIII.* En prenant l'âge d'homme, feulement pour trente ans, ce feroit neuf fois 30 ou 270 ans pour la corneille, 1080 pour le cerf, & 3240 pour le corbeau. En réduifant l'âge d'homme à 10 ans, ce feroit 90 ans pour la corneille, 360 pour le cerf, & 1080 pour le corbeau, ce qui feroit encore exorbitant. Le feul moyen de donner un fens raifonnable à ce paffage, c'eft de rendre le γήτα d'Héfiode & l'*ætas* de Pline par année ; alors la vie de la corneille fe réduit à 9 années, celle du cerf à 36, comme elle a été déterminée dans l'Hiftoire Naturelle de cet animal, & celle du corbeau à 108, comme il eft prouvé par l'obfervation.

Nous avons remarqué plus haut que le corbeau n'étoit pas noir en naissant ; il ne l'est pas non plus en mourant, du moins quand il meurt de vieillesse, car dans ce cas son plumage change sur la fin & devient jaune par défaut de nourriture *(m)* : mais il ne faut pas croire qu'en aucun temps cet oiseau soit d'un noir pur & sans mélange d'aucune autre teinte : la Nature ne connoît guère cette uniformité absolue. En effet, le noir qui domine dans cet oiseau, paroît mêlé de violet sur la partie supérieure du corps, de cendré sur la gorge & de vert sous le corps, sur les pennes de la queue, & sur les plus grandes pennes des ailes & les plus éloignées du dos *(n)*. Il n'y a que les pieds, les ongles & le bec qui soient absolument noirs, & ce noir du bec semble pénétrer jusqu'à la langue, comme celui des plumes semble pénétrer jusqu'à la chair, qui en a une forte teinte. La langue est cylindrique à sa base, aplatie & fourchue à son extrémité, & hérissée de petites pointes sur ses bords. L'organe de l'ouïe est fort compliqué & peut-être plus que dans les autres oiseaux *(o)*. Il faut qu'il soit aussi plus sensible, si l'on peut ajouter foi à ce que dit Plutarque, qu'on a vu des corbeaux tomber comme étourdis par les cris d'une multitude nombreuse & agitée de quelque grand mouvement *(p)*.

L'œsophage se dilate à l'endroit de sa jonction avec le ventricule, & forme par sa dilatation, une espèce de jabot qui n'avoit point échappé à Aristote. La face intérieure du ventricule

(m) Corvorum pennæ postremò in colorem flavum transmutantur, cum scilicet alimento destituuntur. De Coloribus.

(n) Voyez l'Ornithologie de M. Brisson, *tome II, page 8.*

(o) Actes de Copenhague, année 1673. Observat. *LII.*

(p) Vie de T. Q. Flaminius.

eſt

eft fillonnée de rugofités; la véficule du fiel eft fort groffe &
adhérente aux inteftins *(q)*. Redi a trouvé des vers dans la cavité
de l'*abdomen (r)*. La longueur de l'inteftin, eft à peu-près
double de celle de l'oifeau même prife du bout du bec au bout
des ongles, c'eft-à-dire, qu'elle eft moyenne entre la longueur
des inteftins des véritables carnivores & celle des inteftins des
véritables granivores; en un mot, telle qu'il convient pour un
oifeau qui vit de chair & de fruits *(ſ)*.

Cet appétit du corbeau, qui s'étend à tous les genres de
nourritures, fe tourne fouvent contre lui-même, par la facilité qu'il
offre aux Oifeleurs de trouver des appâts qui lui conviennent.
La poudre de noix vomique, qui eft un poifon pour un grand
nombre d'animaux quadrupèdes, en eft auffi un pour le corbeau;
elle l'enivre au point qu'il tombe bientôt après qu'il en a mangé,
& il faut faifir le moment où il tombe, car cette ivreffe eft
quelquefois de courte durée, & il reprend fouvent affez de
forces pour aller mourir ou languir fur fon rocher *(t)*. On le
prend auffi avec plufieurs fortes de filets, de lacets & de piéges,
& même à la pipée, comme les petits oifeaux; car il partage
avec eux leur antipathie pour le hibou, & il n'aperçoit jamais
cet oifeau, ni la chouette, fans jeter un cri *(u)*. On dit qu'il

---

(q) Willughby, *page 83;* & Ariftote, *Hift. Animal.* lib. II, cap. XVII.

(r) *Collection Académique Étrangère*, tome IV, page 521.

(ſ) Un Obfervateur digne de foi, m'a affuré avoir vu le manège d'un corbeau,
qui s'éleva plus de vingt fois à la hauteur de 12 ou 15 toifes pour laiffer tomber de
cette hauteur une noix qu'il alloit ramaffer chaque fois avec fon bec; mais il ne put
venir à bout de la caffer, parce que tout cela fe paffoit dans une terre labourée.

(t) Voyez Gefner, *page 339.* — Journal Économique de décembre 1758.

(u) Traité de la Pipée.

eſt auſſi en guerre avec le milan, le vautour, la pie de mer *(x)*; mais ce n'eſt autre choſe que l'effet de cette antipathie néceſſaire qui eſt entre tous les animaux carnaſſiers, ennemis nés de tous les foibles qui peuvent devenir leur proie, & de tous les forts qui peuvent la leur diſputer.

Les corbeaux, lorſqu'ils ſe poſent à terre, marchent & ne ſautent point; ils ont, comme les oiſeaux de proie, les ailes longues & fortes (à peu-près trois pieds & demi d'envergure); elles ſont compoſées de vingt pennes, dont les deux ou trois premières *(y)* ſont plus courtes que la quatrième qui eſt la plus longue de toutes *(z)*, & dont les moyennes ont une ſingularité, c'eſt que l'extrémité de leur côte ſe prolonge au-delà des barbes & finit en pointe. La queue a douze pennes, d'environ huit pouces, cependant un peu inégales, les deux du milieu étant les plus longues, & enſuite les plus voiſines de celles-là, en ſorte que le bout de la queue paroît un peu arrondi ſur ſon plan horizontal *(a)*: c'eſt ce que j'appellerai dans la ſuite *queue étagée*.

De la longueur des ailes on peut preſque toujours conclure la hauteur du vol; auſſi les corbeaux ont-ils le vol très-élevé, comme nous l'avons dit, & il n'eſt pas ſurprenant qu'on les ait vus dans les temps de nuées & d'orage, traverſer les airs ayant

---

(x) Voyez Ælian, *Natur. Animal.* lib. II, cap LI. — Aldrovande, *tome I.er* page *710*, & *Collection Académique Étrangère*, tome I.er de l'Hiſtoire Naturelle, page *196*.

(y) M.rs Briſſon & Linnæus, diſent deux, & M. Willughby, dit trois.

(z) Ce ſont ces pennes de l'aile qui ſervent aux Facteurs pour emplumer les ſautereaux des clavecins, & aux Deſſinateurs pour deſſiner à la plume.

(a) Ajoutez à cela que les corbeaux ont, ſur preſque tout le corps, double eſpèce de plumes, & tellement adhérentes à la peau, qu'on ne peut les arracher qu'à force d'eau chaude.

le bec chargé de feu *(b)*. Ce feu n'étoit autre chose, sans doute, que celui des éclairs même, je veux dire, qu'une aigrette lumineuse formée à la pointe de leur bec par la matière électrique, qui, comme on fait, remplit la région supérieure de l'atmosphère dans ces temps d'orage; & pour le dire en passant, c'est peut-être quelque observation de ce genre qui a valu à l'aigle, le titre de ministre de la foudre; car il est peu de fables qui ne soient fondées sur la vérité.

De ce que le corbeau a le vol élevé, comme nous venons de le voir, & de ce qu'il s'accommode à toutes les températures, comme chacun fait *(c)*, il s'enfuit que le monde entier lui est ouvert, & qu'il ne doit être exclu d'aucune région. En effet, il est répandu depuis le Cercle polaire *(d)* jusqu'au cap de Bonne-espérance *(e)*, & à l'isle de Madagascar *(f)*, plus ou moins abondamment, selon que chaque pays fournit plus ou moins de nourriture, & des rochers qui soient plus ou moins à son gré *(g)*. Il passe quelquefois des côtes de Barbarie dans l'isle de Ténériffe; on le retrouve encore au Mexique, à Saint-Domingue, au

<hr>

(b) *Hermolaus Barbarus, vir gravis & doctus aliique Philosophi aiunt . . . . . . Dum fulmina tempestatum tempore fiunt, corvi per aerem hac illac circumvolantes rostro ignem deferre.* Scala Naturalis apud Aldrovand. *tome I.ᵉʳ page 704.*

(c) *Quasvis aëris mutationes facilè tolerant, nec frigus nec calorem reformidant . . . . . ubicumque alimenti copia suppetit degere sustinent . . . . . . in solitudine, in urbibus etiam populosissimis.* Ornitholog. pag. 82.

(d) Klein, *Ordo avium*, pages 58 & 167; mais ces Auteurs parloient-ils du même corbeau.

(e) Kolbe, *Description du cap*, page 136.

(f) Voyez Flaccourt.

(g) Pline dit, d'après Théophraste, que les corbeaux étoient étrangers à l'Asie; *lib. X, cap. XXIX.*

Canada *(h)*, & fans doute dans les autres parties du nouveau continent & dans les ifles adjacentes. Lorfqu'une fois il eft établi dans un pays & qu'il y a pris fes habitudes, il ne le quitte guère pour paffer dans un autre *(i)*. Il refte même attaché au nid qu'il a conftruit, & il s'en fert plufieurs années de fuite, comme nous l'avons vu ci-deffus.

Son plumage n'eft pas le même dans tous les pays. Indépendamment des caufes particulières qui peuvent en altérer la couleur ou la faire varier du noir au brun & même au jaune, comme je l'ai remarqué plus haut, il fubit encore plus ou moins les influences du climat : il eft quelquefois blanc en Norvège & en Iflande, où il y a auffi des corbeaux tout-à-fait noirs, & en affez grand nombre *(k)*. D'un autre côté, on en trouve de blancs au centre de la France & de l'Allemagne, dans des nids où il y en a auffi de noirs *(l)*. Le corbeau du Mexique, appelé *cacalotl* par Fernandez, eft varié de ces deux couleurs *(m)*; celui de la baie de Saldagne a un collier blanc *(n)*; celui de

---

(h) Charlevoix, *Hiftoire de l'Ifle Efpagnole de Saint-Domingue*, tome I.ᵉʳ page 30; & *Hiftoire de la nouvelle France*, du même, page 155.

(i) Frifch *(pl. 63.) Aves quæ in urbibus folent præcipuè vivere femper apparent, nec loca mutant aut latent, ut corvus & cornix*. Ariftot. *Hift. Animal.* lib. IX, cap. XXIII.

(k) *Defcription de l'Iflande*, d'Horrebows, *tome I.ᵉʳ pages 206, 219*. — Klein, *Ordo avium, pages 58, 167*. Jean de Cay a vu en 1548 à Lubec, deux corbeaux blancs qui étoient dreffés pour la chaffe. Klein, *Ordo avium*, page 58.

(l) Voyez *Éphémérides d'Allemagne*. Décurie I, année III. Obfervat. LVII. Le docteur Wifel ajoute, que l'année fuivante on ne trouva dans le même nid que des corbeaux noirs, & que dans le même bois, mais dans un autre nid, on avoit trouvé un corbeau noir & deux blancs. On en tue quelquefois de cette dernière couleur en Italie. *Voyez* Gerini, *Storia degli Uccelli*, tome II, page 33.

(m) *Hiftoria Avium novæ Hifpaniæ*, cap. CLXXIV, pag. 48.

(n) *Voyage de Downton*, à la fuite de celui de Middleton, 1610.

Madagafcar,

Madagafcar, appelé *coach*, felon Flaccourt, a du blanc fous le ventre, & l'on retrouve le même mélange de blanc & de noir dans quelques individus de la race qui réfide en Europe, même dans celui à qui M. Briffon a donné le nom de *corbeau blanc du nord (o)*, & qu'il eût été plus naturel, ce me femble, d'appeler *corbeau noir & blanc*, puifqu'il a le deffus du corps noir, le deffous blanc, & la tête blanche & noire, ainfi que le bec, les pieds, la queue & les ailes. Celles-ci ont vingt & une pennes, & la queue en a douze, dans lefquelles il y a une fingularité à remarquer, c'eft que les correfpondantes de chaque côté, je veux dire les pennes qui de chaque côté font à égale diftance des deux du milieu, & qui font ordinairement femblables entre elles pour la forme & pour la diftribution des couleurs, ont, dans l'individu décrit par M. Briffon, plus ou moins de blanc, & diftribué d'une manière différente, ce qui me feroit foupçonner que le blanc eft ici une altération de la couleur naturelle, qui eft le noir; un effet accidentel de la température exceffive du climat, laquelle, comme caufe extérieure, n'agit pas toujours uniformément en toutes faifons ni en toutes circonftances, & dont les effets ne font jamais auffi réguliers que ceux qui font produits par la conftante activité du moule intérieur; & fi ma conjecture eft vraie, il n'y a aucune raifon de faire une efpèce particulière, ni même une race ou variété permanente de cet oifeau, lequel ne diffère d'ailleurs de notre corbeau ordinaire, que par fes ailes un peu plus longues; de même que tous les autres animaux des pays du Nord, ont le poil plus long que ceux de même efpèce qui habitent des climats tempérés.

Au refte, les variations dans le plumage d'un oifeau auffi

(o) *Ornithologie*, tome VI. Supplément, page 33.

généralement, auſſi profondément noir que le corbeau, variations produites par la ſeule différence de l'âge, du climat, ou par d'autres cauſes purement accidentelles, ſont une nouvelle preuve ajoutée à tant d'autres, que la couleur ne fit jamais un caractère conſtant, & que dans aucun cas elle ne doit être regardée comme un attribut eſſentiel.

Outre cette variété de couleur, il y a auſſi dans l'eſpèce des corbeaux, variété de grandeur; ceux du mont Jura, par exemple, ont paru à M. Hébert, qui a été à portée de les obſerver, plus grands & plus forts que ceux des montagnes du Bugey; & Ariſtote nous apprend que les corbeaux & les éperviers ſont plus petits dans l'Égypte que dans la Grèce *(p)*.

(p) Hiſtoria Animalium, lib. VIII, cap. XXXVIII.

495.

Le Corbeau.

OISEAUX ÉTRANGERS,

Qui ont rapport au CORBEAU.

LE CORBEAU DES INDES DE BONTIUS.

CET oiſeau ſe trouve aux iſles Moluques, & principalement dans celle de Banda : nous ne le connoiſſons que par une deſcription incomplète & par une figure très-mauvaiſe ; en ſorte qu'on ne peut déterminer que par conjecture celui de nos oiſeaux d'Europe auquel il doit être rapporté. Bontius, le premier & je crois le ſeul qui l'ait vu, l'a regardé comme un corbeau *(a)*, en quoi il a été ſuivi par Ray, Willughby *(b)* & quelques autres ; mais M. Briſſon en a fait un calao *(c)*. J'avoue que je ſuis de l'avis des premiers, & voici mes raiſons en peu de mots.

Cet oiſeau a, ſuivant Bontius, le bec & la démarche de notre corbeau, & en conſéquence il lui en a donné le nom, malgré ſon cou un peu long, & la petite protubérance que la figure fait paroître ſur le bec ; preuve certaine qu'il ne connoiſſoit aucun autre oiſeau avec lequel celui-ci eût plus de rapports, & néanmoins il connoiſſoit le calao des Indes. Bontius ajoute, à la vérité, qu'il ſe nourrit de noix muſcades, & M. Willughby a regardé cela comme un trait marqué de diſſemblance avec nos corbeaux ; cependant nous avons vu que ceux-ci mangent les

---

(a) Voyez *Hiſt. Nat. & Med. India or.*

(b) *Ornithologie*, page 86.

(c) *Ornithologie*, tome IV, page 566.

noix du pays, & qu'ils ne font pas auffi carnaffiers qu'on le croit communément. Or cette différence étant ainfi réduite à fa jufte valeur, laiffe au fentiment de l'unique Obfervateur qui a vu & nommé l'oifeau, toute fon autorité.

D'un autre côté, ni la defcription de Bontius, ni la figure ne préfente le moindre veftige de cette dentelure du bec dont M. Briffon a fait un des caractères de la famille des calaos; & la petite protubérance qui paroît fur le bec dans la figure, ne femble point avoir de rapport avec celles du bec du calao. Enfin le calao n'a ni ces tempes mouchetées, ni ces plumes du cou noirâtres dont il eft parlé dans la defcription de Bontius; & il a lui-même un bec fi fingulier *(d)*, qu'on ne peut, ce me femble, fuppofer qu'un Obfervateur l'ait vu & n'en ait rien dit, & fur-tout qu'il l'ait pris pour un bec de corbeau ordinaire.

La chair du corbeau des Indes de Bontius, a un fumet aromatique très-agréable qu'elle doit aux mufcades dont l'oifeau fait fa principale nourriture; & il y a toute apparence que fi notre corbeau fe nourriffoit de même, il perdroit fa mauvaife odeur.

Il faudroit avoir vu le corbeau du defert *(graab el zahara)*, dont parle le docteur Shaw *(e)*, pour le rapporter fûrement à l'efpèce de notre pays dont il fe rapproche le plus. Tout ce qu'en dit ce Docteur, c'eft qu'il eft un peu plus gros que notre corbeau, & qu'il a le bec & les pieds rouges. Cette rougeur des pieds & du bec, eft ce qui a déterminé M. Shaw à le regarder

---

(d) Voyez-en la figure, Planche XLV de l'*Ornithologie* de M. Briffon, *tome IV*,

(e) M. Shaw lui donne encore les noms fuivans, *Crow of the defert, edlegged crow, Pyrrhocorax*. Voyez *Travels of Barbary*, page 251.

comme

comme un grand coracias : à la vérité l'espèce du coracias n'est point étrangère à l'Afrique, comme nous l'avons vu plus haut, mais un coracias plus grand qu'un corbeau! Quatre lignes de description bien faite, dissiperoient toute cette incertitude, & c'est pour obtenir ces quatre lignes de quelque Voyageur instruit, que je fais ici mention d'un oiseau dont j'ai si peu à dire.

Je trouve encore dans Kempfer deux oiseaux auxquels il donne le nom de Corbeaux, sans indiquer aucun caractère qui puisse justifier cette dénomination. L'un est, selon lui, d'une grosseur médiocre, mais extrêmement fier; on l'avoit apporté de la Chine au Japon pour en faire présent à l'Empereur; l'autre qui fut aussi offert à l'Empereur du Japon, étoit un oiseau de Corée, fort rare, appelé *coreigaras*, c'est-à-dire, corbeau de Corée. Kempfer ajoute, qu'on ne trouve point au Japon les corbeaux qui sont communs en Europe, non plus que les perroquets & quelques autres oiseaux des Indes *(f)*.

Nota. Ce seroit ici le lieu de placer l'oiseau d'Arménie, que M. de Tournefort a appelé *roi des corbeaux (g)*, si cet oiseau étoit en effet un corbeau, ou seulement s'il approchoit de cette famille. Mais il ne faut que jeter les yeux sur le dessin en miniature qui le représente, pour juger qu'il a beaucoup de rapport avec les paons & les faisans par sa belle aigrette, par la richesse de son plumage, par la brièveté de ses ailes, par la forme de son bec, quoiqu'il soit un peu plus alongé, & quoiqu'on remarque d'autres différences dans la forme de la queue & des pieds. Il est nommé avec raison sur ce dessin, *avis Persica*

(f) Voyez *Histoire du Japon*, tome I, page 113.

(g) Voyez *son Voyage du Levant*, tome II, page 353.

pavoni congener ; & c'eſt auſſi parmi les oiſeaux étrangers,
analogues aux faiſans & aux paons, que j'en aurois parlé, ſi ce
même deſſin fût venu plutôt à ma connoiſſance *(h).*

(h) Il eſt à la Bibliothèque du Roi dans le Cabinet des Eſtampes, & fait partie
de cette belle ſuite de miniatures en grand, qui repréſentent d'après nature les objets
les plus intéreſſans de l'Hiſtoire Naturelle.

LA CORBINE

OU

CORNEILLE NOIRE (a).

Quoique cette corneille *(pl. 483)* diffère à beaucoup d'égards du grand corbeau, fur-tout par la groffeur & par quel-ques-unes de fes habitudes naturelles, cependant il faut avouer que d'un autre côté elle a affez de rapports avec lui, tant de conformation & de couleur que d'inftinct, pour juftifier la dé-nomination de *corbine*, qui eft en ufage dans plufieurs endroits, & que j'adopte par la raifon qu'elle eft en ufage.

Ces corbines paffent l'été dans les grandes forêts, d'où elles ne fortent *de temps en temps que pour chercher* leur fubfiftance & celle de leur couvée. Le fonds principal de cette fubfiftance, au printemps, ce font les œufs de perdrix dont elles font très-friandes, & qu'elles favent même percer fort adroitement pour les porter à leurs petits fur la pointe de leur bec : comme elles en font une grande confommation, & qu'il ne leur faut qu'un moment pour détruire l'efpérance d'une famille entière, on peut dire qu'elles ne font pas les moins nuifibles des oifeaux de proie,

---

(a) C'eft la *Corneille* de M. Briffon, *tome II, page 12.* En Chaldéen, *Kurka ;* Κορονη; en Grec moderne, Κυρνα, Κυρεχια, Κομ̃ɓα; en Italien, *Cornice Cornacchia, Cornacchio, Gracchia ;* en Efpagnol, *Corneia ;* en Allemand, *Kräe, Schwartz, Krahe ;* en Anglois, *a Crow ;* en Illyrien, *Wrana ;* en Catalan, *Graula, Bufaroca, Cucula ;* en vieux François, *Graille, Graillat ;* en Touraine & ailleurs, felon M. Salerne, *Grolle ;* en Bourbonnois, *Agrolle ;* en Sologne, *Couale ;* en Berri, *Couar ;* en Auvergne, *Couas ;* en Piémont, *Croace,* (d'où vient *croacer).* On lui donne encore les noms fuivans, dont quelques-uns paroiffent corrompus, *Hachoac, Kraime, Borofitis, Xercula, Kokis,* &c.

quoiqu'elles foient les moins fanguinaires. Heureufement il n'en refte pas un grand nombre; on en trouveroit difficilement plus de deux douzaines de paires dans une forêt de cinq ou fix lieues de tour aux environs de Paris.

En hiver elles vivent avec les mantelées, les frayonnes ou les freux, & à peu-près de la même manière: c'eft alors que l'on voit autour des lieux habités des volées nombreufes, compofées de toutes les efpèces de corneilles, fe tenant prefque toujours à terre pendant le jour, errant pèle-mêle avec nos troupeaux & nos bergers, voltigeant fur les pas de nos laboureurs & fautant quelquefois fur le dos des cochons & des brebis, avec une familiarité qui les feroit prendre pour des oifeaux domeftiques & apprivoifés. La nuit elles fe retirent dans les forêts fur de grands arbres qu'elles paroiffent avoir adoptés, & qui font des efpèces de rendez-vous, des points de ralliement où elles fe raffemblent le foir de tous côtés, quelquefois de plus de trois lieues à la ronde, & d'où elles fe difperfent tous les matins: mais ce genre de vie qui eft commun aux trois efpèces de corneilles ne réuffit pas également à toutes; car les corbines & les mantelées deviennent prodigieufement graffes, au contraire des frayonnes qui font prefque toujours maigres, & ce n'eft pas la feule diffé-rence qui fe remarque entre ces efpèces. Sur la fin de l'hiver, qui eft le temps de leurs amours, tandis que les frayonnes vont nicher dans d'autres climats, les corbines qui difparoiffent en même temps de la plaine, s'éloignent beaucoup moins; la plupart fe réfugient dans les grandes forêts qui font à portée, & c'eft alors qu'elles rompent la fociété générale pour former des unions plus intimes & plus douces; elles fe féparent deux-à-deux, & femblent fe partager le terrein, qui eft toujours une forêt, de manière que

chaque

chaque paire occupe son district d'environ un quart de lieue de diamètre, dont elle exclut toute autre paire *(b)*, & d'où elle ne s'absente que pour aller à la provision. On assure que ces oiseaux restent constamment appariés toute leur vie ; on prétend même que lorsque l'un des deux vient à mourir, le survivant lui demeure fidèle & passe le reste de ses jours dans une irréprochable viduité.

On reconnoît la femelle à son plumage, qui a moins de lustre & de reflets : elle pond cinq ou six œufs, elle les couve environ trois semaines, & pendant qu'elle couve, le mâle lui apporte à manger.

J'ai eu occasion d'examiner un nid de corbine, qui m'avoit été apporté dans les premiers jours du mois de juillet. On l'avoit trouvé sur un chêne à la hauteur de huit pieds, dans un bois en côteau où il y avoit d'autres chênes plus grands : ce nid pesoit deux ou trois livres ; il étoit fait en dehors de petites branches & d'épines, entrelassées grossièrement, & mastiquées avec de la terre & du crotin de cheval : le dedans étoit plus mollet, & construit plus soigneusement avec du chevelu de racines. J'y trouvai six petits éclos ; ils étoient encore vivans, quoiqu'ils eussent été vingt-quatre heures sans manger ; ils n'avoient pas les yeux ouverts *(c)* ; on ne leur apercevoit aucune plume, si ce n'est les pennes de l'aile qui commençoient à poindre ; tous avoient la chair mêlée de jaune & de noir ; le bout du bec & des ongles jaune ; les coins de la bouche blanc sale ; le reste du bec & des pieds rougeâtre.

(b) C'est peut-être ce qui a donné lieu de dire que les corbeaux chassoient leurs petits de leur district, sitôt que ces petits étoient en état de voler.

(c) Voyez Aristot. *De generatione*, lib. IV, cap. VI.

Lorfqu'une bufe ou une creſſerelle vient à paſſer près du nid, le père & la mère ſe réuniſſent pour les attaquer, & ils ſe jettent ſur elles avec tant de fureur, qu'ils les tuent quelquefois en leur crevant la tête à coups de bec. Ils ſe battent auſſi avec les pies-grièches ; mais celles-ci, quoique plus petites, ſont ſi courageuſes qu'elles viennent ſouvent à bout de les vaincre, de les chaſſer & d'enlever toute la couvée.

Les Anciens aſſurent que les corbines, ainſi que les corbeaux, continuent leurs ſoins à leurs petits bien au-delà du temps où ils ſont en état de voler *(d)*. Cela me paroît vraiſemblable ; je ſuis même porté à croire qu'ils ne ſe ſéparent point du tout la première année ; car ces oiſeaux étant accoutumés à vivre en ſociété, & cette habitude, qui n'eſt interrompue que par la ponte & ſes ſuites, devant bientôt les réunir avec des étrangers, n'eſt-il pas naturel qu'ils continuent la ſociété commencée avec leur famille, & qu'ils la préfèrent même à toute autre !

La Corbine apprend à parler comme le corbeau, & comme lui elle eſt omnivore : inſectes, vers, œufs d'oiſeaux, voiries, poiſſons, grains, fruits, toute nourriture lui convient ; elle fait auſſi caſſer les noix en les laiſſant tomber d'une certaine hauteur *(e)* : elle viſite les lacets & les piéges, & fait ſon profit des oiſeaux qu'elle y trouve engagés : elle attaque même le petit gibier affoibli ou bleſſé, ce qui a donné l'idée dans quelques pays de l'élever pour la fauconnerie *(f)* ; mais par une juſte alternative elle

---

(d) Ariſtot. *Hiſt. Animal.* lib. VI, cap. VI.

(e) Plin. *lib. X, cap. XII.*

(f) Les ſeigneurs Turcs tiennent des éperviers, ſacres, faucons, &c. pour la chaſſe ; les autres de moindre qualité tiennent des corneilles griſes & noires, qu'ils peignent de diverſes couleurs, qu'ils portent ſur le poing de la main droite, & qu'ils

devient à fon tour la proie d'un ennemi plus fort, tel que le milan, le grand duc, &c. *(g).*

Son poids eft d'environ dix ou douze onces, elle a douze pennes à la queue, toutes égales, vingt à chaque aile, dont la première eft la plus courte, & la quatrième la plus longue; environ trois pieds de vol *(h);* l'ouverture des narines ronde & recouverte par des efpèces de foies dirigées en avant; quelques grains noirs autour des paupières; le doigt extérieur de chaque pied uni à celui du milieu jufqu'à la première articulation; la langue fourchue & même effilée, le ventricule peu mufculeux; les inteftins roulés en un grand nombre de circonvolutions; les *cæcum* longs d'un demi-pouce; la véficule du fiel grande & communiquant au tube inteftinal par un double conduit *(i);* enfin le fond des plumes, c'eft-à-dire, la partie qui ne paroît point au-dehors, d'un cendré foncé.

Comme cet oifeau eft fort rufé, qu'il a l'odorat très-fubtil, & qu'il vole ordinairement en grandes troupes, il fe laiffe difficilement approcher, & ne donne guère dans les piéges des Oifeleurs. On en attrape cependant quelques-uns à la pipée en imitant le cri de la chouette & tendant les gluaux fur les plus hautes branches, ou bien en les attirant à la portée du fufil ou même de la farbacane, par le moyen d'un grand duc ou de tel

---

réclament en criant *houb, houb,* par diverfes fois, jufqu'à ce qu'elles reviennent fur le poing. Villamont, *page 677;* & *Voyage de Bender,* par le chevalier Belleville, *page 232.*

(g) *Ipfe vidi Milvum mediâ hieme cornicem juxta viam publicam deplumantem.* Klein; *Ordo avium,* page 177. Voyez ci-deffus l'hiftoire du grand Duc, *tome I.ᵉʳ page 264.*

(h) Willughby ne leur donne que deux pieds de vol; ce feroit moins qu'il n'en donne au choucas: je crois que c'eft une faute d'impreffion.

(i) Willughby, *page 83.*

autre oifeau de nuit qu'on élève fur des juchoirs dans un lieu découvert. On les détruit en leur jetant des féves de marais dont elles font très-friandes, & que l'on a eu la précaution de garnir en dedans d'aiguilles rouillées : mais la façon la plus fingulière de les prendre eft celle-ci que je rapporte, parce qu'elle fait connoître le naturel de l'oifeau. Il faut avoir une corbine vivante, on l'attache folidement contre terre, les pieds en haut, par le moyen de deux crochets qui faififfent de chaque côté l'origine des ailes : dans cette fituation pénible elle ne ceffe de s'agiter & de crier, les autres corneilles ne manquent pas d'accourir de toutes parts à fa voix comme pour lui donner du fecours; mais la prifonnière cherchant à s'accrocher à tout pour fe tirer d'embarras, faifit avec le bec & les griffes, qu'on lui a laiffé libres, toutes celles qui s'approchent, & les livre ainfi à l'Oifeleur *(k)*. On les prend encore avec des cornets de papier, appâtés de viande crue : lorfque la corneille introduit fa tête pour faifir l'appât qui eft au fond, les bords du cornet qu'on a eu la précaution d'engluer s'attachent aux plumes de fon cou, elle en demeure coiffée, & ne pouvant fe débarraffer de cet incommode bandeau qui lui couvre entièrement les yeux, elle prend l'effor & s'élève en l'air, prefque perpendiculairement, (direction la plus avantageufe pour éviter les chocs) jufqu'à ce qu'ayant épuifé fes forces, elle retombe de laffitude, & toujours fort près de l'endroit d'où elle étoit partie. En général, quoique ces corneilles n'aient le vol ni léger ni rapide, elles montent cependant à une très-grande hauteur; & lorfqu'une fois elles y font parvenues, elles s'y foutiennent long-temps, & tournent beaucoup.

Comme il y a des corbeaux blancs & des corbeaux variés,

(k) Voyez Gefner, *De avibus*, page 324.

il y a auffi des corbines blanches *(l)* & des corbines variées de noir & de blanc *(m)*, lefquelles ont les mêmes mœurs, les mêmes inclinations que les noires.

Frifch dit avoir vu une feule fois une troupe d'hirondelles voyageant avec une bande de corneilles variées, & fuivant la même route : il ajoute que ces corneilles variées paffent l'été fur les côtes de l'océan, vivant de tout ce que rejette la mer ; que l'automne elles fe retirent du côté du midi, qu'elles ne vont jamais par grandes troupes, & que bien qu'en petit nombre elles fe tiennent à une certaine diftance les unes des autres *(n)*, en quoi elles reffemblent tout-à-fait à la corneille noire, dont elles ne font apparemment qu'une variété conftante, ou fi l'on veut, une race particulière.

Il eft fort probable que les corneilles des Maldives, dont parle François Pyrard, ne font pas d'une autre efpèce, puifque ce Voyageur, qui les a vues de fort près, n'indique aucune différence ; feulement elles font plus familières & plus hardies que les nôtres ; elles entrent dans les maifons pour prendre ce qui les accommode, & fouvent la préfence d'un homme ne leur en impofe point *(o)*. Un autre Voyageur ajoute que ces corneilles des Indes fe plaifent à faire dans une chambre, lorf-qu'elles peuvent y pénétrer, toutes les malices qu'on attribue aux finges, elles dérangent les meubles, les déchirent à coups de bec, renverfent les lampes, les encriers, &c. *(p)*.

(l) Voyez Schwenckfeld, *Aviarium Silefiæ*, page 243. — Salerne, *page 84*. M. Briffon ajoute, qu'elles ont auffi le bec, les pieds & les ongles blancs.

(m) Frifch, *Planche 66*.

(n) Frifch, *ibidem*.

(o) Première partie *de fon Voyage*, tome I.er page 131.

(p) *Voyage d'Orient*, du père Philippe de la Trinité, *page 379*.

Enfin, felon Dampier, il y a à la nouvelle Hollande *(q)* &
à la nouvelle Guinée *(r)* beaucoup de corneilles qui reffemblent
aux nôtres : il y en a auffi à la nouvelle Bretagne *(f)*, mais il
paroît que quoiqu'il y en ait beaucoup en France, en Angleterre
& dans une partie de l'Allemagne, elles font beaucoup moins
répandues dans le nord de l'Europe ; car M. Klein dit, que la
corbine eft rare dans la Pruffe *(t)*, & il faut qu'elle ne foit
point commune en Suède, puifqu'on ne trouve pas même fon
nom dans le dénombrement qu'a donné M. Linnæus des oifeaux
de ce pays. Le père du Tertre affure auffi qu'il n'y en a point
aux Antilles *(u)*, quoique fuivant un autre Voyageur *(x)*, elles
foient fort communes à la Louifiane.

***

(q) Voyage de Dampier, *tome IV, page 138.*

(r) Ibidem, tome V, page 81. Suivant cet Auteur, les corneilles de la nouvelle
Guinée, diffèrent des nôtres feulement par la couleur de leurs plumes, dont tout
ce qui paroît eft noir, mais dont le fond eft blanc.

(f) Navigation aux terres Auftrales, *tome II, page 167.*

(t) Ordo avium, page 58.

(u) Hiftoire Naturelle des Antilles, *tome II, page 267.*

(x) Voyez *Hiftoire de la Louifiane,* par M. le Page du Pratz, *tome II, page 134 ;*
il y eft dit que leur chair eft meilleure à manger dans ce pays qu'en France, parce
qu'elles n'y vivent point de voiries, en étant empêchées par les carancros, c'eft-à-dire,
par ces efpèces de vautours d'Amérique, appelés *Auras* ou *Marchands.*

La Corneille .

LE FREUX
OU
LA FRAYONNE (a).

LE freux *(pl. 484)* eft d'une groffeur moyenne, entre le corbeau & la corbine, & il a la voix plus grave que les autres corneilles : fon caractère le plus frappant & le plus diftinctif, c'eft une peau nue, blanche, farineufe & quelquefois galeufe qui environne la bafe de fon bec, à la place des plumes noires & dirigées en avant, qui dans les autres efpèces de corneilles s'étendent jufque fur l'ouverture des narines : il a auffi le bec moins gros, moins fort & comme râpé. Ces difparités fi fuper- ficielles en apparence, en fuppofent de plus réelles & de plus confidérables.

Le freux n'a le bec ainfi râpé, & fa bafe dégarnie de plumes, que parce que vivant principalement de grains, de petites racines & de vers, il a coutume d'enfoncer fon bec fort avant dans la terre pour chercher la nourriture qui lui convient *(b)*, ce qui ne peut manquer à la longue de rendre le bec raboteux, & de détruire les germes des plumes de fa bafe, lefquelles font expofées

---

(a) C'eft la *Corneille moiffonneufe* de M. Briffon, *tome II, page 16.* On l'appelle *Frayonne* dans les environs de Paris : en Grec Σπερμολόγος ; en Latin, *Frugilega, Cornix frugivora; Gracculus,* fuivant Belon : en Allemand, *Roeck,* peut-être à caufe de fon bec inégal & raboteux ; en Anglois, *Rook;* en Suédois, *Roka;* en Polonois, *Gawron;* en Hollandois, *Koore-kraey;* en vieux François, *Graye* (venant de *Krae*); *Grolle,* felon Belon.

(b) Voyez Belon, *Nature des Oifeaux,* page 282.

à un frottement continuel *(c)*; cependant il ne faut pas croire que cette peau soit absolument nue ; on y aperçoit souvent de petites plumes isolées ; preuve très-forte qu'elle n'étoit point chauve dans le principe, mais qu'elle l'est devenue par une cause étrangère ; en un mot, que c'est une espèce de difformité accidentelle, qui s'est changée en un vice héréditaire par les loix connues de la génération.

L'appétit du freux pour les grains, les vers & les insectes est un appétit exclusif, car il ne touche point aux voiries ni à aucune chair, il a de plus le ventricule musculeux & les amples intestins des granivores.

Ces oiseaux vont par troupes très-nombreuses, & si nombreuses que l'air en est quelquefois obscurci. On imagine tout le dommage que ces hordes de moissonneurs peuvent causer dans les terres nouvellement ensemencées, ou dans les moissons qui approchent de la maturité ; aussi dans plusieurs pays le Gouvernement a-t-il pris des mesures pour les détruire *(d)*. La Zoologie Britannique réclame contre cette proscription, & prétend qu'ils

_____

(c) M. Daubenton le jeune, Garde-Démonstrateur du Cabinet d'Histoire Naturelle, au Jardin du Roi, fit dernièrement en se promenant à la campagne, une observation qui a rapport à ceci. Ce Naturaliste à qui l'Ornithologie a déjà tant d'obligation, vit de loin dans un terrein tout-à-fait inculte, six corneilles dont il ne put distinguer l'espèce, lesquelles paroissoient fort occupées à soulever & retourner les pierres éparses çà & là, pour faire leur profit des vers & des insectes qui étoient cachés dessous. Elles y alloient avec tant d'ardeur, qu'elles faisoient sauter les pierres les moins pesantes à deux ou trois pieds. Si ce singulier exercice, que personne n'avoit encore attribué aux corneilles, est familier aux freux, c'est une cause de plus qui peut contribuer à user & faire tomber les plumes qui environnent la base de leur bec ; & le nom de *Tourne-pierre* que jusqu'ici l'on avoit appliqué exclusivement au coulonchaud, deviendra désormais un nom générique qui conviendra à plusieurs espèces.

(d) Voyez Aldrovande, *Ornithologie*, tome I, page 753.

font

font plus de bien que de mal, en ce qu'ils confomment une grande quantité de ces larves de hannetons & d'autres fcarabées, qui rongent les racines des plantes utiles, & qui font fi redoutées des laboureurs & des jardiniers *(e)*. C'eft un calcul à faire.

Non-feulement le freux vole par troupes, mais il niche auffi, pour ainfi dire, en fociété avec ceux de fon efpèce, non fans faire grand bruit, car ce font des oifeaux très-criards, & principalement quand ils ont des petits. On voit quelquefois dix ou douze de leurs nids fur le même chêne, & un grand nombre d'arbres ainfi garnis dans la même forêt, ou plutôt dans le même canton *(f)* : ils ne cherchent pas les lieux folitaires pour couver, ils femblent au contraire s'approcher dans cette circonftance des endroits habités ; & Schwenckfeld remarque qu'ils préfèrent communément les grands arbres qui bordent les cimetières *(g)*, peut-être parce que ce font des lieux fréquentés, ou parce qu'ils y trouvent plus de vers qu'ailleurs, car on ne peut foupçonner qu'ils y foient attirés par l'odeur des cadavres, puifque, comme nous l'avons dit, ils ne touchent point à la chair. Frifch affure que fi dans le temps de la ponte on s'avance fous les arbres où ils font ainfi établis, on eft bientôt inondé de leur fiente.

Une chofe qui pourra paroître fingulière, quoiqu'affez conforme à ce qui fe paffe tous les jours entre des animaux d'autre efpèce, c'eft que lorfqu'un couple apparié travaille à faire fon nid, il faut que l'un des deux refte pour le garder, tandis que l'autre va chercher des matériaux convenables ; fans cette précaution, & s'ils s'abfentoient tous deux à la fois, on prétend que

---

(e) Voyez *British Zoology,* page 77.

(f) Frifch, *Planche 66.*

(g) *Aviarium Silefia,* page 242.

Tome *III.*   D d

leur nid feroit pillé & détruit dans un inftant par les autres freux
habitans du même arbre, chacun d'eux emportant dans fon bec
fon brin d'herbe ou de mouffe pour l'employer à la conftruction
de fon propre nid *(h)*.

Ces oifeaux commencent à nicher au mois de mars, du moins
en Angleterre *(i)*; ils pondent quatre ou cinq œufs plus petits
que ceux du corbeau, mais ayant des taches plus grandes, fur-tout
au gros bout. On dit que le mâle & la femelle couvent tour-
à-tour : lorfque les petits font éclos & en état de manger, ils
leur dégorgent la nourriture qu'ils favent tenir en réferve dans
leur jabot, ou plutôt dans une efpèce de poche formée par la
dilatation de l'œfophage *(k)*.

Je trouve dans la Zoologie Britannique, que la ponte étant
finie, ils quittent les arbres où ils avoient niché ; qu'ils n'y
reviennent qu'au mois d'août, & ne commencent à réparer leurs
nids ou à les refaire qu'au mois d'octobre *(l)*. Cela fuppofe
qu'ils paffent à peu-près toute l'année en Angleterre; mais en
France, en Siléfie, & en beaucoup d'autres contrées, ils font
certainement oifeaux de paffage, à quelques exceptions près, &
avec cette différence qu'en France ils annoncent l'hiver, au lieu
qu'en Siléfie ils font les avant-coureurs de la belle faifon *(m)*.

(h) Voyez l'*Ornithologie* de Willughby, *page 84*.

(i) *British Zoology*, page 76.

(k) Willughby, *page 84*.

(l) *British Zoology*, *loco citato*. On dit que les hérons profitent de leur abfence
pour pondre & couver dans leurs nids. *Aldrovande*, page 753.

(m) Voyez Schwenckfeld, *Aviarium Silefiæ*, page 243. J'ai vu à Baume-la-Roche,
qui eft un village de Bourgogne à quelques lieues de Dijon, environné de montagnes
& de rochers efcarpés, & où la température eft fenfiblement plus froide qu'à Dijon;
j'ai vu, dis-je, plufieurs fois en été une volée de freux qui logeoit & nichoit depuis

Le Freux.

Le freux habite en Europe, felon M. Linnæus, cependant il paroît qu'il y a quelques reftrictions à faire à cela, puifque Aldrovande ne croyoit pas qu'il s'en trouvât en Italie *(n)*.

On dit que les jeunes font bons à manger, & que les vieux même ne font pas mauvais lorfqu'ils font bien gras *(o);* mais il eft fort rare que les vieux prennent de la graiffe. Les gens de la campagne ont moins de répugnance pour leur chair, fachant fort bien qu'ils ne vivent pas de charognes comme la corneille & le corbeau.

---

plus d'un fiècle, à ce qu'on m'a affuré, dans des trous de rochers expofés au fud-oueft, & où l'on ne pouvoit atteindre à leurs nids que très-difficilement & en fe fufpendant à des cordes : Ces freux étoient familiers jufqu'à venir dérober le goûter des Moif-fonneurs : ils s'abfentoient fur la fin de l'été pour une couple de mois feulement, après quoi ils revenoient à leur gîte accoutumé. Depuis deux ou trois ans ils ont difparu, & ont été remplacés auffitôt par des corneilles mantelées.

(n) *Ejufmodi cornicem quod fciam Italia non alit*, tome I, page 752.

(o) Belon, *Nature des Oifeaux*, page 284. M. Hébert m'affure que le freux eft prefque toujours maigre, en quoi il diffère, dit-il, de la corbine & de la mantelée.

LA CORNEILLE MANTELÉE (a).

CET oiseau *(pl. 76)* se distingue aisément de la corbine & de la frayonne ou du freux par les couleurs de son plumage: il a la tête, la queue & les ailes d'un beau noir avec des reflets bleuâtres, & ce noir tranche avec une espèce de scapulaire gris-blanc qui s'étend par-devant & par-derrière, depuis les épaules jusqu'à l'extrémité du corps; c'est à cause de cette espèce de scapulaire ou de manteau, que les Italiens lui ont donné le nom de *Monacchia* (moinesse), & les François celui de *Corneille mantelée.*

Elle va par troupes nombreuses comme le freux, & elle est peut-être encore plus familière avec l'homme, s'approchant par préférence, sur-tout pendant l'hiver, des lieux *habités*, & vivant alors de ce qu'elle trouve dans les égouts, les fumiers, &c.

Elle a encore cela de commun avec le freux, qu'elle change de demeure deux fois par an, & qu'elle peut être regardée comme un oiseau de passage; car nous la voyons chaque année arriver par très-grandes troupes sur la fin de l'automne, & repartir au commencement du printemps, dirigeant sa route au nord; mais nous ne savons pas précisément en quels lieux elle s'arrête: la

---

(a) C'est la *Corneille mantelée* de M. Brisson, *tome II, page 19.* Il n'est point question de cette espèce chez les Anciens, soit Grecs, soit Latins. Les Modernes l'ont nommée en Grec, Κορώνη σποδοειδὴς; en Latin, *Cornix cinerea, varia, Hyberna, sylvestris, Corvus semi-cinereus;* en Italien, *Mulacchia* ou *Munacchia,* ou plutôt *Monacchia;* en Allemand, *Holzkrae, Schiltkrae, Nabelkrae, Bundtekrae, Pundtekrae, Winterkrae, Aßkrae, Grauekrae;* en Suédois, *Kraoka;* en Polonois, *Vrona;* en Anglois, *Royston-Crow, Sea-Crow, Hooded-Crow;* en François en différens temps & en différentes provinces, *Corneille mantelée, emmantelée, sauvage, cendrée,* &c.

plupart

plupart des Auteurs difent; qu'elle paffe l'été fur les hautes montagnes *(b)*, & qu'elle y fait fon nid fur les pins & les fapins; il
faut donc que ce foit fur des montagnes inhabitées & peu connues,
comme celles des îles de Shetland, où l'on affure effectivement
qu'elle fait fa ponte *(c)*; elle niche auffi en Suède *(d)*, dans
les bois, & par préférence fur les aulnes, & fa ponte eft ordinairement de quatre œufs; mais elle ne niche point dans les
montagnes de Suiffe *(e)*, d'Italie, &c. *(f)*.

Enfin, quoique felon le plus grand nombre des Naturaliftes,
elle vive de toute forte de nourritures, entr'autres de vers, d'infectes, de poiffons *(g)*, même de chair corrompue, & par
préférence à tout, de laitage *(h)*; & quoique d'après cela elle
dût être mife au rang des omnivores, cependant comme ceux
qui ont ouvert fon eftomac y ont trouvé de toutes fortes de
grains, mêlés avec de petites pierres *(i)*, on peut croire qu'elle
eft plus granivore qu'autre chofe, & c'eft un troifième trait de

---

(b) Voyez Aldrovande, *Ornithologie*, tome I, page 756.—Schwenckfeld, *Aviarium
Silefiæ*, page 242. — Belon, *Nature des Oifeaux*, page 284, *&c.*

(c) Voyez *British Zoology*, page 76. Les Auteurs de cet Ouvrage ajoutent que
c'eft la feule efpèce de corneille qui fe trouve dans ces îles. Gefner.

(d) *Fauna Suecica*, page 25.

(e) Gefner, *de Avibus*, page 332.

(f) Aldrovande, *Ornithologie*, tome I, page 756.

(g) Frifch dit qu'elle épluche fort adroitement les arêtes des poiffons, que lorfqu'on
vide les étangs, elle aperçoit très-vîte ceux qui reftent dans la boue, & qu'elle ne
perd pas de temps à les en tirer. *Planche 65.* Avec ce goût, il eft tout fimple qu'elle
fe tienne fouvent au bord des eaux, mais on n'auroit pas dû pour cela lui donner
le nom de corneille aquatique ou de corneille marine, puifque ces dénominations
conviendroient au même titre à la corneille noire & au corbeau, lefquels ne font
certainement pas des oifeaux aquatiques.

(h) Voyez Aldrovande, *page 756.*

(i) Gefner, *de Avibus*, page 333.— Ray, *Sinopfis avium*, page 40.

Tome III. E e

conformité avec le freux : dans tout le reste elle ressemble beaucoup à la corbine ou corneille noire ; c'est à peu-près la même taille, le même port, le même cri, le même son de voix, le même vol : elle a la queue & les ailes, le bec & les pieds, & presque tout ce que l'on connoît de ses parties intérieures conformé de même dans les plus petits détails *(k)*, ou si elle s'en éloigne en quelque chose, c'est pour se rapprocher de la nature du freux : elle va souvent avec lui ; comme lui elle niche sur les arbres *(l)*, elle pond quatre ou cinq œufs, mange ceux des petits oiseaux, & quelquefois les petits oiseaux eux-mêmes.

Tant de rapports & de traits de ressemblance avec la corbine & avec le freux, me feroient soupçonner que la corneille mantelée seroit une race métisse, produite par le mélange de ces deux espèces : & en effet, si elle étoit une simple variété de la corbine, d'où lui viendroit l'habitude de voler par troupes nombreuses, & de changer de demeure deux fois l'année ! ce que ne fit jamais la corbine *(m)*, comme nous l'avons vu ; & si elle étoit une simple variété du freux, d'où lui viendroient tant d'autres rapports

---

(k) Voyez Willughby, *Ornithologie*, page 84.

(l) Frisch remarque qu'elle place son nid tantôt à la cime des arbres, & tantôt sur les branches inférieures, ce qui supposeroit qu'elle fait quelquefois sa ponte en Allemagne. Je viens de m'assurer par moi-même qu'elle niche quelquefois en France, & notamment en Bourgogne. Une volée de ces oiseaux réside constamment depuis deux ou trois années à Baume-la-Roche, dans certains trous de rochers où des corneilles frayonnes étoient ci-devant en possession de nicher tous les ans depuis plus d'un siècle ; ces frayonnes ayant été une année sans revenir, une volée de quinze ou vingt mantelées s'empara aussitôt de leurs gîtes, elles y ont déjà fait deux couvées, & elles sont actuellement occupées à la troisième (ce 26 mai 1773.) C'est encore un trait d'analogie entre les deux espèces.

(m) Corvus & cornix semper conspicui sunt, nec loca mutant aut latent. Aristot. *Histor. Animalium*, lib. IX, cap. XXIII.

qu'elle a avec la corbine! au lieu que cette double reſſemblance s'explique naturellement, en ſuppoſant que la corneille mantelée eſt le produit du mélange de ces deux eſpèces qu'elle repréſente par ſa nature mixte, & qui tient de l'une & de l'autre. Cette opinion pourroit paroître vraiſemblable aux Philoſophes qui ſavent combien les analogies phyſiques ſont d'un grand uſage pour remonter à l'origine des êtres, & renouer le fil des générations; mais on lui trouvera un nouveau degré de probabilité, ſi l'on conſidère que la corneille mantelée eſt une race nouvelle, qui ne fut ni connue ni nommée par les Anciens, & qui par conſéquent n'exiſtoit pas encore de leur temps; puiſque lorſqu'il s'agit d'une race auſſi multipliée & auſſi familière que celle-ci, il n'y a point de milieu entre n'être pas connu dans un pays & n'y être point du tout. Or, ſi elle eſt nouvelle, il faut qu'elle ait été produite par le mélange de deux autres races, & quelles peuvent être ces deux races, ſinon celles qui paroiſſent avoir plus de rapport, d'analogie, de reſſemblance avec elle!

Friſch dit que la corneille mantelée a deux cris, l'un plus grave & que tout le monde connoît, l'autre plus aigu & qui a quelque rapport avec celui du coq. Il ajoute qu'elle eſt fort attachée à ſa couvée, & que lorſqu'on coupe par le pied l'arbre où elle a fait ſon nid, elle ſe laiſſe tomber avec l'arbre, & s'expoſe à tout plutôt que d'abandonner ſa géniture.

M. Linnæus ſemble lui appliquer ce que la Zoologie Britannique dit du freux, qu'elle eſt utile par la conſommation qu'elle fait des inſectes deſtructeurs dont elle purge ainſi les pâturages *(n)*;

(n) Purgat paſcua & prata a vermibus . . . . apud nos relegata, at inaudita & indefenſa . . . . Voyez *Syſtema Naturæ*, edit. X, page 106. — *Fauna Suecica*, n.º 71.

mais encore une fois, ne doit-on pas craindre qu'elle confomme elle-même plus de grains que n'auroient fait les infectes dont elle fe nourrit? & n'eft-ce pas pour cette raifon qu'en plufieurs pays d'Allemagne on a mis fa tête à prix *(o)!*

On la prend dans les mêmes piéges que les autres corneilles: elle fe trouve dans prefque toutes les contrées de l'Europe, mais en différens temps; fa chair a une odeur forte & on en fait peu d'ufage, fi ce n'eft parmi le petit peuple.

Je ne fais fur quel fondement M. Klein a pu ranger parmi les corneilles l'*Hoexotototl* ou oifeau des faules de Fernandez, fi ce n'eft fur le dire de Seba, qui décrivant cet oifeau comme le même que celui dont parle Fernandez, le fait auffi gros qu'un pigeon ordinaire, tandis que Fernandez, à l'endroit même cité par Seba, dit que l'*Hoexotototl* eft un petit oifeau de la groffeur d'un moineau, ayant à peu-près le chant du chardonneret, & la chair bonne à manger *(p).* Cela ne reffemble pas trop à une corneille; & de telles méprifes, qui font affez fréquentes dans l'ouvrage de Seba, ne peuvent que jeter beaucoup de confufion dans la nomenclature de l'Hiftoire Naturelle.

(o) Frifch, *Planche 65.*

(p) Voyez Fernandez, *Hift. Avium novæ Hifpaniæ*, cap. LVIII; & le cabinet de Seba, *page 96. Planche LXI, fig. 1.*

Nota. La corbine doit être répandue au loin, puifqu'elle fe trouve dans la belle fuite d'oifeaux que M. Sonnerat vient d'apporter, & qu'il a tirés des Indes, des ifles Moluques, & même de la terre des Papoux. Cet individu venoit des Philippines.

OISEAUX

Corneille mantelée.

OISEAUX ÉTRANGERS,

Qui ont rapport aux CORNEILLES.

I.

LA CORNEILLE DU SÉNÉGAL.

A juger de cet oifeau *(pl. 327)* par fa forme & par fes couleurs, qui eft tout ce que nous en connoiffons, on peut dire que l'efpèce de la corneille mantelée eft celle avec qui il a plus de rapports extérieurs, ou plutôt que ce feroit une véritable corneille mantelée, fi fon fcapulaire blanc n'étoit pas raccourci par-devant & beaucoup plus par-derrière. On aperçoit auffi quelques différences dans la longueur des ailes, la forme du bec & la couleur des pieds. C'eft une efpèce nouvelle & peu connue.

II.

LA CORNEILLE DE LA JAMAÏQUE *(a)*.

CETTE corneille étrangère paroît modelée à peu-près fur les mêmes proportions que les nôtres *(b)*, à l'exception de la queue & du bec qu'elle a plus petits; fon plumage eft noir comme celui de la corbine. On a trouvé dans fon eftomac des baies rouges,

---

(a) C'eft la *Corneille de la Jamaïque* de M. Briffon, *tome II, page 22.* Les Anglois de la Jamaïque l'appellent auffi *Chatering or Gabbeling Crow* (Corneille babillarde), & *Cacao Walke*, fans doute parce qu'elle fe tient ordinairement fur les Cacaotiers. Voyez Sloane, *Natural Hiftory of Jamaïca*, tome II, page 298.

(b) Elle a un pied & demi de longueur prife de la pointe du bec au bout de la queue, & trois pieds de vol. *(Nota.* Que M. Sloane s'eft fervi felon toute apparence du pied Anglois, plus court que le nôtre d'environ un onzième.)

des graines, des fcarabées, ce qui fait connoître fa nourriture la plus ordinaire, & qui eft auffi celle de notre freux & de notre mantelée. Elle a le ventricule mufculeux & revêtu intérieurement d'une tunique très-forte. Cet oifeau abonde dans la partie feptentrionale de l'ifle & ne quitte pas les montagnes, en quoi il fe rapproche de notre corbeau.

M. Klein caractérife cette efpèce par la grandeur des narines *(c)*; cependant M. Sloane qu'il cite, fe contente de dire qu'elles font paffablement grandes.

D'après ce que l'on fait de cet oifeau, on peut bien juger qu'il approche fort de nos corneilles; mais il feroit bien difficile de le rapporter à l'une de ces efpèces plutôt qu'à l'autre, vu qu'il réunit les qualités qui font propres à chacune d'elles. Il diffère auffi de toutes par fon cri qu'il fait entendre continuellement.

(b) Cornix nigra, garrula, RAI. Naribus amplis.... præter nares Europæ fimilis. Klein, *Ordo Avium*, page 59.

327.

Corneille, du Sénégal.

LES CHOUCAS (a).

Ces oiseaux (le choucas proprement dit, *pl. 523;* le chouc, *pl. 522;* le choucas chauve de Cayenne, *pl. 521)* ont, avec les corneilles, plus de traits de conformité que de traits de dissemblance; & comme ce font des espèces fort voisines, il est bon d'en faire une comparaison suivie & détaillée, pour répandre plus de jour sur l'histoire des uns & des autres.

Je remarque d'abord un parallélisme assez singulier entre ces deux genres d'oiseaux; car de même qu'il y a trois espèces principales de corneilles, une noire (la corbine), une cendrée (la mantelée), & une chauve (le freux ou la frayonne); je trouve aussi trois espèces ou races correspondantes de choucas, un noir (le choucas proprement dit), un cendré (le chouc), & enfin un choucas chauve. La seule différence est, que ce dernier est d'Amérique, & qu'il a peu de noir dans son plumage; au lieu que les trois espèces de corneilles appartiennent toutes à l'Europe, & font toutes ou noires ou noirâtres.

(a) Ce font les *Choucas* de M. Brisson, *tome II, pages 24 & suiv.* en Grec, Λύκος, Κολοιὸς, Βωμολόχος; en Latin, *Lupus, Graccus, Gracculus, Monedula, (a monetâ quam furatur)* : en Espagnol, *Graio*, *Graia;* en Italien, *Ciagula, Tattula, Pola, Monacchia, &c.* chez les Grisons, *Beena;* en Savoyard, *Chue, Cauë, Cauette, Cauvette & Fauvette* par corruption; en vieux François, *Chouette, Chouchette;* en quelques provinces, *Chicas, Chocas, Chocotte, Cornillon,* comme qui diroit petite Corneille; en Turc, *Tſchauka;* en Allemand, *Tul ou Duhl, Thale ou Dahle, Thaleche ou Dahlike, Tole ou Dohle, Graue Dohle, Tahe, Doel;* aux environs de Rostock, *Wachtel,* qui est le nom de la Caille par-tout ailleurs; en Saxon, *Aelcke, Kaeyke, Gacke;* en Suisse, *Graake;* en Hollandois, *Kaw, Chaw;* en Illyrien, *Kawka, Kawa, Zegzolka;* en Flamand, *Gaey, Hannekin;* en Suédois, *Kaja;* en Anglois, *Kae, Caddo, Chog, Daw, Jak-daw.*

En général, les choucas font plus petits que les corneilles; leur cri, du moins celui de nos deux choucas d'Europe, les feuls dont l'hiftoire nous foit connue, eft plus aigre, plus perçant, & il a vifiblement influé fur la plupart des noms qu'on leur a donnés en différentes langues, tels que ceux-ci: *choucas, graccus, kaw, klas, &c.* mais ils n'ont pas pour une feule inflexion de voix, car on m'affure qu'on les entend quelquefois crier *tian, tian, tian.*

Ils vivent tous deux d'infectes, de grains, de fruits, & même de chair, quoique très-rarement; mais ils ne touchent point aux voiries, & ils n'ont pas l'habitude de fe tenir fur les côtes pour fe raffafier de poiffons morts & autres cadavres rejetés par la mer *(b).* En quoi ils reffemblent plus au freux & même à la mantelée qu'à la corbine; mais ils fe rapprochent de celle-ci par l'habitude qu'ils ont d'aller à la chaffe aux œufs de perdrix & d'en détruire une grande quantité.

Ils volent en grandes troupes comme le freux; comme lui ils forment des efpèces de peuplades & même de plus nombreufes, compofées d'une multitude de nids placés les uns près des autres & comme entaffés, ou fur un grand arbre, ou dans un clocher, ou dans le comble d'un vieux château abandonné *(c).* Le mâle & la femelle une fois appariés il reftent long-temps fidèles, attachés l'un à l'autre; & par une fuite de cet attachement perfonnel, chaque fois que le retour de la belle faifon donne aux êtres vivans le fignal d'une génération nouvelle, on les voit fe

_____

(b) Voyez Aldrovande, *Ornithologie, page 772.*

(c) Voyez Belon, *Nature des Oifeaux, page 287.* Aldrovand. *loco citato.* Willughby, *Ornithologia, pag. 85;* ils nichent plus volontiers dans des trous d'arbres que fur les branches.

rechercher

rechercher avec empreſſement & ſe parler ſans ceſſe; car alors le
cri des animaux eſt un véritable langage, toujours bien parlé,
toujours bien compris; on les voit ſe careſſer de mille manières,
joindre leurs becs comme pour ſe baiſer, eſſayer toutes les façons
de s'unir avant de ſe livrer à la dernière union, & ſe préparer
à remplir le but de la Nature par tous les degrés du deſir, par
toutes les nuances de la tendreſſe. Ils ne manquent jamais à ces
préliminaires, non pas même dans l'état de captivité *(d)* : la
femelle étant fécondée par le mâle, pond cinq ou ſix œufs
marqués de quelques taches brunes ſur un fond verdâtre, &
lorſque ſes petits ſont éclos, elle les ſoigne, les nourrit, les
élève avec une affection que le mâle s'empreſſe de partager.
Tout cela reſſemble aſſez aux corneilles, & même à bien des
égards au grand corbeau; mais Charleton & Schwenckfeld
aſſurent que les choucas font deux couvées par an *(e),* ce qui
n'a jamais été dit du corbeau ni des corneilles, mais qui d'ailleurs
s'accorde très-bien avec l'ordre de la Nature, ſelon lequel les
eſpèces plus petites ſont auſſi les plus fécondes.

Les choucas ſont oiſeaux de paſſage, non pas autant que le
freux & la corneille mantelée, car il en reſte toujours un aſſez
bon nombre dans le pays pendant l'été : les tours de Vincennes
en ſont peuplées en tout temps, ainſi que tous les vieux édifices
qui leur offrent la même ſûreté & les mêmes commodités; mais
on en voit toujours moins en France l'été que l'hiver. Ceux
qui voyagent ſe réuniſſent en grandes bandes comme la frayonne
& la mantelée; quelquefois même ils ne font qu'une ſeule bande

---

(d) Voyez Ariſtot. *De generatione, lib. III, cap. VI.*

(e) Bis in anno pullificant. Aviarium Sileſiæ, page 305. Charleton, *Exercitationes, &c.*
page 75.

avec elles, & ils ne ceſſent de crier en volant; mais ils n'obſervent pas les mêmes temps en France & en Allemagne, car ils quittent l'Allemagne en automne avec leurs petits, & n'y reparoiſſent qu'au printemps, après avoir paſſé l'hiver chez nous; & Friſch a raiſon d'aſſurer qu'ils ne couvent point pendant leur abſence, & qu'à leur retour ils ne ramènent point de petits avec eux, car les choucas ont cela de commun avec tous les autres oiſeaux, qu'ils ne font point leur ponte en hiver.

A l'égard des parties internes, je remarquerai ſeulement qu'ils ont le ventricule muſculeux, & près de ſon orifice ſupérieur une dilatation de l'œſophage qui leur tient lieu de jabot, comme dans les corneilles, mais que la véſicule du fiel eſt plus alongée.

Du reſte on les prive facilement, on leur apprend à parler ſans peine : ils ſemblent ſe plaire dans l'état de domeſticité ; mais ce font des domeſtiques infidèles qui cachant la nourriture ſuperflue qu'ils ne peuvent conſommer, & emportant des pièces de monnoie & des bijoux qui ne leur font d'aucun uſage, appauvriſſent le maître ſans s'enrichir eux-mêmes.

Pour achever l'hiſtoire des choucas, il ne s'agit plus que de comparer enſemble les deux races du pays, & d'ajouter à la ſuite, ſelon notre uſage, les variétés & les eſpèces étrangères.

Le Choucas. Nous n'avons en France que deux choucas, l'un à qui je conſerve le nom de choucas proprement dit *(f)*, eſt de la groſſeur d'un pigeon, il a l'iris blanchâtre, quelques traits blancs ſous la gorge, quelques points de même couleur autour des narines, du cendré ſur la partie poſtérieure de la tête & du cou; tout le reſte eſt noir, mais cette couleur eſt plus

_____

(f) C'eſt le *Choucas* de M. Briſſon, & ſon ſixième Corbeau, *tome II,* *page 24.*

foncée fur les parties fupérieures, avec des reflets tantôt violets & tantôt verts.

Le Chouc. L'autre efpèce du pays à laquelle je donne le nom de chouc, d'après fon nom Anglois *(g)*, ne diffère du précédent qu'en ce qu'il eft un peu plus petit, & peut-être moins commun, qu'il a l'iris bleuâtre comme le freux, que la couleur dominante de fon plumage eft le noir, fans aucun mélange de cendré, & qu'on lui remarque des points blancs autour des yeux. Du refte, ce font les mêmes mœurs, les mêmes habitudes, même port, même conformation, même cri, mêmes pieds, même bec; & l'on ne peut guère douter que ces deux races n'appartiennent à la même efpèce, & qu'elles ne fuffent en état de fe mêler avec fuccès & de produire enfemble des individus féconds.

On fera peu furpris qu'une efpèce qui a tant de rapports avec celle des corbeaux & des corneilles, préfente à peu-près les mêmes variétés. Aldrovande a vu en Italie un choucas qui avoit un collier blanc *(h)*; c'eft apparemment celui qui fe trouve dans quelques endroits de la Suiffe *(i)*, & que par cette raifon les Anglois nomment choucas de Suiffe *(k)*.

Schwenckfeld a eu occafion de voir un choucas blanc qui avoit le bec jaunâtre *(l)*. Ces choucas blancs font plus communs en Norwège & dans les pays froids *(m)*; quelquefois même

---

(g) C'eft le *Choucas noir* ou feptième Corbeau de M. Briffon, *tome II, page 28.* Les Anglois l'appellent *Chough.*

(h) *Ornithologia,* page 774.

(i) Gefner, *de Avibus,* page 522.

(k) Charleton, *Exercit.* page 75.

(l) *Aviarium Silefiæ,* page 305.

(m) Gefner, page 523.

dans des climats tempérés, tels que la Pologne, on a trouvé un petit choucas blanc dans un nid de choucas noirs *(n)* ; & dans ce cas la blancheur du plumage ne dépend pas, comme l'on voit, de l'influence du climat, mais c'est une monstruosité causée par quelque vice de nature, analogue à celui qui produit les corbeaux blancs en France, & les nègres blancs en Afrique.

Schwenckfeld parle 1.° d'un choucas varié qui ressemble au vrai choucas, à l'exception des ailes qui sont blanches & du bec qui est crochu.

2.° D'un autre choucas très-rare, qui ne diffère du choucas ordinaire que par son bec croisé *(o)* : mais ce peuvent être des variétés individuelles, ou même des monstres faits à plaisir.

(n) Rzaczynski. *Auctuarium,* page 395.

(o) *Aviarium Silesiæ,* page 306. J'ai eu cette année dans ma basse-cour, quatre poulets huppés, d'origine flamande, lesquels avoient le bec croisé : la pièce supérieure étoit très-crochue & du moins autant que dans le bec croisé lui-même ; la pièce inférieure étoit presque droite. Ces poulets ne prenoient pas leur nourriture à terre aussi-bien que les autres ; il falloit la leur présenter en grand volume.

LE CHOQUARD

523.

Le Grolle ou Choucas gris.

LE CHOQUARD

OU

CHOUCAS DES ALPES (a).

CET oiſeau *(pl. 531)* que nous avons fait repréſenter ſous le nom de choucas des Alpes, Pline l'appelle de celui de *Pyrrho-corax*, & ce ſeul nom renferme une deſcription en raccourci; *Korax*, qui ſignifie corbeau, indique la noirceur du plumage ainſi que l'analogie de l'eſpèce; & *Pyrrhos* qui ſignifie roux, orangé, exprime la couleur du bec qui varie en effet du jaune à l'orangé, & auſſi celle des pieds qui eſt encore plus variable que celle du bec, puiſque dans l'individu obſervé par Geſner, les pieds étoient rouges *(b)*, qu'ils étoient noirs dans le ſujet décrit par M. Briſſon; que ſelon cet auteur, ils ſont quelquefois jaunes *(c)*, & que ſelon d'autres, ils ſont jaunes l'hiver & rouges l'été. Ces pieds jaunes, ce bec de même couleur & plus petit que celui du choucas, ont donné lieu à quelques-uns de prendre le choquard pour un merle, & de le nommer le grand merle des Alpes. Cependant en l'obſervant & le com-parant, on trouvera qu'il approche beaucoup plus des choucas par la groſſeur de ſon corps, par la longueur de ſes ailes, & même par la forme de ſon bec, quoique plus menu, & par

---

(a) C'eſt le *Choucas des Alpes* de M. Briſſon, *tome II, page 30*. J'adopte ce nom qui eſt en uſage dans le Valais, ſelon Geſner: on l'appelle auſſi *Chouette*; les Griſons qui parlent Allemand le nomment *Tahen*. Les Allemands, *Bergdol, Alprapp, Bergtul, Steinhetz*. Les Suiſſes, *Alpkachel, Wildetul*.

(b) Geſner, *de Avibus*, page 528.

(c) Voyez *Ornithologie* de M. Briſſon, *tome II, page 31*.

Tome III.   H h

fes narines recouvertes de plumes, quoique ces plumes foient moins fermes que dans les choucas.

J'ai indiqué à l'article du crave ou coracias, les différences qui font entre ces deux oifeaux, dont Belon & quelques autres qui ne les avoient pas vus, n'ont fait qu'une feule efpèce.

Pline croyoit fon *Pyrrhocorax* propre & particulier aux montagnes des Alpes *(d)*; cependant Gefner, qui le diftingue très-bien d'avec le crave ou coracias, dit qu'il y a certaines contrées au pays des Grifons où cet oifeau ne fe montre que l'hiver, d'autres où il paroît à peu-près toute l'année, mais que fon vrai domicile, fon domicile de préférence, celui où il fe trouve toujours par grandes bandes, c'eft le fommet des hautes montagnes. Ces faits modifient, comme l'on voit, l'opinion de Pline un peu trop abfolue, mais ils la confirment en la modifiant.

La groffeur du choquard eft moyenne entre celle du choucas & celle de la corneille; il a le bec plus petit & plus arqué que l'un & l'autre, la voix plus aiguë, plus plaintive que celle des choucas & fort peu agréable *(e)*.

Il vit principalement de grains & fait grand tort aux récoltes; fa chair eft un manger très-médiocre. Les montagnards tirent de fa façon de voler des préfages météorologiques; fi fon vol eft élevé, on dit qu'il annonce le froid, & que lorfqu'il eft bas il promet un temps plus doux *(f)*.

(d) *Hiftoria Naturalis*, lib. X, cap. XLVIII.

(e) Schwenckfeld dit que le *pyrrhocorax*, qu'il appelle auffi *corbeau de nuit*, eft criard, fur-tout pendant la nuit, & qu'il fe montre rarement pendant le jour; mais je ne fuis point fûr que Schwenckfeld entende le même oifeau que moi, fous ce nom de *pyrrhocorax*.

(f) Voyez Gefner, *loco citato*.

Le Choucas, des Alpes.

OISEAUX ÉTRANGERS,

Qui ont rapport aux CHOUCAS.

I.

LE CHOUCAS MOUSTACHE (a).

CET oiseau *(pl. 226)* qui se trouve au cap de Bonne-espérance, est à peu-près de la grosseur du merle; il a le plumage noir & changeant des choucas, & la queue plus longue à proportion qu'aucun d'entre eux; toutes les pennes qui la composent sont égales, & les ailes étant pliées, n'atteignent qu'à la moitié de sa longueur. Ce sont les quatrième & cinquième pennes de l'aile qui sont les plus longues de toutes, elles ont deux pouces & demi plus que la première.

Il y a deux choses à remarquer dans l'extérieur de cet oiseau, 1.° ces poils noirs, longs & flexibles qui naissent de la base du bec supérieur, & qui sont une fois plus longs que le bec, outre plusieurs autres poils plus courts, plus roides & dirigés en avant qui environnent cette même base jusqu'aux coins de la bouche: 2.° Ces plumes longues & étroites de la partie supérieure du cou, lesquelles glissent & jouent sur le dos, suivant que le cou prend différentes situations, & qui forment à l'oiseau une espèce de crinière.

(a) C'est le *Choucas du Cap de Bonne-espérance* de M. Brisson, *tome II, page 33.*

I I.
LE CHOUCAS CHAUVE.

CE fingulier Choucas *(pl. 521)* qui fe trouve dans l'ifle de Cayenne, eft celui qui peut, comme je l'ai dit, faire pendant avec notre corneille chauve qui eft le freux : il a en effet la partie antérieure de la tête nue comme le freux, & la gorge peu garnie de plumes. Il fe rapproche des choucas en général par fes longues ailes, par la forme des pieds, par fon port, par fa groffeur, par fes larges narines à peu - près rondes : mais il en diffère en ce que fes narines ne font point recouvertes de plumes, & qu'elles fe trouvent placées dans un enfoncement affez profond creufé de chaque côté du bec ; en ce que fon bec eft plus large à la bafe & qu'il eft échancré fur fes bords. A l'égard de fes mœurs, je n'en peux rien dire, cet oifeau étant du grand nombre de ceux qui attendent le coup d'œil de l'Obfervateur. On ne le trouve pas même nommé dans aucune Ornithologie.

I I I.

LE CHOUCAS DE LA NOUVELLE GUINÉE.

LA place naturelle de cet oifeau *(pl. 629)* eft entre nos choucas de France & celui que j'ai nommé *colnud.* Il a le port de nos choucas, & le plumage gris de l'un d'eux, (même un peu plus gris) au moins quant à la partie fupérieure du corps ; mais il eft moins gros & a le bec plus large à fa bafe, en quoi il fe rapproche du colnud. Il s'en éloigne par la longueur de fes ailes qui atteignent prefque l'extrémité de fa queue, & il s'éloigne du colnud & des choucas par les couleurs du deffous du corps, lefquelles confiftent en une rayure noire & blanche qui s'étend

jufque

jufque fous les ailes, & qui a quelque rapport avec celle des pics variés.

I V.

LE CHOUCARI DE LA NOUVELLE GUINÉE (e).

LA couleur dominante de cet oifeau *(pl. 63.0)* (car nous n'en connoiffons que la fuperficie) eft un gris-cendré, plus foncé fur la partie fupérieure, plus clair fur la partie inférieure, & fe dégradant prefque jufqu'au blanc fous le ventre & fes entours. Les deux feules exceptions qu'il y ait à faire à cette efpèce d'uniformité de plumage, c'eft 1.° une bande noire qui environne la bafe du bec, & fe prolonge jufqu'aux yeux; 2.° les grandes pennes des ailes qui font d'un brun-noirâtre.

Le choucari a les narines recouvertes en entier comme les choucas, il a auffi le bec conformé à peu-près de même, fi ce n'eft que l'arête de la pièce fupérieure eft, non pas arrondie comme dans le choucas, mais anguleufe comme dans le colnud. Il a encore d'autres rapports avec cette dernière efpèce, & lui reffemble par les proportions relatives de fes ailes, qui ne s'étendent pas au-delà de la moitié de la queue, par fes petits pieds, par fes ongles courts; en forte qu'on ne peut fe difpenfer de le placer, ainfi que le précédent, entre le colnud & les choucas. Sa longueur prife de la pointe du bec au bout de la queue eft d'environ onze pouces.

Nous fommes redevables de cette efpèce nouvelle, ainfi que de la précédente, à M. Sonnerat.

(e) Ainfi nommé par M. Daubenton le jeune, à qui je dois auffi fa defcription & celle de l'efpèce précédente, n'ayant pas été à portée de voir ces oifeaux arrivés tout récemment à Paris.

V.

LE COLNUD DE CAYENNE.

JE mets le Colnud de Cayenne *(pl. 609)* à la suite des choucas, quoiqu'il en diffère à plusieurs égards ; mais à tout prendre il m'a paru en différer moins que de tout autre oiseau de notre continent.

Il a, comme le n.° II ci-dessus, le bec fort large à sa base, & il a encore avec lui un autre trait de conformité en ce qu'il est chauve ; mais il l'est d'une autre manière ; c'est le cou qu'il a presque nud & sans plumes. La tête est couverte depuis & compris les narines, d'une espèce de calotte de velours noir, composée de petites plumes droites, courtes, serrées & très-douces au toucher : ces plumes deviennent plus rares sous le cou, & bien plus encore sur ses côtes & à sa partie postérieure.

Le colnud est à peu-près de la grosseur de nos choucas, & on peut ajouter qu'il porte leur livrée, car tout son plumage est noir, à l'exception de quelques-unes des couvertures & des pennes de l'aile, qui sont d'un gris blanchâtre.

A voir les pieds de celui que j'ai observé, on jugeroit que le doigt postérieur a été tourné par force en arrière ; mais que naturellement & de lui-même, il se tourne en avant, comme dans les martinets. J'ai même remarqué qu'il étoit lié par une membrane avec le doigt intérieur de chaque pied. C'est une espèce nouvelle.

V I.

LE BALICASE DES PHILIPPINES.

JE répugne à donner à cet oiseau étranger *(pl. 603)* le nom

Choucas du Cap de Bonne - Esperance .

Choucas chauve, de Cayenne.

Choucas, de la Nouvelle Guinée .

Le Choucari, de la Nouvelle Guinée.

609.

Le Colnud, de Cayenne.

Choucas, des Philippines.

de choucas, parce qu'il eſt aiſé de voir par la deſcription même de M. Briſſon, qu'il diffère des choucas à pluſieurs égards.

Il n'a que quinze à ſeize pouces de vol & n'eſt guère plus gros qu'un merle; il a le bec plus gros & plus long à proportion que tous les choucas de notre Europe, les pieds plus grêles & la queue fourchue; enfin, au lieu de cette voix aigre & ſiniſtre des choucas, il a le chant doux & agréable. Ces différences ſont telles qu'on doit s'attendre à en découvrir pluſieurs autres lorſque cet oiſeau ſera mieux connu.

Au reſte il a le bec & les pieds noirs, & le plumage de la même couleur avec des reflets verts *(f)*; en ſorte que du moins il eſt choucas par la couleur.

(f) C'eſt *le Choucas des Philippines* de M. Briſſon, *tome II, page 31.* Cet Auteur nous apprend que l'oiſeau dont il s'agit dans cet article, s'appelle aux Philippines *Bali-caſſio,* dont j'ai formé le nom de *Balicaſe.*

LA PIE *(a)*.

La Pie *(pl. 488)* a tant de reſſemblance à l'extérieur avec la
corneille, que M. Linnæus les a réunies toutes deux dans le même
genre *(b)*, & que ſuivant Belon, pour faire une corneille d'une
pie, il ne faut que raccourcir la queue à celle-ci, & faire diſparoître
le blanc de ſon plumage *(c)* : en effet la pie a le bec, les pieds,
les yeux, & la forme totale des corneilles & des choucas ; elle a
encore avec eux beaucoup d'autres rapports plus intimes dans
l'inſtinct, les mœurs & les habitudes naturelles, car elle eſt omnivore comme eux, vivant de toutes ſortes de fruits, allant ſur les
charognes *(d)*, faiſant ſa proie des œufs & des petits des oiſeaux
foibles, quelquefois même des père & mère, ſoit qu'elle les
trouve engagés dans les piéges, ſoit qu'elle les attaque à force
ouverte : on en a vu une ſe jeter ſur un merle pour le dévorer,
une autre enlever une écreviſſe qui la prévint en l'étranglant
avec ſes pinces, &c. *(e)*.

(a) C'eſt la *Pie* de M. Briſſon, *tome II*, page *35*. Son nom Hébreu eſt incertain ;
en Grec, Κίσσα, Κίττα, Ποικίλις ; en Grec moderne, Αἰχαςρα ; en Latin, *Pica, Ciſſa,
Avis pluvia* ſelon quelques-uns ; en mauvais Latin moderne, *Ajacia* ; en Italien, *Gazza,
Ragazza, Aregazza, Gazzuola, Gazzara, Pica, Putta* ; en Catalan, *Graſſa* ; en
Eſpagnol, *Pega, Picata, Pigazza* ; en Allemand, *Aelſter, Atzel, Aegerſt, Agelaſter,
Algaſter, Agerluſter (quaſi Agriluſtra)* ; en Flamand, *Aexter* ; en Illyrien, *Strakavel,
Krziſtela* ; en Polonois, *Stroka* ; en Suédois, *Skata* ; en Anglois, *Pye, Piot, Magpye,
Pianet* ; en François, en différens temps & en différens lieux, *Pie, Jaquette, Dame,
Agaſſe, Agace, Ajace, Ouaſſe, &c.*

(b) *Syſtem. nat.* edit. X, page 106.

(c) Belon, *Nature des Oiſeaux*, page 291.

(d) Klein, *Ordo avium, page 61*. J'en ai vu une qui mangeoit fort avidement
de l'écorce d'orange.

(e) Aldrov, *Ornith. tome I, page 780*. Elle cauſe quelquefois beaucoup de déſordre
dans une pipée, & vient, pour ainſi dire, menacer le pipeur juſque dans ſa loge.

On

On a tiré parti de son appétit pour la chair vivante, en la dressant à la chasse comme on y dresse les corbeaux *(f)*. Elle passe ordinairement la belle saison appariée avec son mâle, & occupée de la ponte & de ses suites. L'hiver elle vole par troupes, & s'approche d'autant plus des lieux habités qu'elle y trouve plus de ressources pour vivre, & que la rigueur de la saison lui rend ces ressources plus nécessaires. Elle s'accoutume aisément à la vue de l'homme, elle devient bientôt familière dans la maison, & finit par se rendre la maîtresse : j'en connois une qui passe les jours & les nuits au milieu d'une troupe de chats & qui sait leur en imposer.

Elle jase à peu-près comme la corneille, & apprend aussi à contrefaire la voix des autres animaux, & la parole de l'homme. On en cite une qui imitoit parfaitement les cris du veau, du chevreau, de la brebis, & même le flageolet du berger : une autre qui répétoit en entier une fanfare de trompettes *(g)*. M. Willughby en a vu plusieurs qui prononçoient des phrases entières *(h)*. Margot est le nom qu'on a coutume de lui donner, parce que c'est celui qu'elle prononce le plus volontiers ou le plus facilement, & Pline assure que cet oiseau se plaît beaucoup à ce genre d'imitation, qu'il s'attache à bien articuler les mots

---

(f) Frisch, *Planche 68.*

(g) Plutarque raconte, qu'une pie qui se plaisoit à imiter d'elle-même la parole de l'homme, le cri des animaux & le son des instrumens, ayant un jour entendu une fanfare de trompettes, devint muette subitement, ce qui surprit fort ceux qui avoient coutume de l'entendre babiller sans cesse ; mais ils furent bien plus surpris quelque temps après, lorsqu'elle rompit tout-à-coup le silence, non pour répéter sa leçon ordinaire, mais pour imiter le son des trompettes qu'elle avoit entendues, avec les mêmes tournures de chant, les mêmes modulations & dans le même mouvement. *Opusc.* de Plutarque. *Quels animaux sont les plus avisés !*

(h) Willughby, *Ornithologia, page 87.*

Tome III. K k

qu'il a appris, qu'il cherche long-temps ceux qui lui ont échappé, qu'il fait éclater sa joie lorsqu'il les a retrouvés, & qu'il se laisse quelquefois mourir de dépit lorsque sa recherche est vaine, ou que sa langue se refuse à la prononciation de quelque mot nouveau *(i)*.

La pie a le plus souvent la langue noire comme le corbeau; elle monte sur le dos des cochons & des brebis, comme font les choucas, & court après la vermine de ces animaux, avec cette différence que le cochon reçoit ce service avec complaisance, au lieu que la brebis, sans doute plus sensible, paroît le redouter *(k)*. Elle happe aussi fort adroitement les mouches & autres insectes ailés qui volent à sa portée.

Enfin on prend la pie dans les mêmes piéges & de la même manière que la corneille, & l'on a reconnu en elle les mêmes mauvaises habitudes, celles de voler & de faire des provisions *(l)*; habitudes presque inséparables dans les différentes espèces d'animaux. On croit aussi qu'elle annonce la pluie lorsqu'elle jase plus qu'à l'ordinaire *(m)*. D'un autre côté elle s'éloigne du genre des corbeaux & des corneilles, par un assez grand nombre de différences.

Elle est beaucoup plus petite & même plus que le choucas, & ne pèse que huit à neuf onces; elle a les ailes plus courtes & la queue plus longue à proportion, par conséquent son vol

---

(i) Voyez *Histor. Nat.* lib. X, cap. XLII.

(k) Salerne, *Hist. Nat. des Oiseaux*, page 94.

(l) Je m'en suis assuré par moi-même en répandant devant une pie apprivoisée des pièces de monnoie & de petits morceaux de verre. J'ai même reconnu qu'elle cachoit son vol avec un si grand soin, qu'il étoit quelquefois difficile de le trouver, par exemple, sous un lit, entre les sangles & le sommier de ce lit.

(m) Aldrovande, *Ornithologie*, page 781.

beaucoup moins élevé & moins soutenu; aussi n'entreprend-t-elle
point de grands voyages, elle ne fait guère que voltiger d'arbre
en arbre, ou de clochers en clochers, car pour l'action de voler
il s'en faut bien que la longueur de la queue compense la brièveté
des ailes. Lorsqu'elle est posée à terre elle est toujours en action,
& fait autant de sauts que de pas : elle a aussi dans la queue un
mouvement brusque & presque continuel comme la lavandière.
En général elle montre plus d'inquiétude & d'activité que les
corneilles, plus de malice & de penchant à une sorte de mo-
querie *(n)*. Elle met aussi plus de combinaisons & plus d'art
dans la construction de son nid, soit qu'étant très-ardente pour
son mâle *(o)*, elle soit aussi très-tendre pour ses petits, ce qui
va ordinairement de pair dans les animaux ; soit qu'elle sache
que plusieurs oiseaux de rapine sont fort avides de ses œufs &
de ses petits ; & de plus, que quelques-uns d'entr'eux sont avec
elle dans le cas de représaille ; elle multiplie les précautions en
raison de sa tendresse & des dangers de ce qu'elle aime ; elle
place son nid au haut des plus grands arbres, ou du moins sur
de hauts buissons *(p)*, & n'oublie rien pour le rendre solide
& sûr : aidée de son mâle, elle le fortifie extérieurement avec
des bûchettes flexibles & du mortier de terre gachée, & elle
le recouvre en entier d'une enveloppe à claire-voie, d'une espèce
d'abattis de petites branches épineuses & bien entrelassées ; elle
n'y laisse d'ouverture que dans le côté le mieux défendu, le

(n) Vidi aliquando picam advolantem ad avem . . . . . . In quodam loco ligatam, &
cùm illa frustula carnis comedere vellet, pica suâ caudâ ea frustula removit ; unde picam
avem esse aliarum avium derisivam cognovi. Avicenna apud Gesner, *page 697.*

(o) Les Anciens en avoient cette idée, puisque de son nom grec Κίσσα, ils avoient
formé celui de Κισσᾷν qui est une expression de volupté.

(p) C'est ordinairement sur la lisière des bois ou dans les vergers qu'elle l'établit.

moins accessible, & seulement ce qu'il en faut pour qu'elle puisse
entrer & sortir: sa prévoyance industrieuse ne se borne pas à la
sûreté, elle s'étend encore à la commodité, car elle garnit le
fond du nid d'une espèce de matelas orbiculaire *(q),* pour que
ses petits soient plus mollement & plus chaudement; & quoique
ce matelas, qui est le nid véritable, n'ait qu'environ six pouces
de diamètre, la masse entière, en y comprenant les ouvrages
extérieurs & l'enveloppe épineuse, a au moins deux pieds en
tout sens.

Tant de précautions ne suffisent point encore à sa tendresse,
ou si l'on veut à sa défiance; elle a continuellement l'œil au
guet sur ce qui se passe au dehors; voit-elle approcher une corneille, elle vole aussitôt à sa rencontre, la harcelle & la poursuit
sans relâche & avec de grands cris, jusqu'à ce qu'elle soit venue
à bout de l'écarter *(r).* Si c'est un ennemi plus respectable,
un faucon, un aigle, la crainte ne la retient point, & elle ose
encore l'attaquer avec une témérité qui n'est pas toujours heu-
reuse; cependant il faut avouer que sa conduite est quelquefois
plus réfléchie, s'il est vrai ce qu'on dit, que lorsqu'elle a vu un

(q) Lutea......*stragulum subjicit*......& merula & pica.....Aristot. *Hist.
animal.* lib. IX, cap. XIII. Je remarque à cette occasion que plusieurs Écrivains
ont pensé que la Kiora, d'Aristote étoit notre geai, parce qu'il dit que cette Kiora
faisoit des amas de glands, & parce qu'en effet le gland est la principale nourriture
de notre geai; cependant on ne peut nier que cette nourriture ne soit commune
au geai & à la pie: mais deux caractères qui sont propres au geai, & qui n'eussent
point échappé à Aristote, ce sont les deux marques bleues qu'il a aux ailes, & cette
espèce de huppe que se fait cet oiseau en relevant les plumes de sa tête, caractère
dont ce Philosophe ne fait aucune mention; d'où je crois pouvoir conjecturer
que la pie d'Aristote & la nôtre, sont le même oiseau, ainsi que cette pie variée à
longue queue qui étoit nouvelle à Rome & encore rare du temps de Pline. *Lib. X,
cap. XXIX.*

(r) Frisch, *Planche 68.*

homme

homme obferver trop curieufement fon nid, elle tranfporte fes œufs ailleurs, foit entre fes doigts, foit d'une autre manière encore plus incroyable *(ſ)*. Ce que les chaffeurs racontent à ce fujet de fes connoiffances arithmétiques, n'eft guère moins étrange, quoique ces prétendues connoiffances ne s'étendent pas au-delà du nombre de cinq *(t)*.

Elle pond fept ou huit œufs à chaque couvée, & ne fait qu'une feule couvée par an, à moins qu'on ne détruife ou qu'on ne dérange fon nid, auquel cas elle en entreprend tout de fuite un autre, & le couple y travaille avec tant d'ardeur, qu'il eft achevé en moins d'un jour; après quoi elle fait une feconde ponte de quatre ou cinq œufs; & fi elle eft encore troublée, elle fera un troifième nid femblable aux deux premiers, & une troifième ponte, mais toujours moins abondante *(u)*; fes œufs font plus petits & d'une couleur moins foncée que ceux du corbeau, ce font des taches brunes femées fur un fond vert-bleu,

(ſ) Surculo fuper bina ova impofito, ac ferruminato alvi glutino, fubditâ cervice medio, æquâ utrimque librâ deportant aliò. Plin. lib. X, cap. XXXIII.

(t) Les chaffeurs prétendent que fi la pie voit entrer un homme dans une hutte conftruite au pied de l'arbre où eft fon nid, elle n'entrera pas elle-même dans fon nid qu'elle n'ait vu fortir l'homme de la hutte; que fi on a voulu la tromper en y entrant deux & n'en fortant qu'un, elle s'en aperçoit très-bien, & n'entre point qu'elle n'ait vu fortir auffi le fecond; qu'il en eft de même pour trois ou pour quatre, & même encore pour cinq, mais que s'il y en eft entré fix, le fixième peut refter fans qu'elle s'en doute; d'où il réfulteroit que la pie auroit une appréhenfion nette de la fuite des unités & de leurs combinaifons au-deffous de fix : & il faut avouer que l'appréhenfion nette du coup-d'œil de l'homme eft renfermée à peu-près dans les mêmes limites.

(u) C'eft quelque chofe de femblable qui aura donné lieu d'imputer à la pie le ftratagème de faire conftamment deux nids, afin de donner le change aux oifeaux de proie qui en veulent à fa couvée. C'eft ainfi que Denys le Tyran avoit trente chambres à coucher.

& plus fréquentes vers le gros bout. Jean Liébault, cité par M. Salerne *(x)*, eft le feul qui dife que le mâle & la femelle couvent alternativement.

Les piats ou les petits de la pie, font aveugles & à peine ébauchés en naiffant, ce n'eft qu'avec le temps & par degrés que le développement s'achève & que leur forme fe décide : la mère non-feulement les élève avec follicitude, mais leur continue fes foins long-temps après qu'ils font élevés. Leur chair eft un manger médiocre, cependant on y a généralement moins de répugnance que pour celle des petits corneillons.

A l'égard de la différence qu'on remarque dans le plumage, je ne la regarde point abfolument comme fpécifique, puifque parmi les corbeaux, les corneilles & les choucas, on trouve des individus qui font variés de noir & de blanc comme la pie ; cependant on ne peut nier que dans l'efpèce du corbeau, de la corneille & du choucas proprement dit, le noir ne foit la couleur ordinaire, comme le noir & le blanc eft celle des pies ; & que fi l'on a vu des pies blanches ainfi que des corbeaux & des choucas blancs, il ne foit très-rare de rencontrer des pies entière-ment noires. Au refte, il ne faut pas croire que le noir & le blanc qui font les couleurs principales de la pie, excluent tout mélange d'autres couleurs ; en y regardant de près & à certains jours, on y aperçoit des nuances de vert, de pourpre, de violet *(y)*, & l'on eft furpris de voir un fi beau plumage à un oifeau fi peu renommé à cet égard. Mais ne fait-on pas que dans ce genre & dans bien d'autres, la beauté eft une qualité

(x) *Hift. Nat. des Oifeaux*, page 93.

(y) Voyez *British Zoology*, page 77, ou plutôt obfervez une pie fous différens jours.

fuperficielle, fugitive, & qui dépend abfolument du point de vue. Le mâle fe diftingue de la femelle par des reflets bleus plus marqués fur la partie fupérieure du corps, & non par la noirceur de la langue, comme quelques-uns l'ont dit.

La pie eft fujette à la mue comme les autres oifeaux, mais on a remarqué que fes plumes ne tomboient que fucceffivement & peu-à-peu, excepté celles de la tête qui tombent toutes à la fois, en forte que chaque année elle paroît chauve au temps de la mue (z). Les jeunes n'acquièrent leur longue queue que la feconde année, & fans doute ne deviennent adultes qu'à cette même époque.

Tout ce que je trouve fur la durée de la vie de la pie, c'eft que le docteur Derham en a nourri une qui a vécu plus de vingt ans, mais qui à cet âge étoit tout-à-fait aveugle de vieilleffe (a).

Cet oifeau eft très-commun en France, en Angleterre, en Allemagne, en Suède & dans toute l'Europe, excepté en Lapponie (b), & dans les pays de montagnes où elle eft rare, d'où l'on peut conclure qu'elle craint le grand froid. Je finis fon hiftoire par une defcription abrégée, qui portera fur les feuls objets que la figure ne peut exprimer aux yeux, ou qu'elle n'exprime pas affez diftinctement.

Elle a vingt pennes à chaque aile, dont la première eft fort courte, & les quatrième & cinquième font les plus longues;

(z) Plin. *lib. X, cap. XXIX.* Il en eft de même du geai & de plufieurs autres efpèces.

(a) Voyez Albin, *tome 1, page 14.*

(b) Voyez *Fauna Suecica, n.° 76.* M. Hébert m'affure qu'on ne voit point de pies dans les montagnes du Bugey, ni même à la hauteur de Nantua.

douze pennes inégales à la queue & diminuant toujours de longueur, plus elles s'éloignent des deux du milieu qui font les plus longues de toutes : les narines rondes, la paupière interne des yeux marquée d'une tache jaune, la fente du palais hériffée de poils fur fes bords, la langue noirâtre & fourchue, les inteftins longs de vingt-deux pouces, les cœcum d'un demi-pouce, l'œfophage, dilaté & garni de glandes à l'endroit de fa jonction avec le ventricule, celui-ci peu mufculeux, la rate oblongue & une véficule du fiel à l'ordinaire (c).

J'ai dit qu'il y avoit des pies blanches, comme il y a des corbeaux blancs, & quoique la principale caufe de ce change-ment de plumage foit l'influence des climats feptentrionaux, comme on peut le fuppofer à l'égard de la pie blanche de Wormius qui venoit de Norwège (d), & même à l'égard de quelques-unes de celles dont parle Rzaczynski (e), cependant il faut avouer qu'on en trouve quelquefois dans les climats tem-pérés, témoin celle qui fut prife il y a quelques années en Sologne, & qui étoit toute blanche, à l'exception d'une feule plume noire qu'elle avoit au milieu des ailes (f); foit qu'elle eût paffé des pays du nord en France, après avoir fubi l'influence du climat, foit qu'étant née en France, cette altération de couleur

(c) Willughby, page 87.

(d) Voyez *Mufæum Voormianum*, page 293. *Ex Norwegiâ ad me tranfmiffa eft ubi In nido duo hujus generis pulli inventi* . . . . . *Cum picis vulgaribus, quoad corporis confti-tutionem planè convenit, nifi quod colore fit candido & ftaturâ minori, cùm ad adultam nondum pervenerit ætatem* , ... *Caput glabrum vifitur.*

(e) *Pica alba in oppido Comarno Palatinatûs Ruffiæ educata.* . . . . . *Prope Viaska pica quinque ejufdem coloris funt confpectæ; in Volhiniâ non procul a civitate Olikâ una comparuit.* Rzazynski, *Auctuarium*, page 412.

(f) Voyez Salerne, *Hift. Nat. des Oifeaux*, page 93.

eût

La Pie.

eût été produite par quelque cause particulière. Il faut dire la même chose des pies blanches que l'on voit quelquefois en Italie *(g)*.

Wormius remarque que sa pie blanche avoit la tête lisse & dénuée de plumes, apparemment qu'il la vit au temps de la mue, & cela confirme ce que j'ai dit de celles des pies ordinaires.

Willughby a vu dans la ménagerie du roi d'Angleterre des pies brunes ou roussâtres *(h)*, qui peuvent passer pour une seconde variété de l'espèce ordinaire.

(g) Voyez Gerini, *Storia degli Uccelli*, tome II, page 41.

(h) Ornithologie, *à l'endroit cité.*

OISEAUX ÉTRANGERS,
Qui ont rapport à la PIE.

I.
LA PIE DU SÉNÉGAL (a).

ELLE eſt un peu moins groſſe *(pl. 538)* que la nôtre, & cependant elle a preſque autant d'envergure, parce que ſes ailes ſont plus longues à proportion; ſa queue eſt au contraire plus courte, du reſte conformée de même. Le bec, les pieds & les ongles ſont noirs, comme dans la pie ordinaire, mais le plumage eſt très-différent; il n'y entre pas un ſeul atome de blanc, & toutes les couleurs en ſont obſcures: la tête, le cou, le dos & la poitrine ſont noirs avec des reflets violets; les pennes de la queue & les grandes pennes des ailes ſont brunes: tout le reſte eſt noirâtre plus ou moins foncé.

I I.
LA PIE DE LA JAMAÏQUE (b).

CET oiſeau ne pèſe que ſix onces, & il eſt d'environ un tiers plus petit que la pie commune, dont il a le bec, les pieds & la queue.

Le plumage du mâle eſt noir avec des reflets pourpres; celui

(a) Voyez l'*Ornithologie* de M. Briſſon, *tome II, page 40.*

(b) On lui a donné le nom de *Pie,* de *Choucas,* de *Merops* & de *Merle des Barbades.* Voyez Brown, *Natural Hiſtory of Jamaïc.* — Cateſby, *Hiſtoire Naturelle de la Caroline,* tome I.er page 12.— M. Klein a copié la traduction Françoiſe avec ſes fautes, *page 60* de l'*Ordo Avium.* Voyez auſſi M. Briſſon, *tome II, page 41.*

de la femelle eſt brun, plus foncé ſur le dos & ſur toute la partie ſupérieure du corps, moins foncé ſous le ventre.

Ils font leur nid ſur les branches des arbres: on en trouve dans tous les diſtricts de l'iſle, mais plus abondamment dans les lieux les plus éloignés du bruit; c'eſt de-là qu'après avoir fait leur ponte & donné naiſſance à une génération nouvelle pendant l'été, ils ſe répandent l'automne dans les habitations & arrivent en ſi grand nombre, que l'air en eſt quelquefois obſcurci. Ils volent ainſi en troupes l'eſpace de pluſieurs milles, & par-tout où ils ſe poſent ils font un dommage conſidérable aux Cultivateurs. Leur reſſource pendant l'hiver eſt de venir en foule aux portes des granges. Tout cela donne lieu de croire qu'ils ſont frugivores, cependant on remarque qu'ils ont l'odeur forte, que leur chair eſt noire & groſſière, & qu'on en mange fort rarement.

Il ſuit de ce que je viens de dire, que cet oiſeau diffère de notre pie, non-ſeulement par la façon de ſe nourrir, par ſa taille & par ſon plumage, mais en ce qu'il a le vol plus ſoutenu & par conſéquent l'aile plus forte, qu'il va par troupes plus nom-breuſes, que ſa chair eſt encore moins bonne à manger, enfin que dans cette eſpèce la différence du ſexe en entraîne une plus grande dans les couleurs; en ſorte qu'ajoutant à ces traits de diſſemblance la difficulté qu'a dû rencontrer la pie d'Europe à paſſer en Amérique, vu qu'elle a l'aile trop courte & trop foible pour franchir les grandes mers qui ſéparent les deux continens ſous les Zones tempérées, & qu'elle fuit les pays ſeptentrionaux où ce paſſage ſeroit plus facile; on eſt fondé à croire que ces prétendues pies Américaines peuvent bien avoir quelque rapport avec les nôtres & les repréſenter dans le nouveau continent, mais qu'elles ne deſcendent pas d'une ſouche commune.

Le tefquinzana du Mexique *(c)* paroît avoir beaucoup de reffemblance avec cette pie de la Jamaïque, puifque fuivant Fernandez il a la queue fort longue, qu'il furpaffe l'étourneau en groffeur, que le noir de fon plumage a des reflets, qu'il vole en grandes troupes, lefquelles dévaftent les terres cultivées où elles s'arrêtent, qu'il niche au printemps, que fa chair eft dure & de mauvais goût; en un mot, qu'on peut le regarder comme une efpèce d'étourneau ou de choucas: or, l'on fait qu'au plumage près, un choucas qui a une longue queue, reffemble beaucoup à une pie.

Il n'en eft pas ainfi de l'ifana du même Fernandez *(d)*, quoique M. Briffon le confonde avec la pie de la Jamaïque *(e)*. Cet oifeau a, à la vérité, le bec, les pieds & le plumage des mêmes couleurs; mais il paroît avoir le corps plus gros *(f)*, & le bec du double plus long: outre cela, il fe plaît dans les contrées les plus froides du Mexique, & il a le naturel, les mœurs & le cri de l'étourneau. Il eft difficile, ce me femble, de reconnoître à ces traits la pie de la Jamaïque de Catefby; & fi on veut le rapporter au même genre, on ne peut au moins fe difpenfer d'en faire une efpèce féparée; d'autant plus que Fernandez, le feul Naturalifte qui l'ait vu, lui trouve plus d'analogie avec l'étourneau qu'avec la pie; & ce témoignage doit être de quelque poids auprès de ceux qui ont éprouvé combien

---

(c) J'ai formé ce nom par contraction du nom Mexicain, *Tequixquiacazanatl.* Fernandez l'appelle encore *Étourneau des lacs falés*, & les Efpagnols, *Tordo.* Cet oifeau a le chant plaintif. Voyez Fernandez, *Hift. avium novæ Hifpaniæ*, cap. XXXIV.

(d) *Hift. avium nov. Hifp.* cap. XXXII. Il l'appelle *Izanatl*, d'autres *Yxtlaohznatl.*

(e) *Ornithologie*, tome II, page 42.

(f) *Brachium craffa*, dit Fernandez.

le

le premier coup-d'œil d'un Obfervateur exercé, qui faifit rapidement le caractère naturel de la phyfionomie d'un animal, eft plus décifif & plus fûr pour le rapporter à fa véritable efpèce, que l'examen détaillé des caractères de pure convention, que chaque Méthodifte établit à fon gré.

Au refte, il eft très-facile & très-excufable de fe tromper en parlant de ces efpèces étrangères, qui ne font connues que par des defcriptions incomplètes, & par de mauvaifes figures.

Je dois ajouter que l'ifana a cette forte de ris moqueur, ordinaire à la plupart des oifeaux qu'on appelle *pies* en Amérique.

III.

LA PIE DES ANTILLES (g).

M. Briffon a mis cet oifeau parmi les rolliers (h); je ne vois pas qu'il ait eu d'autres raifons, finon que dans la figure donnée par Aldrovande, les narines font découvertes, ce que M. Briffon établit en effet pour un des caractères du rollier (i); mais 1.° ce n'eft qu'avec beaucoup d'incertitude qu'on peut attribuer ce caractère à l'oifeau dont il s'agit ici, d'après une figure qui n'a point paru exacte à M. Briffon lui-même, & qu'on doit fuppofer encore moins exacte fur cet article que fur aucun autre, tout ce détail de petites plumes étant bien plus indifférent au Peintre qui veut rendre la Nature dans fes principaux effets, qu'au Naturalifte qui voudroit l'affujettir à fa méthode.

(g) Voyez *l'hiftoire générale des Antilles*, tome II, page 258. — *Aldrovandi Ornithologia*, tome I, page 788.

(h) *Ornithologie*, tome II, page 80.

(i) *Ibid.* page 63.

Tome III.   N n

2.° On peut oppofer à cet attribut incertain, faifi dans une figure fautive, un attribut beaucoup plus marqué, plus évident, & qui n'a échappé ni au Peintre ni aux Obfervateurs qui ont vu l'oifeau même; ce font les longues pennes du milieu de la queue, attribut dont M. Briffon a fait le caractère diftinctif de la pie *(k)*.

3.° Ajoutez à cela que la pie des Antilles reffemble à la nôtre par fon cri, fon naturel très-défiant, par fon habitude de nicher fur les arbres & d'aller le long des rivières, par la qualité médiocre de fa chair *(l)*; en forte que fi l'on veut rapprocher cet oifeau étranger de l'efpèce d'Europe avec laquelle il a le plus de rapports connus, il faut, ce me femble, le rapprocher de celle de la pie.

Il en diffère néanmoins par l'excès de longueur des deux pennes du milieu de la queue *(m)*, lefquelles dépaffent les latérales de huit ou dix pouces, & auffi par fes couleurs; car il a le bec & les pieds rouges, le cou bleu avec un collier blanc, la tête de même couleur bleue, avec une tache blanche mouchetée de noir, qui s'étend depuis l'origine du bec fupérieur

---

(k) Ornithologie. page 35.

(l) Hift. des Antilles, loco cicato. La Pie va auffi le long des *eaux*, puifqu'elle enlève quelquefois des écreviffes, comme nous l'avons dit.

(m) Je ne parle point d'une fingularité que lui attribue Aldrovande, c'eft de n'avoir que huit pennes à la queue; mais ce Naturalifte ne les avoit comptées que fur la figure coloriée, & l'on fent combien cette manière de juger eft équivoque & fujette à l'erreur. Il eft vrai que le P. Dutertre dit la même chofe, mais il eft plus vraifemblable qu'il le répète d'après Aldrovande dont il connoiffoit bien l'*Ornithologie*, puifqu'il la cite à la page fuivante: d'ailleurs, il avoit coutume de faire fes defcriptions de mémoire, & la mémoire a befoin d'être aidée *(Voyez page 247 du tome II)*: enfin, fa defcription de la pie des Antilles eft peut-être la feule où il foit fait mention du nombre des pennes de la queue.

jufqu'à la naiffance du cou; le dos tanné, le croupion jaune, les deux longues pennes de la queue de couleur bleue avec du blanc au bout & la tige blanche, les autres pennes de la queue rayées de bleu & blanc, celles de l'aile mêlées de vert & de bleu, & le deffous du corps blanc.

En comparant la defcription de la pie des Antilles du P. Dutertre, avec celle de la pie des Indes à longue queue d'Aldrovande, on ne peut douter qu'elles n'aient été faites l'une & l'autre d'après un oifeau de la même efpèce, & par confé-quent, que ce ne foit un oifeau d'Amérique comme l'affure le P. Dutertre qui l'a obfervé à la Guadeloupe, & non pas un oifeau du Japon, comme le dit Aldrovande, d'après une tradition fort incertaine (n); à moins qu'on ne veuille fuppofer qu'il s'eft répandu du côté du nord, d'où il aura pu paffer d'un continent à l'autre.

I V.

L'HOCISANA (o).

QUOIQUE Fernandez donne à cet oifeau le nom de grand étourneau, cependant on peut le rapporter, d'après ce qu'il dit lui-même, au genre des pies, car il affure qu'il feroit exactement femblable au choucas ordinaire, s'il étoit moins gros, qu'il eût la queue & les ongles moins longs, & le plumage d'un noir plus franc & fans mélange de bleu. Or la longue queue eft un

(n) *Speciofiffimam hanc avem Japonenfium rex fummo Pontifici pro fingulari munere ante aliquot annos tranfmifit, ut ex marchione Facchinetto, qui eas Innocentio nono......Patruo fuo acceptas referebat, intellexi.* Aldrovand. *loco citato.*

(o) Voyez Fernandez, *cap. XXXIII.* Le nom Mexicain eft *Hocitzanatl.* Cet oifeau s'appelle encore *Caxcaxtototl* dans le pays. C'eft *la grande pie du Mexique* de M. Briffon, *tome II, page 43.*

attribut non de l'étourneau, mais de la pie, & celui par lequel elle diffère le plus à l'extérieur du choucas; & quant aux autres caractères, par lesquels l'hocisana s'éloigne du choucas, ils sont autant ou plus étrangers à l'étourneau qu'à la pie.

D'ailleurs, cet oiseau cherche les lieux habités, est familier comme la pie, jase de même & a la voix perçante : sa chair est noire & de fort bon goût.

V.

LA VARDIOLE (p).

SEBA lui a donné le nom d'*oiseau de Paradis*, comme il le donne à presque tous les oiseaux étrangers à longue queue; & à ce titre la vardiole le méritoit bien, puisque sa queue est plus de deux fois aussi longue que tout le reste de son corps, mesuré depuis la pointe du bec jusqu'à l'extrémité opposée; mais il faut avouer que cette queue n'est point faite comme dans l'oiseau de Paradis, ses plus grandes pennes étant garnies de barbes dans toute leur longueur, sans parler de plusieurs autres différences.

Le blanc est la couleur dominante de cet oiseau : il ne faut excepter que la tête & le cou qui sont noirs avec des reflets de pourpre très-vifs, les pieds qui sont d'un rouge-clair, les ailes dont les grandes pennes ont des barbes noires, & les deux pennes du milieu de la queue qui excèdent de beaucoup toutes les autres, & qui ont du noir le long de la côte, depuis leur base jusqu'à la moitié de leur longueur.

Les yeux de la vardiole sont vifs & entourés de blanc; la

(p) C'est *la Pie de l'isle Papoe* de M. Brisson, *tome 11, page 45*. On l'appelle dans le pays *Waygehoe* & *Wardioe*, d'où j'ai fait *Vardiole*.

base

538.

Pie, du Sénegal.

bafe du bec fupérieur eft garnie de petites plumes noires pili-
formes, qui reviennent en avant & couvrent les narines; fes
ailes font courtes, & ne dépaffent point l'origine de la queue;
dans tout cela elle fe rapproche de la pie, mais elle en diffère
par la brièveté de fes pieds qu'elle a une fois plus courts à
proportion, ce qui entraîne d'autres différences dans le port &
dans la démarche.

On la trouve dans l'ifle de Papoe felon Seba, dont la
defcription, la feule qui foit originale, renferme tout ce que
l'on fait de cet oifeau *(q)*.

VI.

LE ZANOÉ (r).

FERNANDEZ compare cet oifeau du Mexique à la pie
commune, pour la groffeur, pour la longueur de la queue,
pour la perfection des fens, pour le talent de parler, pour
l'inftinct de dérober tout ce qu'elle trouve à fa bienféance: il
ajoute qu'il a le cri comme plaintif & femblable à celui des
petits étourneaux, & que fon plumage eft noir par-tout, excepté
fur le cou & fur la tête où l'on aperçoit une teinte de fauve.

(q) Voyez Seba, *tome I.er page 85, Pl. LII, fig. 3.* Voyez auffi Klein, *Ordo avium,* page 62, n.° IX.

(r) C'eft *la petite Pie du Mexique* de M. Briffon, *tome II, page 44.* Voyez Fernandez, *cap. XXXV.* Le nom Mexicain eft *Tfanahoei.*

LE GEAI (a).

PRESQUE tout ce qui a été dit de l'inftinct de la pie, peut s'appliquer au geai *(pl. 481)*; & ce fera affez faire connoître celui-ci que d'indiquer les différences qui le caractérifent.

L'une des principales, c'eft cette marque bleue, ou plutôt émaillée de différentes nuances de bleu, dont chacune de fes ailes eft ornée, & qui fuffiroit feule pour le diftinguer de prefque tous les autres oifeaux de l'Europe. Il a de plus fur le front un toupet de petites plumes noires, bleues & blanches : en général, toutes fes plumes font fingulièrement douces & foyeufes au toucher, & il fait, en relevant celles de fa tête, fe faire une huppe qu'il rabaiffe à fon gré. Il eft d'un quart moins gros que la pie; il a la queue plus courte & les ailes plus longues à proportion, & malgré cela, il ne vole guère mieux qu'elle *(b)*.

Le mâle fe diftingue de la femelle par la groffeur de la tête & par la vivacité des couleurs *(c)* : les vieux diffèrent auffi des jeunes par le plumage, & de-là en grande partie, les variétés

---

(a) C'eft le *Geai* de M. Briffon, *tome II, page 47.* En Grec, Μαλακοκρανυς, fuivant Belon; en Grec moderne, Καραχαξα; en Latin, *Garrullus*; en Efpagnol, *Gayo, Cayo*; en Catalan, *Gaitg, Gralla*; en Italien, *Ghiandaia, Gaza verla, Berta, Bertina, Baretino*; en Allemand, *Häher, Hätzler, Baum Hatzel, Eichen-heher, Nuff-heher, Nuff-hecker, Jäck, Broekexter, Marggraff, Marcolfus*; en Suiffe, *Herren vogel*; en Polonois, *Soyka*; en Suédois, *Not-Skrika*; en Anglois, *Jay, Ia ia*; en François, en différens lieux & en différens temps, *Jay, Geai, Gai, Jayon, Gayon, Jaques, Jacuta, Geta, Gautereau, Vautrot, Richard, Girard*, &c.

(b) Voyez Belon, *Nature des Oifeaux*, page 290.

(c) Olina, *Uccelliera*, page 35.

& le peu d'accord des descriptions *(d)*; car il n'y a que les bonnes descriptions qui puissent s'accorder, & pour bien décrire une espèce, il faut avoir vu & comparé un grand nombre d'individus.

Les geais sont fort pétulans de leur nature; ils ont les sensations vives, les mouvemens brusques, & dans leurs fréquens accès de colère, ils s'emportent & oublient le soin de leur propre conservation, au point, de se prendre quelquefois la tête entre deux branches, & ils meurent ainsi suspendus en l'air *(e)*. Leur agitation perpétuelle prend encore un nouveau degré de violence lorsqu'ils se sentent gênés, & c'est la raison pourquoi ils deviennent tout-à-fait méconnoissables en cage, ne pouvant y conserver la beauté de leurs plumes, qui sont bientôt cassées, usées, déchirées, flétries par un frottement continuel.

Leur cri ordinaire est très-désagréable, & ils le font entendre souvent; ils ont aussi de la disposition à contrefaire celui de plusieurs oiseaux qui ne chantent pas mieux, tels que la cresserelle, le chat-huant, &c. *(f)*. S'ils aperçoivent dans le bois un renard, ou quelqu'autre animal de rapine, ils jettent un certain cri très-perçant, comme pour s'appeler les uns les autres, & on les voit en peu de temps rassemblés en force, & se croyant en état d'en imposer par le nombre ou du moins par le bruit *(g)*.

(d) In picâ glandaria ab Aldrovando descriptâ..... maculæ nullæ transversales in caudâ apparent. Willughby, *page 89*. Ses pieds sont gris, suivant Belon; ils sont d'un brun tirant au couleur de chair, selon M. Brisson, *Ornithologie*, tome II, *page 47*, & selon nos propres observations *(planche 481)*.

(e) Voyez Gesner, *de Avibus*, page 702. Cet instinct rend croyables ces batailles que l'on dit s'être données entre des armées de geais & des armées de pies. *Voyez* Belon, *page 290*.

(f) Frisch, *planche 55*.

(g) Frisch, *ibidem*.

Cet inſtinct qu'ont les geais de ſe rappeler, de ſe réunir à la voix de l'un d'eux, & leur violente antipathie contre la chouette, offrent plus d'un moyen pour les attirer dans les piéges *(h)*, & il ne ſe paſſe guère de pipée ſans qu'on n'en prenne pluſieurs; car étant plus pétulans que la pie, il s'en faut bien qu'ils ſoient auſſi défians & auſſi ruſés : ils n'ont pas non plus le cri naturel ſi varié, quoiqu'ils paroiſſent n'avoir pas moins de flexibilité dans le goſier, ni moins de diſpoſition à imiter tous les ſons, tous les bruits, tous les cris d'animaux qu'ils entendent habituellement, & même la parole humaine. Le mot *richard* eſt celui, dit-on, qu'ils articulent le plus facilement. Ils ont auſſi, comme la pie & toute la famille des choucas, des corneilles & des corbeaux, l'habitude d'enfouir leurs proviſions ſuperflues *(i)*, & celle de dérober tout ce qu'ils peuvent emporter ; mais ils ne ſe ſou-viennent pas toujours de l'endroit où ils ont enterré leur tréſor; ou bien, ſelon l'inſtinct commun à tous les avares, ils ſentent plus la crainte de le diminuer, que le deſir d'en faire uſage; en ſorte qu'au printemps ſuivant, les glands & les noiſettes qu'ils avoient cachées & peut-être oubliées, venant à germer en terre, & à pouſſer des feuilles au-dehors, décèlent ces amas inutiles, & les indiquent, quoiqu'un peu tard, à qui en ſaura mieux jouir.

Les geais nichent dans les bois, & loin des lieux habités, préférant les chênes les plus touffus, & ceux dont le tronc eſt entouré de lierre *(k)* ; mais ils ne conſtruiſent pas leurs nids avec autant de précaution que la pie: on m'en a apporté pluſieurs

---

(h) Belon prétend que *c'eſt un grand déduit de le voir voler aux Oiſeaux de Fau-connerie, & auſſi de le voir prendre à la paſſée.*

(i) Belon, *Nature des Oiſeaux,* page 290.

(k) Olina, *Uccelliera,* page 35.

dans

dans le mois de mai; ce font des demi-fphères creufes, formées de petites racines entrelaffées, ouvertes par-deffus, fans matelas au-dedans, fans défenfe au-dehors; j'y ai toujours trouvé quatre ou cinq œufs; d'autres difent y en avoir trouvé cinq ou fix : ces œufs font un peu moins gros que ceux de pigeons, d'un gris plus ou moins verdâtre, avec de petites taches foiblement marquées.

Les petits fubiffent leur première mue dès le mois de juillet; ils fuivent leurs père & mère jufqu'au printemps de l'année fuivante *(l)*, temps où ils les quittent pour fe réunir deux à deux, & former de nouvelles familles : c'eft alors que la plaque bleue des ailes qui s'étoit marquée de très-bonne heure, paroît dans toute fa beauté.

Dans l'état de domefticité, auquel ils fe façonnent aifément, ils s'accoutument à toutes fortes de nourritures, & vivent ainfi huit à dix ans *(m)*; dans l'état de fauvage, ils fe nourriffent non-feulement de glands & de noifettes, mais de châtaignes, de pois, de fèves, de forbes, de grofeilles, de cerifes, de framboifes, &c. Ils dévorent auffi les petits des autres oifeaux, quand ils peuvent les furprendre dans le nid en l'abfence des vieux, & quelquefois les vieux lorfqu'ils les trouvent pris au lacet; & dans cette circonftance ils vont, fuivant leur coutume, avec fi peu de précaution, qu'ils fe prennent quelquefois eux-mêmes, & dédommagent ainfi l'Oifeleur du tort qu'ils ont fait à fa chaffe *(n)*; car leur chair, quoique peu délicate, eft mangeable, fur-tout fi on la fait bouillir d'abord, & enfuite rôtir : on

(l) British Zoology, page 77.

(m) Olina, *ibidem.* — Frifch, *planche 55.*

(n) Frifch, *loco citato.* — British Zoology, *loco citato, &c.*

dit que de cette manière, elle approche de celle de l'oie rôtie.

Les geais ont la première phalange du doigt extérieur de chaque pied, unie à celle du doigt du milieu, le dedans de la bouche noir, la langue de la même couleur, fourchue, mince, comme membraneuse & presque transparente; la véficule du fiel oblongue, l'estomac moins épais, & revêtu de muscles moins forts que le géfier des granivores; il faut qu'ils aient le gofier fort large, s'ils avalent, comme on dit, des glands, des noifettes & même des châtaignes toutes entières, à la manière des ramiers (o): cependant je fuis fûr qu'ils n'avalent jamais les calices d'œillets tout entiers, quoiqu'ils foient très-friands de la graine qu'ils renferment. Je me fuis amufé quelquefois à confidérer leur manège: fi on leur donne un œillet, ils le prennent brufquement; fi on leur en donne un fecond, ils le prennent de même, & ils en prennent ainfi, tout autant que leur bec en peut contenir & même davantage; car il arrive fouvent qu'en happant les nouveaux ils laiffent tomber les premiers, qu'ils fauront bien retrouver : lorfqu'ils veulent commencer à manger, il pofent tous les autres œillets, & n'en gardent qu'un feul dans leur bec : s'ils ne le tiennent pas d'une manière avantageufe, ils favent fort bien le pofer pour le reprendre mieux ; enfuite ils le faififfent fous le pied droit, & à coups de bec, ils emportent en détail d'abord les pétales de la fleur, puis l'enveloppe du calice, ayant toujours l'œil au guet, & regardant de tous côtés; enfin lorfque la graine eft à découvert, ils la mangent avidement, & fe mettent tout de fuite à éplucher un fecond œillet.

On trouve cet oifeau en Suède, en Écoffe, en Angleterre, en Allemagne, en Italie ; & je ne crois pas qu'il foit étranger

(o) Belon, *Nature des Oifeaux.*

Le Geai.

à aucune contrée de l'Europe, ni même à aucune des contrées correspondantes de l'Asie.

Pline parle d'une race de geai ou de pie à cinq doigts, laquelle apprenoit mieux à parler que les autres *(p)*: cette race n'a rien de plus extraordinaire que celle des poules à cinq doigts, qui est connue de tout le monde, d'autant plus que les geais deviennent encore plus familiers, plus domestiques que les poules; & l'on sait que les animaux qui vivent le plus avec l'homme, sont aussi les mieux nourris, conséquemment qu'ils abondent le plus en molécules organiques superflues, & qu'ils sont plus sujets à ces sortes de monstruosités par excès. C'en seroit une que les phalanges des doigts multipliées dans quelques individus au-delà du nombre ordinaire: ce qu'on a attribué trop généralement à toute l'espèce *(q)*.

Mais une autre variété plus généralement connue dans l'espèce du geai, c'est le geai blanc; il a la marque bleue aux ailes *(r)*, & ne diffère du geai ordinaire que par la blancheur presque universelle de son plumage, laquelle s'étend jusqu'au bec & aux ongles, & par ses yeux rouges, tels qu'en ont tant d'autres animaux blancs. Au reste, il ne faut pas croire que la blancheur de son plumage soit bien pure; elle est souvent altérée par une teinte jaunâtre plus ou moins foncée. Dans un individu que j'ai observé, les couvertures qui bordent les ailes pliées, étoient ce qu'il y avoit de plus blanc: ce même individu me parut aussi avoir les pieds plus menus que le geai ordinaire.

(p) *Addiscere, alias (Picas) negant posse quam quæ ex genere earum sunt quæ glande vescuntur, & inter eas faciliùs quibus quini sunt digiti in pedibus.* Lib. X, cap. XLII.

(q) *Digiti pedum multis articulis flectuntur.* Aldrov. *Ornith.* tome I, page 788.

(r) Voyez Gerini *Storia de gli Uccelli*, tome II, planche 162.

OISEAUX ÉTRANGERS,

Qui ont rapport au GEAI.

I.

LE GEAI DE LA CHINE A BEC ROUGE.

Cette espèce nouvelle *(pl. 622)* vient de paroître en France pour la première fois; son bec rouge fait d'autant plus d'effet que toute la partie antérieure de la tête, du cou, & même de la poitrine, est d'un beau noir velouté; le derrière de la tête & du cou est d'un gris tendre, qui se mêle par petites taches sur le sommet de la tête avec le noir de la partie antérieure: le dessus du corps est brun, & le dessous blanchâtre; mais pour se former une idée juste de ces couleurs, il faut supposer une teinte de violet répandue sur toutes, excepté sur le noir, mais plus foncée sur les ailes, un peu moins sur le dos & encore moins sous le ventre. La queue est étagée, les ailes ne passent pas le tiers de sa longueur, & chacune de ses pennes est marquée de trois couleurs; savoir, de violet-clair à l'origine, de noir à la partie moyenne, & de blanc à l'extrémité; mais le violet tient plus d'espace que le noir, & celui-ci plus que le blanc.

Les pieds sont rouges comme le bec, les ongles blanchâtres à leur naissance, & bruns vers la pointe, du reste fort longs & fort crochus.

Ce geai est un peu plus gros que le nôtre, & pourroit bien n'être qu'une variété de climat.

II.

II.
LE GEAI DU PÉROU.

L*E* plumage de cet oiſeau *(planche 625)* eſt d'une grande beauté; c'eſt un mélange des couleurs les plus diſtinguées, tantôt fondues avec un art inimitable, tantôt contraſtées avec une dureté qui augmente l'effet. Le vert tendre qui domine ſur la partie ſupérieure du corps, s'étend d'une part ſur les ſix pennes inter- médiaires de la queue, & de l'autre va s'unir en ſe dégradant par nuances inſenſibles, & prenant en même temps une teinte bleuâtre, à une eſpèce de couronne blanche qui orne le ſommet de la tête. La baſe du bec eſt entourée d'un beau bleu, qui reparoît derrière l'œil & dans l'eſpace au-deſſous. Une ſorte de pièce de corps de velours noir, qui couvre la gorge & embraſſe tout le devant du cou, tranche par ſon bord ſupérieur avec cette belle couleur bleue, & par ſon bord inférieur, avec le jaune jon- quille qui règne ſur la poitrine, le ventre, & juſque ſur les trois pennes latérales de chaque côté de la queue. Cette queue eſt étagée, & plus étagée que celle du geai de Sibérie.

On ne ſait rien des mœurs de cet oiſeau, qui n'avoit point encore paru en Europe.

III.
LE GEAI BRUN DE CANADA (a).

S'*IL* étoit poſſible de ſuppoſer que le geai eût pu paſſer en Amérique, je ſerois tenté de regarder celui-ci *(pl. 530)* comme une variété de notre eſpèce d'Europe; car il en a le port, la phyſionomie, ces plumes douces & ſoyeuſes qui ſont comme un

---

(a) Voyez l'*Ornithologie* de M. Briſſon, *tome II, page 54.*

Tome III. Qq

attribut caractériftique du geai; il n'en diffère que par fa groffeur
qui eft un peu moindre, par les couleurs de fon plumage, par la
longueur & la forme de fa queue, qui eft étagée: ces différences
pourroient à toute force s'imputer à l'influence du climat; mais
notre geai a l'aile trop foible & vole trop mal pour avoir pu
traverfer des mers; & en attendant qu'une connoiffance plus
détaillée des mœurs du geai brun de Canada, nous mette en état
de porter un jugement folide fur fa nature, nous nous déterminons
à le produire ici comme une efpèce étrangère, analogue à notre
geai, & l'une de celles qui en approchent de plus près.

La dénomination de geai brun donne une idée affez jufte de
la couleur qui domine fur le deffus du corps; car le deffous, ainfi
que le fommet de la tête, la gorge & le devant du cou font d'un
blanc fale, & cette dernière couleur fe retrouve encore à l'extrémité
de la queue & des ailes. Dans l'individu que j'ai obfervé, le bec
& les pieds étoient d'un brun foncé, le deffous du corps plus
rembruni, & le bec inférieur plus renflé que dans la figure; enfin,
les plumes de la gorge fe portant en avant, formoient une efpèce
de barbe à l'oifeau.

I V.

LE GEAI DE SIBÉRIE.

LES traits d'analogie par lefquels cette nouvelle efpèce
(pl. 608) fe rapproche de celle de notre geai, confiftent en
un certain air de famille, en ce que la forme du bec & des pieds,
& la difpofition des narines font à peu-près les mêmes, & en ce
que le geai de Sibérie a fur la tête, comme le nôtre, des plumes
étroites qu'il peut à fon gré relever en manière de huppe.

Ses traits de diffemblance font qu'il eft plus petit, qu'il a la queue étagée, & que les couleurs de fon plumage font fort différentes, comme on pourra s'en affurer en comparant les figures enluminées qui repréfentent ces deux oifeaux. Les mœurs de celui de Sibérie nous font abfolument inconnues.

V.

LE BLANCHE-COIFFE

o u

LE GEAI DE CAYENNE (b).

IL eft à peu-près de la groffeur de notre geai commun, *(pl. 373)* mais il a le bec plus court, les pieds plus hauts, la queue & les ailes plus longues à proportion, ce qui lui donne un air moins lourd & une forme plus développée.

On peut lui trouver encore d'autres différences, principalement dans le plumage: le gris, le blanc, le noir & différentes nuances de violet, font toute la variété de fes couleurs; le gris fur le bec, les pieds & les ongles; le noir fur le front, les côtés de la tête & la gorge; le blanc autour des yeux, fur le fommet de la tête & le chignon jufqu'à la naiffance du cou, & encore fur toute la partie inférieure du corps; le violet, plus clair fur le dos & les ailes, plus foncé fur la queue; celle-ci eft terminée de blanc & compofée de douze pennes dont les deux du milieu font un peu plus longues que les latérales.

Ces petites plumes noires qu'il a fur le front, font courtes & peu flexibles; une partie fe dirigeant en avant, recouvre les narines, l'autre partie fe relevant en arrière, forme une forte de toupet hériffé.

_____

(b) C'eft *le Geai de Cayenne* de M. Briffon, *tome II, page 52.*

VI.
LE GARLU
ou
LE GEAI À VENTRE JAUNE DE CAYENNE.

C'EST celui de tous les geais *(pl. 249)* qui a les ailes les plus courtes, & qu'on peut le moins foupçonner d'avoir fait le trajet des mers qui féparent les deux Continens, d'autant moins qu'il fe tient dans les pays chauds. Il a les pieds courts & menus, & la phyfionomie caractérifée. Je n'ai rien à ajouter, quant aux couleurs, à ce que la figure préfente, & l'on ne fait encore rien de fes mœurs; on ne fait pas même s'il relève les plumes de fa tête en manière de huppe, comme font les autres geais. C'eft une efpèce nouvelle *(c)*.

VII.
LE GEAI BLEU
DE L'AMÉRIQUE SEPTENTRIONALE (d).

CET oifeau *(pl. 529)* eft remarquable par la belle couleur bleue de fon plumage, laquelle domine avec quelque mélange de blanc, de noir & de pourpre, fur toute la partie fupérieure de fon corps, depuis le deffus de la tête jufqu'au bout de la queue.

Il a la gorge blanche avec une teinte de rouge; au-deffous de la gorge une efpèce de hauffe-col noir, & plus bas une zone rougeâtre, dont la couleur fe dégradant infenfiblement, va fe

---

(c) Un Voyageur inftruit a cru reconnoître dans la figure enluminée de cet oifeau, celui qu'on appelle à Cayenne *Bon jour Commandeur*, parce qu'il femble prononcer ces trois mots: mais il me refte des doutes fur l'identité de ces deux oifeaux; parce que ce même Voyageur m'a paru confondre le Garlu ou Geai à ventre jaune, repréfenté *n.° 249*, avec le Tyran du Brefil, repréfenté *n.° 212*: celui-ci reffemble en effet au premier par le plumage, mais il a le bec tout différent.

(d) C'eft le *Geai bleu de Canada* de M. Briffon, *tome I, page 55.*

perdre

622.

Le Geai, de la Chine.

Geai du Perou.

Geay brun, du Canada.

608.

Geai, de Siberie.

Geai à ventre jaune, de Cayenne.

529.

Geay bleu, du Canada.

perdre dans le gris & le blanc qui règnent fur la partie inférieure du corps.

Les plumes du fommet de la tête font longues, & l'oifeau les relève, quand il veut, en manière de huppe *(e)*: cette huppe mobile eft plus grande & plus belle que dans notre geai; elle eft terminée fur le front par une forte de bandeau noir qui fe prolongeant de part & d'autre fur un fond blanc jufqu'au chignon, va fe rejoindre aux branches du hauffe-col de la poitrine: ce bandeau eft féparé de la bafe du bec fupérieur par une ligne blanche formée des petites plumes qui couvrent les narines. Tout cela donne beaucoup de variété, de jeu & de caractère à la phyfionomie de cet oifeau.

La queue eft prefque auffi longue que l'oifeau même, & compofée de douze pennes étagées.

M. Catefby remarque que ce geai d'Amérique a la même pétulance dans les mouvemens que notre geai commun; que fon cri eft moins défagréable, & que la femelle ne fe diftingue du mâle que par fes couleurs moins vives: cela étant, la figure qu'il a donnée, doit repréfenter une femelle *(f)*, & celle de M. Edwards, un mâle *(g)*; mais l'âge de l'oifeau peut faire auffi beaucoup à la vivacité & à la perfection des couleurs.

Ce geai nous vient de la Caroline & du Canada, & il doit y être fort commun, car on en envoie fouvent de ces pays-là.

(e) Je ne fais pourquoi M. Klein, qui a copié Catefby, avance que cette huppe eft toujours droite & relevée. *Ordo avium*, page 61.

(f) *Hiftoire Naturelle de la Caroline*, tome I, page 15.

(g) Planche 239.

LE CASSE-NOIX (a).

※ 50.

CET oiseau *(pl.* ※ *488)* diffère des geais & des pies par la forme du bec qu'il a plus droit, plus obtus & composé de deux pièces inégales; il en diffère encore par l'instinct qui l'attache de préférence au séjour des hautes montagnes, & par son naturel moins défiant & moins rusé. Du reste, il a beaucoup de rapports avec ces deux espèces d'oiseaux, & la plupart des Naturalistes qui n'ont pas été gênés par leur méthode, n'ont pas fait difficulté de le placer entre les geais & les pies, & même avec les choucas *(b),* qui, comme on sait, ressemblent beaucoup aux pies; mais on prétend qu'il est encore plus babillard que les uns & les autres.

M. Klein distingue deux variétés dans l'espèce du casse-noix *(c),* l'une qui est mouchetée comme l'étourneau, qui a le bec anguleux & fort, la langue longue & fourchue, comme toutes les espèces de pies; l'autre qui est moins grosse, & dont le bec (car il ne dit rien du plumage) est plus menu, plus arrondi,

---

(a) C'est le *Casse-noix* de M. Brisson, *tome II, page 59.*

Il n'a pas été connu des Grecs quoiqu'il ait un nom grec, Καρυοκατάκτης; ce nom lui a été donné par Gesner. On lui a aussi appliqué celui de Κοκκοθραύστης; mais il convient mieux au Gros-bec. Il s'appelle en Latin, *Nucifraga, Ossifragus,* & par quelques-uns, *Turdela saxatilis, Merula saxatilis, Pica, abietum guttata, Gracculus-alpinus, Corvus cinereus, &c.* en Turc, *Garga;* en Allemand, *Nuss-bretscher, Nuss-bicker, &c. Tannen-heher, Turckischer-holst-schreyer;* en Polonois, *Klesk, Grabulusk;* en Russe, *Kostohryz;* en Anglois, *Nut-cracker;* en François, *Pie-grivelée.*

(b) Gesner, *De Avibus,* page 244. — Turner, *ibid.* — Klein, *Ordo avium,* page 61. — Willughby, *Ornithologie,* page 90. — Linnæus, *Systema Naturæ,* edit. X, page 106. — Frisch, *Planche 56.*

(c) Ordo avium, page 61.

composé de deux pièces inégales dont la supérieure est la plus longue, & qui a la langue divisée profondément, très-courte & comme perdue dans le gosier *(d)*.

Selon le même Auteur, ces deux oiseaux mangent des noisettes; mais le premier les casse, & l'autre les perce: tous deux se nourrissent encore de glands, de baies sauvages, de pignons qu'ils épluchent fort adroitement, & même d'insectes; enfin tous deux cachent, comme les geais, les pies & les choucas, ce qu'ils n'ont pu consommer.

Les casse-noix, sans avoir le plumage brillant, l'ont remarquable par ces mouchetures blanches & triangulaires qui sont répandues par-tout, excepté sur la tête. Ces mouchetures sont plus petites sur la partie supérieure, plus larges sur la poitrine; elles sont d'autant plus d'effet & sortent d'autant mieux, qu'elles tranchent sur un fond brun.

Ces oiseaux se plaisent sur-tout, comme je l'ai dit ci-dessus, dans les pays montagneux. On en voit communément en Auvergne, en Savoie, en Lorraine, en Franche-Comté, en Suisse, dans le Bergamasque, en Autriche sur les montagnes couvertes de forêts de sapins: on les retrouve jusqu'en Suède, mais seulement dans la partie méridionale de ce pays, & rarement au-delà *(e)*. Le peuple d'Allemagne leur a donné les noms d'oiseaux de Turquie,

---

(d) Selon Willughby, la langue ne paroît pas pouvoir s'avancer plus loin que les coins de la bouche, le bec étant fermé; parce que dans cette situation la cavité du palais qui correspond ordinairement à la langue, se trouve remplie par une arête saillante de la mâchoire inférieure, laquelle correspond ici à cette cavité : il ajoute que le fond du palais & les bords de sa fente ou fissure sont hérissés de petites pointes.

(e) Habitat in Smolandia, rarior alibi. Fauna Suecica, *page 26, n.° 75.* — Gerini remarque qu'on n'en voit point en Toscane. *Storia de gli Uccelli,* tome II, page 45.

d'Italie, d'Afrique; & l'on fait que dans le langage du peuple ces noms fignifient, non pas un oifeau venant réellement de ces contrées, mais un oifeau étranger dont on ignore le pays *(f)*.

Quoique les caffe-noix ne foient point oifeaux de paffage, ils quittent quelquefois leurs montagnes pour fe répandre dans les plaines : Frifch dit qu'on les voit de temps en temps arriver en troupe avec d'autres oifeaux, en différens cantons de l'Allemagne, & toujours par préférence dans ceux où ils trouvent des fapins. Cependant en 1754, il en paffa de grandes volées en France, & notamment en Bourgogne, où il y a peu de fapins *(g)*: ils étoient fi fatigués en arrivant qu'ils fe laiffoient prendre à la main. On en tua un la même année au mois d'octobre, près de Moftyn en Flint-shire *(h)*, qu'on fuppofa venir d'Allemagne. Il faut remarquer que cette année avoit été fort sèche & fort chaude, ce qui avoit dû tarir la plupart des fontaines, & faire tort aux fruits dont les caffe-noix font leur nourriture ordinaire; & d'ailleurs comme en arrivant ils paroiffoient affamés, donnant en

---

(f) Frifch, *loco citato*.

(g) Un habile Ornithologifte de la ville de Sarbourg * m'apprend qu'en cette même année 1754, il paffa en Lorraine des volées de Caffe-noix fi nombreufes, que les bois & les campagnes en étoient remplis; leur féjour dura tout le mois d'octobre, & la faim les avoit tellement affoiblis, qu'ils fe laiffoient approcher & tuer à coups de bâton. Le même Obfervateur ajoute que ces Oifeaux ont reparu en 1763, mais en beaucoup plus petit nombre; que leur paffage fe fait toujours en automne, & qu'ils mettent ordinairement entre chaque paffage, un intervalle de fix à neuf années: ce qui doit fe reftreindre à la Lorraine, car en France, & particulièrement en Bourgogne, les paffages des Caffe-noix font beaucoup plus éloignés.

(h) British Zoology, *page 78*.

* M. le Docteur Lottinger qui connoît très-bien les oifeaux de la Lorraine, & à qui je dois plufieurs faits concernant leurs mœurs, leurs habitudes & leurs paffages: je me ferai un devoir de le citer pour toutes les obfervations qui lui feront propres; & ce que je dis ici pourra fuppléer aux citations omifes.

foule

foule dans tous les piéges, fe laiffant prendre à tous les appâts, il eft vraifemblable qu'ils avoient été contraints d'abandonner leurs retraites par le manque de fubfiftance.

Une des raifons qui les empêchent de refter & de fe perpétuer dans les bons pays, c'eft, dit-on, que comme ils caufent un grand préjudice aux forêts en perçant les gros arbres à la manière des pics, les propriétaires leur font une guerre continuelle *(i)*, de manière qu'une partie eft bientôt détruite, & que l'autre eft obligée de fe réfugier dans des forêts efcarpées, où il n'y a point de Gardes-bois.

Cette habitude de percer les arbres n'eft pas le feul trait de reffemblance qu'ils ont avec les pics; ils nichent auffi comme eux dans des trous d'arbres, & peut-être dans des trous qu'ils ont faits eux-mêmes; car ils ont, comme les pics, les pennes du milieu de la queue ufées par le bout *(k),* ce qui fuppofe qu'ils grimpent auffi comme eux fur les arbres; en forte que fi on vouloit conferver au caffe-noix la place qui paroît lui avoir été marquée par la Nature, ce feroit entre les pics & les geais : & il eft fingulier que Willughby lui ait donné précifément cette place dans fon Ornithologie, quoique la defcription qu'il en a faite n'indique aucun rapport entre cet oifeau & les pics.

Il a l'iris couleur de noifette, le bec, les pieds & les ongles noirs *(l),* les narines rondes, ombragées par de petites plumes blanchâtres, étroites, peu flexibles, & dirigées en avant; les

---

(i) Salerne, *Hiftoire des Oifeaux*, page 99.

(k) Intermediis apice detritis. Linn. *Syft. Nat.* edit. X, page 106.

(l) Digitis, ut in Picâ glandariâ, variis articulis flexibilibus, ajoute Schwenckfeld; *page 310;* mais nous avons vu ci-deffus que les geais n'ont pas aux doigts un plus grand nombre d'articulations que les autres oifeaux.

pennes des ailes & de la queue noirâtres, fans mouchetures, mais feulement la plupart terminées de blanc, & non fans quelques variétés dans les différens individus & dans les différentes defcriptions *(m)* : ce qui femble confirmer l'opinion de M. Klein fur les deux races ou variétés qu'il admet dans l'efpèce des caffe-noix.

On ne trouve dans les Écrivains d'Hiftoire Naturelle aucuns détails fur leur ponte, leur incubation, l'éducation de leurs petits, la durée de leur vie..... c'eft qu'ils habitent, comme nous avons vu, des lieux inacceffibles, où ils font, où ils feront long-temps inconnus, & d'autant plus en fûreté, d'autant plus heureux.

(m) Voyez Gefner, Schwenckfeld, Aldrovande, Willughby, Briffon, &c. mais ne confultez Rzaczynski qu'avec précaution, car il confond perpétuellement le *Coco-thrauftes* avec le *Caryocataftes. Auftuarium*, page 399.

Dessiné et gravé par Martinet.

Casse-noix.

LES ROLLIERS.

SI l'on prend le rollier d'Europe pour type du genre, & que l'on choififfe pour fon caractère diftinctif, non pas une ou deux qualités fuperficielles , ifolées, mais l'enfemble de fes qualités connues, dont peut-être aucune en particulier ne lui eft abfolument propre, mais dont la fomme & la combinaifon le caractérifent, on trouvera qu'il y a un changement confidérable à faire au dénombrement des efpèces dont M. Briffon a compofé ce genre, foit en écartant celles qui n'ont point affez de rapports avec notre rollier, foit en rappelant à la même efpèce les individus qui ont bien quelques différences, mais moindres cependant que celles que l'on obferve fouvent entre le mâle & la femelle d'une même efpèce, ou entre l'oifeau jeune & le même oifeau plus âgé, & encore entre l'individu habitant un pays chaud & le même individu tranfporté dans un pays froid, & enfin entre un individu fortant de la mue, & le même individu ayant réparé fes pertes & refait des plumes nouvelles plus brillantes qu'auparavant.

D'après ces vues, qui me paroiffent fondées, je me crois en droit de réduire d'abord à une feule & même efpèce le rollier d'Europe *(pl. 486)* & le shaga-rag de Barbarie, dont parle le Docteur Shaw.

2.° Je réduis de même à une feule efpèce le rollier d'Abyffinie, *n.° 626;* & celui du Sénégal, *n.° 326,* que M. Briffon ne paroît pas avoir connus.

3.° Je réduis encore à une feule efpèce le rollier de Mindanao, *n.° 285;* celui d'Angola, *n.° 88,* dont M. Briffon a fait fes deuxième & troisième rolliers *(a)*, & celui de Goa, *n.ᵉ 627*, dont M. Briſſon n'a point parlé ; ces trois eſpèces n'en feront ici qu'une ſeule, par les raiſons que je dirai à l'article des rolliers d'Angola & de Mindanao.

4.° Je me crois en droit d'exclure du genre des rolliers, la cinquième eſpèce de M. Briſſon, ou le rollier de la Chine, parce que c'eſt un oiſeau tout différent, & qui reſſemble beaucoup plus au grivert de Cayenne, avec lequel je l'aſſocierai ſous la dénomination commune de *rolle ;* & je les placerai tous deux avant les rolliers, parce que ces deux eſpèces me paroiſſent faire la nuance entre les geais & les rolliers.

5.° J'ai renvoyé aux pies le rollier des Antilles, qui eſt la ſixième eſpèce de M. Briſſon *(b)*, & cela par les raiſons que j'ai dites ci-deſſus à l'article des pies.

6.° Je laiſſe parmi les oiſeaux de proie l'ytzquauhtli, dont M. Briſſon a fait ſa ſeptième eſpèce de rollier, ſous le nom de rollier de la Nouvelle-Eſpagne, & dont M. de Buffon a donné l'hiſtoire à la ſuite des aigles & des balbuzards *(c) ;* en effet, ſelon Fernandez qui eſt l'Auteur original *(d)*, & ſelon Seba lui-même qui l'a copié *(e)*, c'eſt un véritable oiſeau de proie qui donne la chaſſe aux lièvres & aux lapins, & qui par conſéquent eſt très-différent des rolliers. Fernandez ajoute qu'il eſt propre à la fauconnerie, & que ſa groſſeur égale celle d'un bélier.

7.° Je retranche encore le hoxetot ou rollier jaune du

(a) Voyez ſon Ornithologie, *tome II, pages 69, 72 & 75.*

(b) Ibidem, page 80.

(c) Voyez le tome I.ᵉʳ de cette *Hiſtoire Naturelle des Oiſeaux*, page 107.

(d) Hiſtoria Avium novæ Hiſpaniæ, cap. c₁

(e) Seba, tome I.ᵉʳ page 97, n.° 2.

Mexique

Mexique *(f)*, qui eſt le neuvième rollier de M. Briſſon, & que j'ai mis à la ſuite des pies, comme ayant plus de rapports avec cette eſpèce qu'avec aucune autre.

Enfin j'ai renvoyé ailleurs l'ococolin de Fernandez *(g)*, par les raiſons expoſées ci-deſſus à l'article des cailles *(h)*, & je ne puis admettre dans le genre du rollier l'ococolin de Seba, très-différent de celui de Fernandez, quoiqu'il porte le même nom; car il a la taille du corbeau, le bec gros & court, les doigts & les ongles très-longs, les yeux entourés de mamelons rouges, &c. *(i)*. En ſorte qu'après cette réduction, qui me paroît auſſi modérée que néceſſaire, & en ajoutant les eſpèces ou variétés nouvelles, inconnues à ceux qui nous ont précédés, & même le trente-unième troupiale de M. Briſſon *(k)*, que je regarde comme faiſant la nuance entre les rolliers & les oiſeaux de paradis, il reſte deux eſpèces de rolles & ſept eſpèces de rolliers avec leurs variétés.

(f) Voyez *Hiſt. Avium novæ Hiſp.* cap. 58; & Seba, *tome I.ᵉʳ page 96, n.° 1.*

(g) *Hiſtoria Avium novæ Hiſpaniæ*, cap. LXXXV.

(h) Tome II de cette *Hiſtoire Naturelle des Oiſeaux*, page 455.

(i) Voyez Seba, *page 100, n.° 1.* Nouvel exemple de la liberté qu'a priſe cet Auteur d'appliquer les noms de certains Oiſeaux étrangers, à d'autres Oiſeaux étrangers tout différens. On ne peut trop avertir les commençans, de ces fréquentes mépriſes qui tendent à faire un cahos de l'Ornithologie.

(k) Voyez le *Supplément*, tome VI, page 37.

LE ROLLE DE LA CHINE.

IL eſt vrai que cet oiſeau *(pl. 620)* a les narines découvertes comme les rolliers, & le bec fait à peu-près comme eux; mais ces traits de reſſemblance ſont-ils aſſez décififs pour qu'on ait dû le ranger parmi les rolliers! & ne ſont-ils pas contre-balancés par des différences plus confidérables & plus multipliées, ſoit dans les dimenſions des pieds que le rolle de la Chine a plus longs, ſoit dans les dimenſions des ailes qu'il a plus courtes, & compoſées d'ailleurs d'un moindre nombre de pennes, & de pennes autrement proportionnées *(a)*; ſoit dans la forme de la queue qu'il a étagée; ſoit enfin dans la forme de ſa huppe qui eſt une véritable huppe de geai, & tout-à-fait ſemblable à celle du geai bleu de Canada! C'eſt d'après ces différences & ſur-tout celle de la longueur des ailes dont l'influence ne doit pas être médiocre ſur les habitudes d'un oiſeau, que je me ſuis cru en droit de ſéparer des rolliers le rolle de la Chine, & de le placer entre cette eſpèce & celle du geai, d'autant que preſque toutes les difparités qui l'éloignent des rolliers ſemblent le rapprocher des geais; car indépendamment de la huppe dont j'ai parlé, on ſait que les geais ont auſſi les pieds plus longs que les rolliers, les ailes plus courtes, les pennes de l'aile proportionnées comme dans le rolle de la Chine, & que pluſieurs enfin ont la queue étagée, tels que le geai bleu de Canada, le geai brun du même pays, & le geai de la Chine.

(a) Dans le Rolle de la Chine, l'aile eſt compoſée de dix-huit pennes, dont la première eſt très-courte, & dont la cinquième eſt la plus longue de toutes, comme dans le Geai; tandis que dans le Rollier l'aile eſt compoſée de vingt-trois pennes, dont la ſeconde eſt la plus longue de toutes.

Rollier, de la Chine.

616.

Le Griverd, de Cayenne.

LE GRIVERT
OU
ROLLE DE CAYENNE.

ON ne doit pas féparer cet oifeau *(pl. 616)* du rolle de la Chine, puifqu'il a comme lui le bec fort, les ailes courtes, les pieds longs & la queue étagée: il n'en diffère que par la petiteffe de la taille & par les couleurs du plumage, qu'on a tâché d'indiquer dans le nom de *grivert*. A l'égard des mœurs de ces deux rolles, nous ne fommes point en état d'en faire la comparaifon; mais il eft probable que des oifeaux qui ont à peu-près la même conformation des parties extérieures, fur-tout de celles qui fervent aux fonctions principales, comme de marcher, de voler, de manger, ont à peu-près les mêmes habitudes; & il me femble que l'analogie des efpèces fe décèle mieux par cette fimilitude de conformation dans les principaux organes, que par de petits poils qui naiffent autour des narines.

LE ROLLIER D'EUROPE (a).

LES noms de *geai de Strasbourg*, de *pie de mer* ou *des bouleaux*, de *perroquet d'Allemagne*, sous lesquels cet oiseau *(pl. 486)* est connu en différens pays, lui ont été appliqués sans beaucoup d'examen, & par une analogie purement populaire; c'est-à-dire, très-superficielle : il ne faut qu'un coup d'œil sur l'oiseau, ou même sur une bonne figure coloriée, pour s'assurer que ce n'est point un perroquet, quoiqu'il ait du vert & du bleu dans son plumage ; & en y regardant d'un peu plus près, on jugera tout aussi sûrement qu'il n'est ni une pie ni un geai, quoiqu'il jase sans cesse comme ces oiseaux *(b)*.

En effet, il a la physionomie & le port très-différens, le bec moins gros, les pieds beaucoup plus courts à proportion, plus courts même que le doigt du milieu, les ailes plus longues, & la queue faite tout autrement, les deux pennes extérieures dépassant de plus d'un demi-pouce (au moins dans quelques individus) les dix pennes intermédiaires qui sont toutes égales

(a) Gesner avoit ouï dire que son nom allemand *Roller* exprimoit son cri; Schwenckfeld dit la même chose de celui de *Rache;* il faut que l'un ou l'autre se trompe, & j'incline à croire que c'est Gesner, parce que le mot *rache*, adopté par Schwenckfeld, a plus d'analogie avec la plupart des noms donnés au Rollier en différens pays, & auxquels on ne peut guère assigner de racine commune que le cri de l'oiseau. En Allemand, *Galgen-Regel, Halk-Regel, Gals-Kregel, Racher;* en Polonois, *Kraska;* en Suédois, *Spansk-Kraoka, &c.* en Barbarie, *Schaga-Rag.* On lui donne aussi en Allemand les noms de *Heiden Elster, Kugel Elster, Mandel-Krae, Deutscher Papagey;* & enfin celui de *Roller*, qui a été adopté par les Anglois; en Latin, ceux de *Mercolfus, Garrulus, Galgulus, Cornix cærulea, Corvus dorso sanguineo, Pica marina, Coracias, &c.*

(b) Aldrovande, *Ornithologie*, tome I, page 798.

entr'elles.

entr'elles. Il a de plus une efpèce de verrue derrière l'œil, & l'œil lui-même entouré d'un cercle de peau jaune & fans plumes *(c)*.

Enfin, pour que la dénomination de *geai de Strafbourg* fût vicieufe à tous égards, il falloit que cet oifeau ne fût rien moins que commun dans les environs de Strafbourg; & c'eft ce qui m'eft affuré pofitivement par M. Hermann, Profeffeur de Médecine & d'Hiftoire Naturelle en cette ville: « Les rolliers y « font fi rares, m'écrivoit ce Savant, qu'à peine il s'y en égare « trois ou quatre en vingt ans. » Celui qui fut autrefois envoyé de Strafbourg à Gefner, étoit fans doute un de ces égarés; & Gefner qui n'en favoit rien, & qui crut apparemment qu'il y étoit commun, le nomma *geai de Strafbourg*, quoique, encore une fois, il ne fût point un geai, & qu'il ne fût point de Strafbourg.

D'ailleurs c'eft un oifeau de paffage, dont les migrations fe font régulièrement chaque année, dans les mois de mai & de feptembre *(d)*, & malgré cela il eft moins commun que la pie & le geai. Je vois qu'il fe trouve en Suède *(e)* & en Afrique *(f)*, mais il s'en faut bien qu'il fe répande même en paffant, dans toutes les régions intermédiaires; il eft inconnu dans plufieurs diftricts confidérables de l'Allemagne *(g)*, de

---

(c) Voyez Edwards, *planche 109*. M. Briffon n'a parlé ni de cette verrue, ni de la forme fingulière de la queue.

(d) Voyez l'Extrait d'une Lettre de M. le Commandeur Godeheu de Riville, fur le paffage des Oifeaux, *tome III des Mémoires préfentés à l'Académie Royale des Sciences de Paris*, page 82.

(e) *Fauna Suecica*, n.° 73.

(f) *Shaw's travels, &c.* page 251.

(g) Frifch, *planche 57*.

Tome III. U u

la France, de la Suisse *(h)*, &c. d'où l'on peut conclure qu'il parcourt dans sa route une zone assez étroite, depuis la Smalande & la Scanie jusqu'en Afrique; il y a même assez de points donnés dans cette zone pour qu'on puisse en déterminer la direction, sans beaucoup d'erreur, par la Saxe, la Franconie, la Souabe, la Bavière, le Tirol, l'Italie *(i)*, la Sicile *(k)*, & enfin par l'île de Malte *(l)*, laquelle est comme un entrepôt général pour la plupart des oiseaux voyageurs qui traversent la Méditerranée. Celui qu'a décrit M. Edwards, avoit été tué sur les rochers de Gibraltar, où il avoit pu passer des côtes d'Afrique; car ces oiseaux ont le vol fort élevé *(m)*. On en voit aussi, quoique rarement, aux environs de Strasbourg, comme nous avons dit plus haut, de même qu'en Lorraine, & dans le cœur de la France *(n)*; mais ce sont apparemment des jeunes qui quittent le gros de la troupe & s'égarent en chemin.

Le Rollier est aussi plus sauvage que le geai & la pie; il se tient dans les bois les moins fréquentés & les plus épais, & je ne sache pas qu'on ait jamais réussi à le priver & à lui apprendre

---

(h) *Capta apud nos anno 1561, Augusti medio, nec agnita.* Gesner, *de Avibus*, page 703.

(i) *Memini hanc videre aliquando Bononiæ.* Gesner, page 703.

(k) *Vidimus venales in Ornithopolarum tabernis Messanæ Siciliæ.* Willughby, *Ornith.* page 89.

(l) *Vidimus Melitæ in foro venales.* Willughby, *ibid.* Voyez aussi la Lettre de M. le Commandeur Godeheu, citée plus haut.

(m) Gesner, *de Avibus*, page 702.

(n) *Ornithologie* de Brisson, *tome II, page 68.* M. Lottinger m'apprend qu'en Lorraine ces oiseaux passent encore plus rarement que les casse-noix, & en moindre quantité; il ajoute qu'on ne les voit jamais qu'en automne, non plus que les casse-noix, & qu'en 1771 il en fut blessé un aux environs de Sarrebourg, lequel, tout blessé qu'il étoit, vécut encore treize à quatorze jours sans manger.

à parler *(o)* ; cependant la beauté de ſon plumage eſt un ſûr
garant des tentatives qu'on aura faites pour cela : c'eſt un aſſem-
blage des plus belles nuances de bleu & de vert, mêlées avec du
blanc, & relevées par l'oppoſition de couleurs plus obſcures *(p)* ;
mais une figure bien enluminée donnera une idée plus juſte
de la diſtribution de ces couleurs, que toutes les deſcriptions :
ſeulement il faut ſavoir que les jeunes ne prennent leur bel azur
que dans la ſeconde année, au contraire des geais qui ont leurs
belles plumes bleues avant de ſortir du nid.

Les rolliers nichent, autant qu'ils peuvent, ſur les bouleaux, &
ce n'eſt qu'à leur défaut qu'ils s'établiſſent ſur d'autres arbres *(q)* ;
mais dans les pays où les arbres ſont rares, comme dans l'île de
Malte & en Afrique, on dit qu'ils font leur nid dans la terre *(r)* :
ſi cela eſt vrai, il faut avouer que l'inſtinct des animaux, qui
dépend principalement de leurs facultés tant internes qu'externes,
eſt quelquefois modifié notablement par les circonſtances, &

(o) Sylveſtris planè & immanſueta. Schwenckfeld, *page 243.*

(p) M. Linnæus eſt le ſeul qui diſe qu'il a le dos couleur de ſang. *Fauna Suecica,*
n.° 73. Le ſujet qu'il a décrit auroit-il été différent de tous ceux qui ont été décrits
par les autres Naturaliſtes ?

(r) Friſch, *planche 57.*

(r) « Un Chaſſeur, dit M. Godeheu, dans la Lettre que j'ai déjà citée, m'a aſſuré
que dans le mois de juin il avoit vu ſortir un de ces oiſeaux d'une butte de terre «
où il y avoit un trou de la groſſeur du poing, & qu'ayant creuſé dans cet endroit «
en ſuivant le fil du trou, qui alloit horizontalement, il trouva à un pied de pro- «
fondeur ou environ, un nid fait de paille & de brouſſailles, dans lequel il y avoit »
deux œufs. » Ce témoignage de Chaſſeur, qui ſeroit ſuſpect s'il étoit unique, ſemble
confirmé par celui du Docteur Shaw qui parlant de cet oiſeau, connu en Afrique
ſous le nom de *Shaga-rag,* dit qu'il fait ſon nid dans les berges des lits des rivières.
Malgré tout cela, je crains fort qu'il n'y ait ici quelque mépriſe, & que l'on n'ait
pris le martin-pêcheur pour le rollier, à cauſe de la reſſemblance des couleurs.

produit des actions bien différentes, selon la diversité des lieux, des temps, & des matériaux que l'animal est forcé d'employer.

Klein dit que contre l'ordinaire des oiseaux, les petits du rollier font leurs excrémens dans le nid *(ſ)* ; & c'est peut-être ce qui aura donné lieu de croire que cet oiseau enduisoit son nid d'excrémens humains, comme on l'a dit de la huppe *(t)*, mais cela ne se concilieroit point avec son habitation dans les forêts les plus sauvages & les moins fréquentées.

On voit souvent ces oiseaux avec les pies & les corneilles, dans les champs labourés qui se trouvent à portée de leurs forêts; ils y ramassent les petites graines, les racines & les vers que le soc a ramenés à la surface de la terre, & même les grains nouvellement semés *(u):* lorsque cette ressource leur manque, ils se rabattent sur les baies sauvages, les scarabées, les sauterelles & même les grenouilles *(x)*. Schwenckfeld ajoute qu'*ils vont* quelquefois sur les charognes; mais il faut que ce soit pendant l'hiver, & seulement dans les cas de disette absolue *(y)*, car ils passent en général pour n'être point carnassiers, & Schwenckfeld remarque lui-même qu'ils deviennent fort gras l'automne, & qu'ils sont alors un bon manger *(z)*, ce qu'on ne peut guère dire des oiseaux qui se nourrissent de voiries.

On a observé que le rollier avoit les narines longues, étroites, placées obliquement sur le bec près de sa base, & découvertes;

(ſ) Ordo Avium, page 62.

(t) Schwenckfeld, *page 243.*

(u) Frisch, *loco citato.*

(x) Voyez Klein, Willughby, Schwenckfeld, Linnæus......

(y) S'ils y vont l'eté, ce peut être à cause des insectes.

(z) Frisch compare leur chair à celle du ramier.

la

la langue noire, non fourchue, mais comme déchirée par le bout, & terminée en arrière par deux appendices fourchues, une de chaque côté; le palais vert, le gosier jaune, le ventricule couleur de safran, les intestins longs à peu-près d'un pied, & les *cæcum* de vingt-sept lignes. On lui a trouvé environ vingt-deux pouces de vol, vingt pennes à chaque aile, & selon d'autres vingt-trois, dont la seconde est la plus longue de toutes; enfin on a remarqué que par-tout où ces pennes & celles de la queue ont du noir au-dehors, elles ont du bleu par-dessous *(a)*.

Aldrovande qui paroît avoir bien connu ces oiseaux, & qui vivoit dans un pays où il y en a, prétend que la femelle diffère beaucoup du mâle, & par le bec qu'elle a plus épais, & par le plumage, ayant la tête, le cou, la poitrine & le ventre couleur de marron tirant au gris cendré *(b)*, tandis que dans le mâle ces mêmes parties sont d'une couleur d'aigue-marine plus ou moins foncée, avec des reflets d'un vert plus obscur en certains endroits. Pour moi, je soupçonne que les deux longues pennes extérieures de la queue, & ces verrues derrière les yeux, lesquelles ne paroissent que dans quelques individus, sont les attributs du mâle, comme l'éperon l'est dans les gallinacées, la longue queue dans les paons, &c.

Variété du Rollier.

Le Docteur Shaw fait mention dans ses voyages, d'un oiseau de Barbarie appelé par les Arabes *Shaga-rag,* lequel a la grosseur & la forme du geai, mais avec un bec plus petit & des pieds plus courts.

(a) Willughby, Schwenckfeld, Brisson......
(b) *Ornithologie,* tome I, page 793.

Cet oiseau a le deffus du corps brun, la tête, le cou & le ventre d'un vert-clair, & fur les ailes ainfi que fur la queue, des taches d'un bleu foncé. M. Shaw ajoute qu'il fait fon nid fur le bord des rivières, & que fon cri eft aigre & perçant (c).

Cette courte defcription convient tellement à notre rollier, qu'on ne peut douter que le shaga-rag n'appartienne à la même efpèce; & l'analogie de fon nom, avec la plupart des noms allemands donnés au rollier d'après fon cri, eft une probabilité de plus.

(c) *Thomas Shaw's travels*, page 251.

Le Rollier.

OISEAUX ÉTRANGERS,

Qui ont rapport au ROLLIER.

I.

LE ROLLIER D'ABYSSINIE.

CETTE efpèce reffemble beaucoup, par le plumage, à notre rollier d'Europe; feulement les couleurs en font plus vives & plus brillantes, ce qui peut s'attribuer à l'influence d'un climat plus fec & plus chaud. D'un autre côté, il fe rapproche du rollier d'Angola par la longueur des deux pennes latérales de la queue, lefquelles dépaffent toutes les autres de cinq pouces; en forte que la place de cet oifeau *(pl. 626)* femble marquée entre le rollier d'Europe & celui d'Angola. La pointe du bec fupérieur eft très-crochue. C'eft une efpèce tout-à-fait nouvelle.

Variété du Rollier d'Abyffinie.

On doit regarder le rollier du Sénégal *(pl. 326) (a)*, comme une variété de celui d'Abyffinie. La principale différence que l'on remarque entre ces deux oifeaux d'Afrique, confifte en ce que dans celui d'Abyffinie la couleur orangée du dos ne s'étend pas comme dans celui du Sénégal jufque fur le cou & la partie poftérieure de la tête: différence qui ne fuffit pas à beaucoup près pour conftituer deux efpèces diftinctes, & d'autant moins

---

(a) Ce rollier du Sénégal eft exactement le même que le rollier des Indes à queue d'hirondelle de M. Edwards *(planche 327)*; nouvelle preuve de l'incertitude des traditions fur le pays natal des oifeaux. M. Edwards n'a compté que dix pennes à la queue de ce rollier, qui lui a paru parfaite.

que les deux rolliers dont il s'agit ici appartiennent à peu-près au même climat, qu'ils ont l'un & l'autre à la queue ces deux pennes latérales excédantes, dont la longueur est double de celles des pennes intermédiaires; qu'ils ont tous deux les ailes plus courtes que celles de notre rollier d'Europe; enfin qu'ils se ressemblent encore par les nuances, l'éclat & la distribution de leurs couleurs.

I I.

LE ROLLIER D'ANGOLA et LE CUIT

o u

LE ROLLIER DE MINDANAO (b).

CES deux rolliers *(pl. 88 & 285)* ont entr'eux des rapports si frappans, qu'il n'est pas possible de les séparer. Celui d'Angola ne se distingue du cuit ou rollier de Mindanao, que par la longueur des pennes extérieures de sa queue, double de la longueur des pennes intermédiaires, & par de légers accidens de couleur; mais on sait que de telles différences & de plus grandes encore, sont souvent l'effet de celle du sexe, de l'âge, & même de la mue: & que cela soit ainsi à l'égard des deux rolliers dont il est question, c'est ce qui paroîtra fort probable d'après la comparaison des figures *(pl. 88 & 285)*, & même d'après l'examen des descriptions faites par M. Brisson *(c)*, qui ne peut être soupçonné d'avoir voulu favoriser mon opinion sur l'identité spécifique de ces deux oiseaux, puisqu'il en fait deux espèces

---

(b) C'est le nom que les habitans de Mindanao donnent à ce rollier; M. Edwards lui donne celui de *geai-bleu*, planche 326; & Albin celui de *geai de Bengale*, tome I, n.° 17.

Nota. Le module a été oublié; il doit être d'un pouce.

(c) *Ornithologie*, tome II, pages 72 & 69.

distinctes

diſtinctes & ſéparées. Tous deux ont à peu-près la groſſeur de notre rollier d'Europe, ſa forme totale, ſon bec un peu crochu, ſes narines découvertes, ſes pieds courts, ſes longs doigts, ſes longues ailes & même les couleurs de ſon plumage, quoique diſtribuées un peu différemment : c'eſt toujours du bleu, du vert & du brun, tantôt ſéparés & tranchant l'un ſur l'autre, tantôt mêlés, fondus enſemble, & formant pluſieurs teintes intermédiaires différemment nuancées, & donnant des reflets différens, mais de manière que le vert bleuâtre ou vert de mer eſt répandu ſur le ſommet de la tête ; le brun plus ou moins foncé, plus ou moins verdâtre, ſur tout le deſſus du corps & toute la partie antérieure de l'oiſeau, avec quelques teintes de violet ſur la gorge ; le bleu, le vert & toutes les nuances qui réſultent de leur mélange, ſur le croupion, la queue, les ailes & le ventre. Seulement le rollier de Mindanao a au-deſſous de la poitrine une eſpèce de ceinture orangée que n'a point le rollier d'Angola.

On objectera peut-être contre cette identité d'eſpèce, que le royaume d'Angola eſt loin du Bengale, & bien plus encore des Philippines..... mais eſt-il impoſſible, n'eſt-il pas au contraire aſſez naturel que ces oiſeaux ſoient répandus en différentes parties du même continent, & dans des îles qui en ſont peu éloignées, ou qui y tiennent par une chaîne d'autres îles, ſur-tout les climats étant à peu-près ſemblables ! D'ailleurs on ſait qu'il ne faut pas toujours ſe fier ſur tous les points au témoignage de ceux qui nous apportent les productions des pays éloignés, & que même en ſuppoſant ces perſonnes exactes & de bonne foi, elles peuvent très-bien, vu la communication perpétuelle que les vaiſſeaux Européens établiſſent entre toutes les parties du monde, trouver en Afrique, & apporter de Guinée ou d'Angola des oiſeaux

Tome III. Yy

originaires des Indes orientales; & c'eſt à quoi ne prennent point
aſſez garde la plupart des Naturaliſtes lorſqu'ils veulent fixer le
climat natal des eſpèces étrangères : quoi qu'il en ſoit, ſi l'on
veut attribuer les petites diſſemblances qui ſont entre le rollier
de Mindanao & le rollier d'Angola à la différence de l'âge,
c'eſt le dernier qui ſera le plus vieux ; que. ſi on les attribue à la
différence du ſexe, ce ſera encore lui qui ſera le mâle ; car l'on
ſait que dans les rolliers les belles couleurs des plumes, & ſans
doute les longues pennes de la queue, ne paroiſſent que la
ſeconde année, & que dans toutes les eſpèces ſi le mâle diffère
de la femelle, c'eſt toujours en plus & par la ſurabondance des
parties, ou par l'intenſité plus grande des qualités ſemblables.

Variété des Rolliers d'Angola & de Mindanao.

IL vient d'arriver de Goa au Cabinet du Roi, un nouveau
rollier qui a beauçoup de rapports avec celui de Mindanao : il
en diffère ſeulement par ſa groſſeur & par une ſorte de collier,
couleur de lie de vin, qui n'embraſſe que la partie poſtérieure
du cou, un peu au-deſſous de la tête. Il n'a pas, non plus que
le rollier d'Angola, la ceinture orangée du rollier de Mindanao ;
mais s'il s'éloigne en cela du dernier, il ſe rapproche d'autant du
premier, qui eſt certainement de la même eſpèce.

III.

LE ROLLIER DES INDES.

CE rollier *(pl. 619)*, qui eſt le quatrième de M. Briſſon,
diffère moins de ceux dont nous avons parlé, par ſes couleurs
qui ſont toujours le bleu, le vert, le brun, &c. que par
l'ordre de leur diſtribution, mais en général ſon plumage eſt plus

rembruni; fon bec eft auffi plus large à fa bafe, plus crochu, & de couleur jaune : enfin c'eft de tous les rolliers celui qui a les ailes les plus longues.

M. Sonerat a remis depuis peu au Cabinet du Roi, un oifeau reffemblant prefque en tout au rollier des Indes ; il a feulement le bec encore plus large : auffi l'avoit-on étiqueté du nom de *grand'gueule de crapaud*. Mais ce nom conviendroit mieux au tette-chèvre.

I V.

LE ROLLIER DE MADAGASCAR.

CETTE efpèce diffère de toutes les précédentes par le bec qui eft plus épais à fa bafe, par les yeux qui font plus grands, par la longueur des ailes & de la queue, quoique cependant celle-ci n'ait point les pennes extérieures plus longues que les intermédiaires ; enfin par l'uniformité du plumage, dont la couleur dominante eft un brun pourpre : feulement le bec eft jaune, les plus grandes pennes de l'aile font noires, le bas-ventre eft d'un bleu-clair, la queue eft de même couleur, bordée à fon extrémité d'une bande de trois nuances, pourpre, bleu-clair, & la dernière bleu-foncé prefque noir. Du refte cet oifeau (*pl. 501*) a tous les autres caractères apparens des rolliers, les pieds courts, les bords du bec fupérieur échancrés vers la pointe, les petites plumes qui naiffent autour de fa bafe relevées en arrière, les narines découvertes, &c.

V.

LE ROLLIER DU MEXIQUE.

C'EST le merle du Mexique de Seba, dont M. Briffon a fait fon huitième rollier. Il faudroit l'avoir vu pour le rapporter à fa véritable efpèce, car cela feroit affez difficile d'après le peu qu'en a dit Seba, lequel eft ici l'Auteur original. Si je l'admets en ce moment parmi les rolliers, c'eft que n'ayant aucune raifon décifive de lui donner l'exclufion, j'ai cru devoir m'en rapporter fur cela à l'avis de M. Briffon, jufqu'à ce qu'une connoiffance plus exacte confirme ou détruife cet arrangement provifionnel. Au refte, les couleurs de cet oifeau ne font point du tout celles qui dominent ordinairement dans le plumage des rolliers. La partie fupérieure du corps eft d'un gris obfcur mêlé d'une teinte de roux, & la partie inférieure d'un gris plus clair relevé par des marques couleur de feu *(d)*.

V I.

LE ROLLIER DE PARADIS (e).

JE place cet oifeau entre les rolliers & les oifeaux de Paradis, comme faifant la nuance entre ces deux genres, parce qu'il me paroît avoir la forme des premiers, & fe rapprocher des oifeaux de Paradis par la petiteffe & la fituation des yeux au-deffus & fort près de la commiffure des deux pièces du bec, & par l'efpèce de velours naturel qui recouvre la gorge & une partie de la tête. D'ailleurs les deux longues plumes de la queue qui fe trouvent quelquefois dans notre rollier d'Europe, & qui font bien plus longues dans celui d'Angola, font encore un trait

---

(d) Voyez Seba, *tome I, planche 64, fig. V.*

(e) Golden bird of Paradife. Edwards, *planche 112.* Remarquez que dans cette figure les grandes pennes de l'aile manquent, & que les pieds & les jambes ont été fuppléés par M. Edwards, le fujet qu'il a deffiné en étant abfolument privé. M. Linnæus en a fait fa 5.me efpèce de Coracias, *genre 49;* & M. Briffon fon 31.me troupiale, *tome IV, page 37.*

d'analogie

Rollier d'Abissinie.

320.

par Martinet

Rollier, du Sénégal.

par Martinet

Rollier de Mindanao.

619.

Rollier des Indes.

Le Rolle de Madagascar.

d'analogie qui rapproche le genre du rollier de celui de l'oiseau de Paradis.

L'oiseau dont il s'agit dans cet article a le dessus du corps d'un orangé vif & brillant, le dessous d'un beau jaune : il n'a de noir que sous la gorge, sur une partie du maniement de l'aile & sur les pennes de la queue. Les plumes qui revêtent le cou par-derrière sont longues, étroites, flexibles, & retombent un peu de chaque côté sur les parties latérales du cou & de la poitrine.

On avoit fait l'honneur au sujet décrit & dessiné par M. Edwards, de lui arracher les pieds & les jambes, comme à un véritable oiseau de Paradis, & c'est sans doute ce qui avoit engagé M. Edwards à le rapporter à cette espèce, quoiqu'il n'en eût pas les principaux caractères. Les grandes pennes de l'aile manquoient aussi, mais celles de la queue étoient complettes ; il y en avoit douze de couleur noire, comme j'ai dit, & terminées de jaune. M. Edwards soupçonne que les grandes pennes de l'aile devoient aussi être noires, soit parce qu'elles sont le plus souvent de la même couleur que celles de la queue, soit pour cela même qu'elles manquoient dans l'individu qu'il a observé ; les Marchands qui trafiquent de ces oiseaux ayant coutume en les faisant sécher, d'arracher comme inutiles les plumes de mauvaise couleur, afin de laisser paroître les belles plumes pour lesquelles seules ces oiseaux sont recherchés.

L'OISEAU DE PARADIS (a).

CETTE espèce est plus célèbre par les qualités fausses & imaginaires qui lui ont été attribuées, que par ses propriétés réelles & vraiment remarquables. Le nom d'*oiseau de Paradis* *(pl. 254)* fait naître encore dans la plupart des têtes l'idée d'un oiseau qui n'a point de pieds, qui vole toujours, même en dormant, ou se suspend tout au plus pour quelques instans aux branches des arbres, par le moyen des longs filets de sa queue *(b)*; qui vole en s'accouplant, comme font certains insectes, & de plus en pondant & en couvant ses œufs *(c)*, ce qui n'a point d'exemple dans la Nature; qui ne vit que de vapeurs & de rosée; qui a la cavité de l'*abdomen* uniquement remplie de graisse au lieu d'estomac & d'intestins *(d)*, lesquels lui seroient en effet inutiles par la supposition, puisque ne mangeant rien il n'auroit rien à digérer ni à évacuer; en un mot, qui n'a

***

(a) En Latin, *Avis Paradisea, Paradisiaca & Paradisi, Apos Indica, Avis Dei, Parvus Pavo, Pavo Indicus, Manucodiata*, nom que les Italiens ont adopté: *Manucodiata Rex, Manucodiata longa, Hippomanucodiata, Hirundo Ternatensis*: Belon lui a appliqué mal-à-propos le nom de *Phœnix*; en Allemand, *Luft-vogel, Paradiss-vogel*; en Anglois, *Bird of Paradise*; en Portugais, *Passaros de sol*; dans la Nouvelle Guinée, *Burong-arou*; en Indien, *Boëres*, c'est-à-dire, *Oiseaux*, ces peuples n'ayant point de noms particuliers pour désigner les différentes espèces.

(b) Voyez Acosta, *Histoire Naturelle & morale des Indes orientales & occidentales*, page 196.

(c) On a cru rendre la chose plus vraisemblable en disant que le mâle avoit sur le dos une cavité dans laquelle la femelle déposoit ses œufs, & les couvoit au moyen d'une autre cavité correspondante qu'elle avoit dans l'*abdomen*, & que pour assurer la situation de la couveuse ils s'entrelaçoient par leurs longs filets. D'autres ont dit qu'ils nichoient dans le Paradis terrestre, d'où leur est venu le nom d'*oiseaux de Paradis*. Voyez *Musœum Wormianum*, page 294.

(d) Voyez Aldrovande, *Ornithologia*, tome I, page 820.

d'autre exiſtence que le mouvement, d'autre élément que l'air, qui s'y ſoutient toujours tant qu'il reſpire, comme les poiſſons ſe ſoutiennent dans l'eau, & qui ne touche la terre qu'après ſa mort *(e)*.

Ce tiſſu d'erreurs groſſières n'eſt qu'une chaîne de conſéquences aſſez bien tirées de la première erreur, qui ſuppoſe que l'oiſeau de Paradis n'a point de pieds, quoiqu'il en ait d'aſſez gros *(f)*; & cette erreur primitive vient elle-même *(g)* de ce que les Marchands Indiens qui font le commerce des plumes de cet oiſeau, ou les Chaſſeurs qui les leur vendent, ſont dans l'uſage, ſoit pour les conſerver & les tranſporter plus commodément, ou peut-être afin d'accréditer une erreur qui leur eſt utile, de faire ſécher l'oiſeau même en plumes, après lui avoir arraché les cuiſſes & les entrailles; & comme on a été fort long-temps ſans en voir qui ne fuſſent ainſi préparés, le préjugé s'eſt fortifié au

---

(e) Les Indiens diſent qu'on les trouve toujours le bec fiché en terre......
Navigations aux Terres Auſtrales, tome II, page 252. Et en effet, conformés comme ils ſont, ils doivent toujours tomber le bec le premier.

(f) M. Barrere, qui ſemble ne parler que par conjectures ſur cet article, avance que les oiſeaux de Paradis ont les pieds ſi courts, & tellement garnis de plumes juſqu'aux doigts, qu'on pourroit croire qu'ils n'en ont point du tout. C'eſt ainſi qu'en voulant expliquer une erreur il eſt tombé dans une autre.

(g) Les habitans des îles d'Arou croient que ces oiſeaux naiſſent à la vérité avec des pieds, mais qu'ils ſont ſujets à les perdre, ſoit par maladie, ſoit par vieilleſſe. Si le fait étoit vrai, il ſeroit la cauſe de l'erreur & ſon excuſe. (Voyez les Obſervations de J. Otton Helbigius, dans la *Collection académique*, partie étrangère, tome III, page 448.) Et s'il étoit vrai, comme le dit Olaüs Vormius *(Muſæum*, page 295), que chacun des doigts de cet oiſeau eût trois articulations, ce ſeroit une ſingularité de plus; car l'on ſait que dans preſque tous les oiſeaux le nombre des articulations eſt différent dans chaque doigt, le doigt poſtérieur n'en ayant que deux, compris celle de l'ongle, & parmi les antérieurs l'interne en ayant trois, celui du milieu quatre & l'externe cinq.

point qu'on a traité de menteurs les premiers qui ont dit la vérité, comme c'est l'ordinaire *(h)*.

Au reste, si quelque chose pouvoit donner une apparence de probabilité à la fable du vol perpétuel de l'oiseau de Paradis, c'est sa grande légèreté, produite par la quantité & l'étendue considérable de ses plumes : car outre celles qu'ont ordinairement les oiseaux, il en a beaucoup d'autres & de très-longues, qui prennent naissance de chaque côté dans les flancs entre l'aile & la cuisse, & qui se prolongeant bien au - delà de la queue véritable, & se confondant pour ainsi dire avec elle, lui font une espèce de fausse queue à laquelle plusieurs Observateurs se sont mépris. Ces plumes *subalaires (i)* sont de celles que les Naturalistes nomment décomposées ; elles sont très-légères en elles-mêmes, & forment par leur réunion un tout encore plus léger, un volume presque sans masse & comme aërien, très-capable d'augmenter la grosseur apparente de l'oiseau *(k)*, de diminuer sa pesanteur spécifique, & de l'aider à se soutenir dans l'air ; mais qui doit aussi quelquefois mettre obstacle à la vîtesse du vol & nuire à sa direction, pour peu que le vent soit con-traire : aussi a-t-on remarqué que les oiseaux de Paradis cherchent à se mettre à l'abri des grands vents *(l)*, & choisissent pour leur séjour ordinaire les contrées qui y sont le moins exposées.

(h) *Antonius Pigaphetta pedes illis palmum unum longos falsissimè tribuit.* Aldrovande, tome *I*, page *8 0 7*.

(i) Je les nomme ainsi parce qu'elles naissent *sub alâ*.

(k) Aussi dit-on qu'il a la grosseur apparente du pigeon, quoiqu'il soit en effet moins gros que le merle.

(l) Les îles d'Arou sont divisées en cinq îles, il n'y a que celle du milieu où l'on trouve ces oiseaux ; ils ne paroissent jamais dans les autres, parce qu'étant d'une nature très-foible, ils ne peuvent pas supporter les grands vents. *Helbigius*, loco citato.

Ces

Ces plumes font au nombre de quarante ou cinquante de chaque côté, & de longueurs inégales; la plus grande partie passent sous la véritable queue, & d'autres passent par-dessus sans la cacher; parce que leurs barbes effilées & séparées composent par leurs entrelacemens divers un tissu à larges mailles & pour ainsi dire transparent; effet très-difficile à bien rendre dans une enluminure.

On fait grand cas de ces plumes dans les Indes, & elles y font fort recherchées : il n'y a guère qu'un siècle qu'on les employoit aussi en Europe aux mêmes usages que celles d'autruche, & il faut convenir qu'elles font très-propres, soit par leur légèreté, soit par leur éclat, à l'ornement & à la parure; mais les Prêtres du pays leur attribuent je ne sais quelles vertus miraculeuses, qui leur donnent un nouveau prix aux yeux du vulgaire, & qui ont valu à l'oiseau auquel elles appartiennent le nom d'*oiseau de Dieu.*

Ce qu'il y a de plus remarquable après cela dans l'oiseau de Paradis, ce font les deux longs filets qui naissent au-dessus de la queue véritable, & qui s'étendent plus d'un pied au-delà de la fausse queue formée par les plumes *subalaires.* Ces filets ne font effectivement des filets que dans leur partie intermédiaire, encore cette partie elle-même est-elle garnie de petites barbes très-courtes, ou plutôt de naissances de barbes; au lieu que ces mêmes filets font revêtus vers leur origine & vers leur extrémité de barbes d'une longueur ordinaire. Celles de l'extrémité font plus courtes dans la femelle; & c'est suivant M. Brisson la seule différence qui la distingue du mâle *(m).*

(m) Ornithologie, *tome II, page 135.* Les habitans du pays disent que les femelles font plus petites que les mâles, selon J. Otton Helbigius.

La tête & la gorge font couvertes d'une efpèce de velours formé par de petites plumes droites, courtes, fermes & ferrées; celles de la poitrine & du dos font plus longues, mais toujours foyeufes & douces au toucher. Toutes ces plumes font de diverfes couleurs, comme on le voit dans la figure, & ces couleurs font changeantes & donnent différens reflets felon les différentes incidences de la lumière, ce que la figure ne peut exprimer.

La tête eft fort petite à proportion du corps, les yeux font encore plus petits & placés très-près de l'ouverture du bec, lequel devroit être plus long & plus arqué dans la planche enluminée : enfin, Clufius affure qu'il n'y a que dix pennes à la queue, mais fans doute il ne les avoit pas comptées fur un fujet vivant, & il eft douteux que ceux qui nous viennent de fi loin aient le nombre de leurs plumes bien complet, d'autant que cette efpèce eft fujette à une mue confidérable & qui dure plufieurs mois chaque année. Ils fe cachent pendant ce temps-là, qui eft la faifon des pluies pour le pays qu'ils habitent; mais au commencement du mois d'août, c'eft-à-dire après la ponte, leurs plumes reviennent, & pendant les mois de feptembre & d'octobre, qui font un temps de calme, ils vont par troupes comme font les étourneaux en Europe *(n)*.

Ce bel oifeau n'eft pas fort répandu : on ne le trouve guère que dans la partie de l'Afie où croiffent les épiceries, & particulièrement dans les îles d'Arou ; il n'eft point inconnu dans la partie de la Nouvelle Guinée qui eft voifine de ces îles, puifqu'il y a un nom; mais ce nom même qui eft *burung-arou*, femble porter l'empreinte du pays originaire.

_____

(n) J. Helbigius, *loco citato.*

L'attachement exclufif de l'oifeau de Paradis pour les contrées où croiffent les épiceries, donne lieu de croire qu'il rencontre fur ces arbres aromatiques la nourriture qui lui convient le mieux *(o)*; du moins eft-il certain qu'il ne vit pas uniquement de la rofée. J. Otton Helbigius qui a voyagé aux Indes, nous apprend qu'il fe nourrit de baies rouges que produit un arbre fort élevé : Linnæus dit qu'il fait fa proie des grands papillons *(p)*, & Bontius qu'il donne quelquefois la chaffe aux petits oifeaux & les mange *(q)*. Les bois font fa demeure ordinaire; il fe perche fur les arbres, où les Indiens l'attendent cachés dans des huttes légères qu'ils favent attacher aux branches, & d'où ils le tirent avec leurs flèches de rofeau *(r)*. Son vol reffemble à celui de l'hirondelle, ce qui lui a fait donner le nom d'*hirondelle de Ternate (f)*; d'autres difent qu'il a en effet la forme de l'hirondelle, mais qu'il a le vol plus élevé, & qu'on le voit toujours au haut de l'air *(t)*.

Quoique Marcgrave place la defcription de cet oifeau parmi

(o) Tavernier remarque que l'oifeau de Paradis eft en effet très-friand de noix mufcades, qu'il ne manque pas de venir s'en raffafier dans la faifon; qu'il en paffe des troupes comme nous voyons des volées de grives, pendant les vendanges, & que cette noix qui eft forte, les enivre & les fait tomber. *Voyage des Indes*, tome III, page 369.

(p) *Syftema Naturæ*, edit. **X**, page 110.

(q) Bontius, *Hift. Nat. & medic. Indiæ orient.* lib. **V**, cap. 12.

(r) Il y en a qui leur ouvrent le ventre avec un couteau dès qu'ils font tombés à terre, & ayant enlevé les entrailles avec une partie de la chair, ils introduifent dans la cavité un fer rouge, après quoi on les fait fécher à la cheminée, & on les vend à vil prix à des Marchands. *J. Helbigius*, *loco citato*.

(f) Voyez Bontius, *loco citato*.

(t) Navigations aux Terres auftrales, *tome II, page 252.*

les defcriptions des oifeaux du Brefil *(u)*, on ne doit point croire qu'il exifte en Amérique, à moins que les vaiffeaux Européens ne l'y aient tranfporté; & je fonde mon affertion non-feulement fur ce que Marcgrave n'indique point fon nom brafilien, comme il a coutume de faire à l'égard de tous les oifeaux du Brefil, & fur le filence de tous les Voyageurs qui ont parcouru le nouveau continent & les îles adjacentes, mais encore fur la loi du climat: cette loi ayant été établie d'abord pour les quadrupèdes, s'eft enfuite appliquée d'elle-même à plufieurs efpèces d'oifeaux, & s'applique particulièrement à celle-ci comme habitant les contrées voifines de l'Équateur, d'où la traverfée eft beaucoup plus difficile, & comme n'ayant pas l'aile affez forte relativement au volume de fes plumes; car la légèreté feule ne fuffit point pour faire une telle traverfée, elle eft même un' obftacle dans le cas des vents contraires, ainfi que je l'ai dit: d'ailleurs comment ces oifeaux fe feroient-ils expofés à franchir de mers immenfes pour gagner le nouveau continent, tandis que même dans l'ancien ils fe font refferrés volontairement dans un efpace affez étroit, & qu'ils n'ont point cherché à fe répandre dans des contrées contiguës qui fembloient leur offrir la même température, les mêmes commodités & les mêmes reffources?

Il ne paroît pas que les Anciens aient connu l'oifeau de Paradis; les caractères fi frappans & fi finguliers qui le diftinguent de tous les autres oifeaux, ces longues plumes fubalaires, ces longs filets de la queue, ce velours naturel dont la tête eft revêtue, &c. ne font nulle part indiqués dans leurs ouvrages; & c'eft fans fondement que Belon a prétendu y retrouver le

_____

(u) Hiftoria Naturalis Brafiliæ, page 219.

phénix

phénix des Anciens, d'après une foible analogie qu'il a cru apercevoir, moins entre les propriétés de ces deux oiseaux, qu'entre les fables qu'on a débitées de l'un & de l'autre *(x)*: d'ailleurs on ne peut nier que leur climat propre ne soit absolument différent, puisque le phénix se trouvoit en Arabie & quelquefois en Égypte, au lieu que l'oiseau de Paradis ne s'y montre jamais, & qu'il paroît attaché, comme nous venons de le voir, à la partie orientale de l'Asie, laquelle étoit fort peu connue des Anciens.

Clusius rapporte sur le témoignage de quelques Marins, lesquels n'étoient instruits eux-mêmes que par des ouï-dire, qu'il y a deux espèces d'oiseaux de Paradis, l'une constamment plus belle & plus grande, attachée à l'île d'Arou; l'autre plus petite & moins belle, attachée à la partie de la terre des Papoux qui est voisine de Gilolo *(y)*. Helbigius, qui a ouï dire la même chose dans les îles d'Arou, ajoute que les oiseaux de Paradis de la Nouvelle Guinée, ou de la terre des Papoux, diffèrent de ceux de l'île d'Arou, non-seulement par la taille, mais encore par les couleurs du plumage qui est blanc & jaunâtre; malgré ces deux autorités, dont l'une est trop suspecte, & l'autre trop vague pour qu'on puisse en rien tirer de précis, il me paroît que tout ce qu'on peut dire de raisonnable d'après les faits les plus avérés, c'est que les oiseaux de Paradis qui nous viennent des Indes ne sont pas tous également conservés, ni tous parfaitement semblables; qu'on trouve en effet ces oiseaux plus petits

---

(x) Auri fulgore circa colla, cætera purpureus, dit Pline en parlant du phénix, puis il ajoute...... *Neminem extitisse qui viderit vescentem,* lib. X, cap. 2.

(y) Clusius, *exotic. in Auctuario,* page 359. J. Otton Helbigius parle de l'espèce qui se trouve à la Nouvelle Guinée comme n'ayant point à la queue les deux longs filets qu'a l'espèce de l'île d'Arou.

ou plus grands, d'autres qui ont les plumes fubalaires & les filets
de la queue plus ou moins longs, plus ou moins nombreux ;
d'autres qui ont ces filets différemment pofés, différemment
conformés, ou qui n'en ont point du tout ; d'autres enfin qui
diffèrent entr'eux par les couleurs du plumage, par des huppes
ou touffes de plumes, &c. mais que dans le vrai il eft difficile
parmi ces différences aperçues dans des individus prefque tous
mutilés, défigurés, ou du moins mal deffèchés, de déterminer
précifément celles qui peuvent conftituer des efpèces diverfes,
& celles qui ne font que des variétés d'âge, de fexe, de faifon,
de climat, d'accident, &c.

D'ailleurs il faut remarquer que les oifeaux de Paradis étant
fort chers comme marchandife, à raifon de leur célébrité, on
tâche de faire paffer fous ce nom plufieurs oifeaux à longue
queue & à beau plumage, auxquels on retranche les pieds & les
cuiffes pour en augmenter la valeur. Nous en avons vu ci-deffus
un exemple dans le rollier de Paradis, cité par M. Edwards,
planche CXII, & auquel on avoit accordé les honneurs de la
mutilation : j'ai vu moi-même des perruches, des promerops,
d'autres oifeaux qu'on avoit ainfi traités, & l'on en peut voir
plufieurs autres exemples dans Aldrovande & dans Seba *(z).*

(z) La feconde efpèce de Manucodiata d'Aldrovande *(tome I, pages 8 1 1 & 8 1 2),*
n'a ni les filets de la queue, ni les plumes fubalaires, ni la calotte de velours, ni le
bec, ni la langue des oifeaux de Paradis ; la différence eft fi marquée, que M. Briffon
s'eft cru fondé à faire de cet oifeau un guêpier : cependant on l'avoit mutilé comme
un oifeau de Paradis. A l'égard de la cinquième efpèce du même Aldrovande, qui
eft certainement un oifeau de Paradis, c'eft tout auffi certainement un individu
non-feulement mutilé, mais défiguré.

Des dix oifeaux repréfentés & décrits par Seba, fous le nom d'oifeaux de Paradis,
il n'y en a que quatre qui puiffent être rapportés à ce genre ; favoir, ceux des
planches XXXVIII, fig. 5 ; LX, fig. 1 ; & LXIII, fig. 1 & 2. Celui de la *planche*

254.

Par Martinet.

L'Oiseau-de-Paradis, des Moluques.

On trouve même affez communément de véritables oifeaux de Paradis qu'on a tâché de rendre plus finguliers & plus chers en les défigurant de différentes façons. Je me contenterai donc d'indiquer à la fuite des deux efpèces principales les oifeaux qui m'ont paru avoir affez de traits de conformité avec elles pour y être rapportés, & affez de traits de diffemblance pour en être diftingués, fans ofer décider, faute d'obfervations fuffifantes, s'ils appartiennent à l'une ou à l'autre, ou s'ils forment des efpèces féparées de toutes les deux.

XXX, fig. 5, n'eft point oifeau de Paradis, & n'a aucun de fes attributs diftinctifs, non plus que ceux des *planches XLVI & LII :* ce dernier eft la vardiole dont j'ai parlé à l'article des pies. Ces trois efpèces ont à la queue deux pennes excédantes très-longues, mais qui étant emplumées dans toute leur longueur, reffemblent peu aux filets des oifeaux de Paradis. Les deux de la *planche LX, fig. 2 & 3,* ont auffi les deux longues pennes excédantes & garnies de barbes dans toute leur longueur ; & de plus, ils ont le bec de perroquet ; ce qui n'a pas empêché qu'on ne leur ait arraché les pieds comme à des oifeaux de Paradis : enfin, celui de la *planche LXVI,* non-feulement n'eft point un oifeau de Paradis, mais n'eft pas même du pays de ces oifeaux, puifqu'il étoit venu à Seba des îles Barbades.

LE MANUCODE (a).

LE Manucode *(pl. 496)*, que je nomme ainsi d'après son nom indien ou plutôt superstitieux, *manucodiata*, qui signifie *oiseau de Dieu*, est appelé communément *le Roi des oiseaux de Paradis;* mais c'est par un préjugé qui tient aux fables dont on a chargé l'histoire de cet oiseau. Les Marins dont Clusius tira ses principales informations, avoient ouï dire dans le pays, que chacune des deux espèces d'oiseaux de Paradis avoit son Roi, à qui tous les autres paroissent obéir avec beaucoup de soumission & de fidélité; que ce Roi voloit toujours au-dessus de la troupe, & planoit sur ses sujets; que de-là il leur donnoit ses ordres pour aller reconnoître les fontaines où on pouvoit aller boire sans danger, pour en faire l'épreuve sur eux-mêmes, &c. *(b);* & cette fable conservée par Clusius, quoique non moins absurde qu'aucune autre, étoit la seule chose qui consolât Nieremberg de toutes celles dont Clusius avoit purgé l'histoire des oiseaux de Paradis *(c):* ce qui, pour le dire en passant, doit fixer le degré de confiance que nous pouvons avoir en la critique de ce compilateur. Quoi qu'il en soit, ce prétendu Roi a plusieurs traits de ressemblance avec l'oiseau de Paradis, & il s'en distingue aussi par plusieurs différences.

Il a comme lui la tête petite & couverte d'une espèce de

(a) En Latin, *Manucodiata Rex, Rex Paradys, Rex avium Paradisearum, Avis regia;* en Anglois, *King of Birds of Paradise.*

(b) Voyez Clusius, *Exotic. in Auctuario, page 359.* Cela a rapport à la manière dont les Indiens se rendent quelquefois maîtres de toute une volée de ces oiseaux, en empoisonnant les fontaines où ils vont boire.

(c) Voyez Nieremberg, *page 212.*

velours,

Le Manucode.

velours, les yeux encore plus petits, fitués au-deffus de l'angle de
l'ouverture du bec, les pieds affez longs & affez forts, les couleurs
du plumage changeantes, deux filets à la queue à peu-près
femblables, excepté qu'ils font plus courts, que leur extrémité
qui eft garnie de barbes fait la boucle en fe roulant fur elle-
même, & qu'elle eft ornée de miroirs femblables en petit à ceux
du paon *(d)*. Il a auffi fous l'aile, de chaque côté, un paquet
de fept ou huit plumes plus longues que dans la plupart des
oifeaux, mais moins longues & d'une autre forme que dans
l'oifeau de Paradis, puifqu'elles font garnies dans toute leur
longueur de barbes adhérentes entr'elles. On a difpofé la figure
de manière que ces plumes fubalaires peuvent être aperçues. Les
autres différences font que le manucode eft plus petit, qu'il a le
bec blanc & plus long à proportion, les ailes auffi plus longues,
la queue plus courte & les narines couvertes de plumes.

    Clufius n'a compté que treize pennes à chaque aile & fept ou
huit à la queue, mais il n'a vu que des individus defféchés & qui
pouvoient n'avoir pas toutes leurs plumes. Ce même Auteur
remarque, comme une fingularité, que dans quelques fujets les
deux filets de la queue fe croifent *(e)*; mais cela doit arriver
fouvent & très-naturellement dans le même individu à deux filets
longs, flexibles & pofés l'un à côté de l'autre.

(d) Collection académique, *tome III, partie étrangère, page 449.*
(e) Voyez Clufius, *page 362.*—Edwards, *planche III.*

LE MAGNIFIQUE
DE LA NOUVELLE GUINÉE,
OU
LE MANUCODE A BOUQUETS (a).

LES deux bouquets dont j'ai fait le caractère diſtinctif de cet oiſeau *(pl. 631)*, ſe trouvent derrière le cou & à ſa naiſſance. Le premier eſt compoſé de pluſieurs plumes étroites, de couleur jaunâtre, marquées près de la pointe d'une petite tache noire, & qui au lieu d'être couchées comme à l'ordinaire, ſe relèvent ſur leur baſe, les plus proches de la tête juſqu'à l'angle droit, & les ſuivantes de moins en moins.

Au-deſſous de ce premier bouquet, on en voit un ſecond plus conſidérable, mais moins relevé & plus incliné en arrière. Il eſt formé de longues barbes détachées qui naiſſent de tuyaux fort courts, & dont quinze ou vingt ſe réuniſſent enſemble pour former des eſpèces de plumes couleur de paille : ces plumes ſemblent avoir été coupées carrément par le bout, & font des angles plus ou moins aigus avec le plan des épaules.

Ce ſecond bouquet eſt accompagné, de droite & de gauche, de plumes ordinaires, variées de brun & d'orangé, & il eſt terminé en arrière, je veux dire du côté du dos, par une tache d'un brun rougeâtre & luiſant, de forme triangulaire, dont la pointe ou le ſommet eſt tournée vers la queue, & dont les plumes ſont décompoſées comme celles du ſecond bouquet.

(a) Cet oiſeau a du rapport avec le *Manucodiata cirrata* d'Aldrovande, *tome I, pages 811 & 814.* Ce dernier a un bouquet pareil, formé pareillement de plumes effilées, de même couleur & poſées de même ; mais il paroît plus grand, & il a le bec & la queue beaucoup plus longs.

Un autre trait caractéristique de cet oiseau, ce sont les deux filets de la queue : ils sont longs d'environ un pied, larges d'une ligne, d'un bleu changeant en vert éclatant, & prennent naissance au‑dessus du croupion. Dans tout cela ils ressemblent fort aux filets de l'espèce précédente, mais ils en diffèrent par leur forme; car ils se terminent en pointe, & n'ont de barbes que sur la partie moyenne du côté intérieur seulement.

Le milieu du cou & de la poitrine est marqué depuis la gorge par une rangée de plumes très‑courtes, présentant une suite de petites lignes transversales qui sont alternativement d'un beau vert-clair changeant en bleu, & d'un vert-canard foncé.

Le brun est la couleur dominante du bas-ventre, du croupion & de la queue; le jaune-roussâtre est celle des pennes des ailes & de leurs couvertures; mais les pennes ont de plus une tache brune à leur extrémité, du moins telles sont celles qui restent à l'individu que l'on voit au Cabinet du Roi; car il est bon d'avertir qu'on lui avoit arraché les plus longues pennes des ailes ainsi que les pieds *(b)*.

Au reste, ce manucode est un peu plus gros que celui dont nous venons de parler à l'article précédent; il a le bec de même, & les plumes du front s'étendent sur les narines qu'elles recou‑vrent en partie; ce qui est une contravention assez marquée au caractère établi pour ces sortes d'oiseaux par l'un de nos Ornitho‑logistes les plus habiles *(c)*; mais les Ornithologistes à méthode doivent être accoutumés à voir la Nature, toujours libre dans sa

---

(b) Je ne sais si l'individu observé par Aldrovande avoit le nombre des pennes de l'aile bien complet; mais cet Auteur dit que ces pennes étoient de couleur noirâtre.

(c) Les plumes de la base du bec tournées en arrière, & laissant les narines à découvert. *Ornithologie* de Brisson, *tome II, page 130.*

marche, toujours variée dans ſes procédés, échapper à leurs entraves & ſe jouer de leurs loix.

Les plumes de la tête ſont courtes, droites, ſerrées & fort douces au toucher; c'eſt une eſpèce de velours de couleur changeante, comme dans preſque tous les oiſeaux de Paradis, & le fond de cette couleur eſt un mordoré brun : la gorge eſt auſſi revêtue de plumes veloutées; mais celles-ci ſont noires, avec des reflets vert-dorés.

LE MANUCODE

Oiseau de Paradis, de la Nouvelle Guinée, dit le Magnifique.

LE MANUCODE NOIR
DE LA NOUVELLE GUINÉE, dit *le Superbe*.

LE noir eft en effet la principale couleur qui règne fur le plumage de cet oifeau *(pl. 632)*; mais c'eft un noir riche & velouté, relevé fous le cou & en plufieurs autres endroits par des reflets d'un violet foncé. On voit briller fur la tête, la poitrine & la face poftérieure du cou les nuances variables qui compofent ce qu'on appelle un beau vert changeant; tout le refte eft noir, fans en excepter le bec.

Je mets cet oifeau à la fuite des oifeaux de Paradis, quoiqu'il n'ait point de filets à la queue; mais on peut fuppofer que la mue ou d'autres accidens ont fait tomber ces filets: d'ailleurs il fe rapproche de ces fortes d'oifeaux, non-feulement par fa forme totale & celle de fon bec, mais encore par l'identité de climat, par la richeffe de fes couleurs, & par une certaine furabondance, ou fi l'on veut, par un certain luxe de plumes qui eft, comme on fait, propre aux oifeaux de Paradis. Ce luxe de plumes fe marque dans celui-ci, en premier lieu, par deux petits bouquets de plumes noires qui recouvrent les deux narines; en fecond lieu, par deux autres paquets de plumes de même couleur, mais beaucoup plus longues & dirigées en fens contraire. Ces plumes prennent naiffance des épaules, & fe relevant plus ou moins fur le dos, mais toujours inclinées en arrière, forment à l'oifeau des efpèces de fauffes ailes qui s'étendent prefque jufqu'au bout des véritables, lorfque celles-ci font dans leur fituation de repos.

Il faut ajouter que ces plumes font de longueurs inégales, & que celles de la face antérieure du cou & des côtés de la poitrine font longues & étroites.

LE SIFILET

o u

MANUCODE À SIX FILETS.

SI l'on prend les filets pour le caractère spécifique des manucodes, celui-ci eſt le manucode par excellence : car au lieu de deux filets il en a ſix , & de ces ſix il n'en ſort pas un ſeul du dos, mais tous prennent naiſſance de la tête, trois de chaque côté; ils ſont longs d'un demi-pied , & ſe dirigent en arrière ; ils n'ont de barbes qu'à leur extrémité ſur une étendue d'environ ſix lignes. : ces barbes ſont noires & aſſez longues.

Indépendamment de ces filets, l'oiſeau *(pl. 633)* dont il s'agit dans cet article, a encore deux autres attributs qui, comme nous l'avons dit, ſemblent propres aux oiſeaux de Paradis, le luxe des plumes & la richeſſe des couleurs.

Le luxe des plumes conſiſte dans le ſifilet, 1.° en une ſorte de huppe compoſée de plumes roides & étroites, laquelle s'élève ſur la baſe du bec ſupérieur; 2.° dans la longueur des plumes du ventre & du bas-ventre, leſquelles ont juſqu'à quatre pouces & plus: une partie de ces plumes s'étendant directement, cache le deſſous de la queue, tandis qu'une autre partie ſe relevant obliquement de chaque côté, recouvre la face ſupérieure de cette même queue juſqu'au tiers de ſa longueur, & toutes répondent aux plumes ſubalaires de l'oiſeau de Paradis & du manucode.

A l'égard du plumage, les couleurs les plus éclatantes brillent ſur ſon cou, par-derrière le vert doré & le violet bronzé; par-devant, l'or de la topaſe avec des reflets qui ſe jouent dans toutes

632.

Oiseau de Paradis de la Nouvelle Guinée, dit le Superbe .

Le Sisilet, de la nouvelle Guinée.

les nuances du vert, & ces couleurs tirent un nouvel éclat de leur oppofition avec les teintes rembrunies des parties voifines; car la tête eft d'un noir changeant en violet foncé, & tout le refte du corps eft d'un brun prefque noirâtre avec des reflets du même violet foncé.

Le bec de cet oifeau eft le même à peu-près que celui des oifeaux de Paradis; la feule différence, c'eft que fon arête fupérieure eft anguleufe & tranchante, au lieu qu'elle eft arrondie dans la plupart des autres efpèces.

On ne peut rien dire des pieds ni des ailes, parce qu'on les avoit arrachés à l'individu qui a fervi de fujet à cette defcription, fuivant la coutume des chaffeurs ou marchands Indiens; tout ce monde ayant intérêt, comme nous avons dit, de fupprimer ce qui augmente inutilement le poids ou le volume, & bien plus encore ce qui peut offufquer les belles couleurs de ces oifeaux.

LE CALYBÉ
DE LA NOUVELLE GUINÉE (a).

NOUS retrouvons ici, finon le luxe & l'abondance des plumes, au moins les belles couleurs & le plumage velouté des oifeaux de Paradis.

Le velours de la tête eft d'un beau bleu changeant en vert, dont les reflets imitent ceux de l'aigue-marine; le velours du cou a le poil un peu plus long, mais il brille des mêmes couleurs, excepté que chaque plume étant d'un noir luftré dans fon milieu, & d'un vert changeant en bleu feulement fur les bords, il en réfulte des nuances ondoyantes qui ont beaucoup plus de jeu que celles de la tête. Le dos, le croupion, la queue & le ventre font d'un bleu d'acier poli, égayé par des reflets très-brillans.

Les petites plumes veloutées du front fe prolongent en avant jufque fur une partie des narines, lefquelles font plus profondes que dans les efpèces précédentes. Le bec eft auffi plus grand & plus gros; mais il eft de même forme, & fes bords font pareillement échancrés vers la pointe. Pour la queue on n'y a compté que fix pennes, mais probablement elle n'étoit pas entière.

L'individu qui a fervi de fujet à cette defcription, ainfi que ceux qui ont fervi de fujets aux trois defcriptions précédentes (b),

eft

(a) C'eft le nom que M. Daubenton le jeune a donné à cet oifeau pour exprimer la principale couleur de fon plumage, qui eft celle de l'acier bronzé; & c'eft au même M. Daubenton que je dois tous les élémens des defcriptions de ces quatre efpèces nouvelles.

(b) Ces quatre oifeaux font partie de la belle fuite d'animaux & autres objets d'Hiftoire Naturelle, rapportée des Indes depuis fort peu de temps, & remife au

Cabinet

Le Calybé, de la Nouvelle Guinée.

eſt enfilé dans toute ſa longueur d'une baguette qui ſort par le bec, & le déborde de deux ou trois pouces. C'eſt de cette manière très-ſimple, & en retranchant les plumes de mauvais effet, que les Indiens ſavent ſe faire ſur le champ une aigrette ou une eſpèce de panache tout-à-fait agréable, avec le premier petit oiſeau à beau plumage qu'ils trouvent ſous la main ; mais auſſi c'eſt une manière ſûre de déformer ces oiſeaux & de les rendre méconnoiſſables, ſoit en leur alongeant le cou outre meſure, ſoit en altérant toutes leurs autres proportions ; & c'eſt par cette raiſon qu'on a eu beaucoup de peine à retrouver dans le calybé l'inſertion des ailes qui lui avoient été arrachées aux Indes, en ſorte qu'avec un peu de crédulité on n'eût pas manqué de dire que cet oiſeau *(pl. 634)* joignoit à la ſingularité d'être né ſans pieds, la ſingularité bien plus grande d'être né ſans ailes.

Le calybé s'éloigne plus des manucodes que les trois eſpèces précédentes, c'eſt pourquoi je l'ai renvoyé à la dernière place & lui ai donné un nom particulier.

Cabinet du Roi par M. Sonnerat, Correſpondant de ce même Cabinet. Il ſeroit à ſouhaiter que tous les Correſpondans euſſent le même zèle & le même goût pour l'Hiſtoire Naturelle que M. Sonnerat, & que celui-ci renchériſſant encore ſur lui-même, ſe mît en état de joindre à la peau de chaque animal une notice exacte de ſes habitudes & de ſes mœurs.

LE PIQUE-BŒUF.

M. BRISSON eſt le premier qui ait décrit & fait connoître ce petit oiſeau *(pl. 293)*, envoyé du Sénégal par M. Adanſon. Il a environ quatorze pouces de vol & n'eſt guère plus gros qu'une alouette huppée : ſon plumage n'a rien de diſtingué : en général le gris-brun domine ſur la partie ſupérieure du corps, & le gris-jaunâtre ſur la partie inférieure. Le bec n'eſt pas d'une couleur conſtante ; dans quelques individus il eſt tout brun, dans d'autres rouge à la pointe & jaune à la baſe, dans tous il eſt de forme preſque quadrangulaire, & ſes deux pièces ſont renflées par le bout en ſens contraire. La queue eſt étagée & on y remarque une petite ſingularité, c'eſt que les douze pennes dont elle eſt compoſée ſont toutes fort pointues. Enfin pour ne rien oublier de ce que la figure ne peut dire aux yeux, la première phalange du doigt extérieur eſt étroitement unie avec celle du doigt du milieu.

Cet oiſeau eſt très-friand de certains vers ou larves d'inſectes qui écloſent ſous l'épiderme des bœufs & y vivent juſqu'à leur métamorphoſe : il a l'habitude de ſe poſer ſur le dos de ces animaux & de leur entamer le cuir à coups de bec pour en tirer ces vers ; c'eſt de-là que lui vient ſon nom de pique-bœuf *(a)*.

(a) Voyez l'*Ornithologie* de M. Briſſon, *tome II, page 436.* Il le nomme en Latin *Buphagus.*

Le Pique-boeuf, du Sénégal.

L'ÉTOURNEAU (a).

IL eſt peu d'oiſeaux auſſi généralement connus que celui-ci *(pl. 75)*, ſur-tout dans nos climats tempérés; car outre qu'il paſſe toute l'année dans le canton qui l'a vu naître ſans jamais voyager au loin *(b)*, la facilité qu'on trouve à le priver & à lui donner une ſorte d'éducation, fait qu'on en nourrit beaucoup en cage, & qu'on eſt dans le cas de les voir ſouvent & de fort près, en ſorte qu'on a des occaſions ſans nombre d'obſerver leurs habitudes & d'étudier leurs mœurs, dans l'état de domeſticité comme dans l'état de nature.

Les merles ſont de tous les oiſeaux ceux avec qui l'étourneau a

---

(a) En Hébreu, *Sarſir*, ſelon quelques-uns; *Zeʒir*, ſelon d'autres; en Arabe, *Alʒaraʒir*, dont on a formé le nom Latin, *Zarater, Aʒuri* ſelon d'autres: en Grec, Ψὰρ, Ψάερς, d'où Ψαερνίον le granite, eſpèce de pierre tachetée, ainſi que l'Étourneau, Α'σπάλος, Βάϑός, Γολμίς, ou Ψολμὶς; en Latin, *Sturnus, Sturnellus;* en Italien, *Sturno, Storno, Stornello;* en Portugais, *Sturnino;* en Eſpagnol, *Eſtornino;* en Catalan, *Stornell;* en Périgord, *Eſtournel;* en Guyenne, *Tournel;* en François, *Eſtourneau, Eſtorneau, Eſterneau, Éterneau, Étourneau, Sanſonnet,* & même *Chanſonnet,* ſelon Cotgrave; ce qui indique ſon aptitude à apprendre à chanter; en Allemand, *Staar, Staer, Stoer, Starn, Rinder-Star* (parce qu'ils ſuivent les troupeaux de bœufs) *Spreche, Sprehe;* en Suédois, *Stare;* en Anglois, *Stare, Starll, Starling, Sterlyng;* en Flamand, *Spreuve, Sprue;* en Polonois, *Sʒpak, Spatʒek, Sſpaczieck, Skorʒek.*

Polydore Virgile prétend que cet oiſeau appelé *Sterlyng* en Anglois, a donné ſon nom à la livre numéraire Angloiſe, dite *Sterling;* il auroit pu faire venir tout auſſi naturellement du mot François *Étourneau,* notre livre *Tournois;* mais il eſt conſtant que ce mot Tournois eſt formé du mot Tours, nom d'une ville de France, & il eſt probable que le mot Sterling eſt formé du nom d'une ville d'Écoſſe, appelée *Sterling.*

(b) Il paroît que dans des climats plus froids, tels que la Suède & la Suiſſe, ils ſont moins ſédentaires & deviennent oiſeaux de paſſage: *Diſcedit poſt mediam æſtatem in Scaniam campeſtrem,* dit M. Linnæus. *Fauna Suecica,* page 70. *Cum abeunt e noſtrâ regione,* dit Geſner, page 745. *De Avibus.*

le plus de rapport; les jeunes de l'une & l'autre espèce se ressemblent même si parfaitement qu'on a peine à les distinguer *(c)*.
Mais lorsqu'avec le temps ils ont pris chacun leur forme décidée,
leurs traits caractéristiques, on reconnoît que l'étourneau diffère
du merle par les mouchetures & les reflets de son plumage, par
la conformation de son bec plus obtus, plus plat & sans échancrure
vers la pointe *(d)*, par celle de sa tête aussi plus aplatie, &c.
Mais une autre différence fort remarquable, & qui tient à une
cause plus profonde, c'est que l'espèce de l'étourneau est une
espèce isolée dans notre Europe, au lieu que les espèces des
merles y paroissent fort multipliées.

Les uns & les autres se ressemblent encore, en ce qu'ils ne
changent point de domicile pendant l'hiver : seulement ils choisissent dans le canton où ils sont établis, les endroits les mieux
exposés *(e)*, & qui sont le plus à portée des fontaines chaudes;
mais avec cette différence que les merles vivent alors solitairement,
ou plutôt qu'ils continuent de vivre seuls ou presque seuls, comme
ils font le reste de l'année; au lieu que les étourneaux n'ont pas
plutôt fini leur couvée qu'ils se rassemblent en troupes très-nombreuses : ces troupes ont une manière de voler qui leur est propre,
& semble soumise à une tactique uniforme & régulière, telle

(c) Voyez Belon, page 322. *Nature des Oiseaux.*

Cette ressemblance entre les jeunes merles & les jeunes étourneaux est telle, que
j'ai vu un procès véritable, une instance juridique entre deux particuliers, dont l'un
réclamoit un étourneau ou sansonnet qu'il prétendoit avoir mis en pension chez l'autre
pour lui apprendre à parler, siffler, chanter, &c. & l'autre représentoit un merle fort
bien élevé, & réclamoit son salaire, prétendant en effet n'avoir reçu qu'un merle.

(d) M. Barrère dit que l'étourneau a le bec quadrangulaire, *Ornithologia specimen
novum*, page 39. Il conviendra au moins que les angles en sont fort arrondis.

(e) C'est apparemment ce qui a fait dire à Aristote que l'étourneau se tient caché
pendant l'hiver.

que

que feroit celle d'une troupe difciplinée, obéiffant avec précifion
à la voix d'un feul chef : c'eft à la voix de l'inftinct que les
étourneaux obéiffent, & leur inftinct les porte à fe rapprocher
toujours du centre du peloton, tandis que la rapidité de leur
vol les emporte fans ceffe au-delà ; en forte que cette multitude
d'oifeaux, ainfi réunis par une tendance commune vers le même
point, allant & venant fans ceffe, circulant & fe croifant en tout
fens, forme une efpèce de tourbillon fort agité, dont la maffe
entière, fans fuivre de direction bien certaine, paroît avoir un
mouvement général de révolution fur elle-même, réfultant des
mouvemens particuliers de circulation propres à chacune de fes
parties ; & dans lequel le centre tendant perpétuellement à fe
développer, mais fans ceffe preffé, repouffé par l'effort contraire
des lignes environnantes qui pèfent fur lui, eft conftamment plus
ferré qu'aucune de ces lignes, lefquelles le font elles-mêmes
d'autant plus qu'elles font plus voifines du centre.

Cette manière de voler a fes avantages & fes inconvéniens ;
elle a fes avantages contre les entreprifes de l'oifeau de proie,
qui fe trouvant embarraffé par le nombre de ces foibles adver-
faires, inquiété par leurs battemens d'ailes, étourdi par leurs cris,
déconcerté par leur ordre de bataille, enfin ne fe jugeant pas
affez fort pour enfoncer des lignes fi ferrées, que la peur
concentre encore de plus en plus, fe voit contraint fort fouvent
d'abandonnner une fi riche proie fans avoir pu s'en approprier
la moindre partie.

Mais d'autre côté un inconvénient de cette façon de voler
des étourneaux, c'eft la facilité qu'elle offre aux Oifeleurs d'en
prendre un grand nombre à la fois, en lâchant à la rencontre
d'une de ces volées un ou deux oifeaux de la même efpèce,

ayant à chaque patte une ficelle engluée : ceux-ci ne manquent pas de se mêler dans la troupe, & au moyen de leurs allées & venues perpétuelles d'en embarrasser un grand nombre dans la ficelle perfide, & de tomber bientôt avec eux aux pieds de l'Oiseleur.

C'est sur-tout le soir que les étourneaux se réunissent en grand nombre, comme pour se mettre en force & se garantir des dangers de la nuit : ils la passent ordinairement toute entière, ainsi rassemblés, dans les roseaux où ils se jettent vers la fin du jour avec grand fracas (f). Ils jasent beaucoup le soir & le matin avant de se séparer, mais beaucoup moins le reste de la journée, & point du tout pendant la nuit.

Les étourneaux sont tellement nés pour la société, qu'ils ne vont pas seulement de compagnie avec ceux de leur espèce, mais avec des espèces différentes. Quelquefois au printemps & en automne, c'est-à-dire avant & après la saison des couvées, on les voit se mêler & vivre avec les corneilles & les choucas, comme aussi avec les litornes & les mauvis, & même avec les pigeons.

Le temps des amours commence pour eux sur la fin de mars, c'est alors que chaque paire s'assortit; mais ici comme ailleurs, ces unions si douces sont préparées par la guerre, & décidées par la force; les femelles n'ont pas le droit de faire un choix; les mâles, peut-être plus nombreux & toujours plus pressés, sur-tout au commencement, se les disputent à coups de bec, & elles appartiennent au vainqueur. Leurs amours sont presque aussi bruyans que leurs combats; on les entend alors gazouiller

---

(f) *Auuentando ben speffo con tanta furia, che è per la moltitudine è per l'impeto con che vanno, nel giugnere si sente finder l'aria con un strepito horribile non dissimile alla gragnuola.* Olina. Uccelliera, p. 18.

continuellement : chanter & jouir c'eſt toute leur occupation, &
leur ramage eſt même ſi vif qu'ils ſemblent ne pas connoître la
longueur des intervalles.

Après qu'ils ont ſatisfait au plus preſſant des beſoins, ils
ſongent à pourvoir à ceux de la future couvée, ſans cependant
y prendre beaucoup de peine, car ſouvent ils s'emparent d'un
nid de pivert, comme le pivert s'empare quelquefois du leur;
lorſqu'ils veulent le conſtruire eux-mêmes, toute la façon conſiſte
à amaſſer quelques feuilles sèches, quelques brins d'herbes & de
mouſſe au fond d'un trou d'arbre ou de muraille : c'eſt ſur ce
matelas fait ſans art que la femelle dépoſe cinq ou ſix œufs d'un
cendré verdâtre, & qu'elle les couve l'eſpace de dix-huit à vingt
jours : quelquefois elle fait ſa ponte dans les colombiers, au-deſſus
des entablemens des maiſons, & même dans des trous de rochers
ſur les côtes de la mer, comme on le voit dans l'île de Wight
& ailleurs *(g)*. On m'a quelquefois apporté dans le mois de mai
de prétendus nids d'étourneaux qu'on avoit trouvés, diſoit-on, ſur
des arbres; mais comme deux de ces nids entr'autres reſſembloient
tout-à-fait à des nids de grives, j'ai ſoupçonné quelque ſupercherie
de la part de ceux qui me les avoient apportés, à moins qu'on
ne veuille imputer la ſupercherie aux étourneaux eux-mêmes, &
ſuppoſer qu'ils s'emparent quelquefois des nids de grives & d'autres
oiſeaux, comme nous avons vu qu'ils s'emparoient ſouvent des
trous des piverts. Je ne nie pas cependant que dans certaines
circonſtances ces oiſeaux ne faſſent leurs nids eux-mêmes, un
habile Obſervateur m'ayant aſſuré avoir vu pluſieurs de ces nids
ſur le même arbre. Quoi qu'il en ſoit, les jeunes étourneaux
reſtent fort long-temps ſous la mère, & par cette raiſon je

(g) British Zoology, page 93.

douterois que cette espèce fît jusqu'à trois couvées par an, comme l'assurent quelques Auteurs *(h)*, si ce n'est dans les pays chauds où l'incubation, l'éducation & toutes les périodes du développement animal, sont abrégées en raison du degré de chaleur.

En général les plumes des étourneaux sont longues & étroites, comme dit Belon *(i)*, leur couleur est dans le premier âge un brun noirâtre, uniforme, sans mouchetures comme sans reflets. Les mouchetures ne commencent à paroître qu'après la première mue, d'abord sur la partie inférieure du corps, vers la fin de juillet; puis sur la tête, & enfin sur la partie supérieure du corps aux environs du 20 d'août. Je parle toujours des jeunes étourneaux qui étoient éclos au commencement de mai.

J'ai observé que dans cette première mue les plumes qui environnent la base du bec tombèrent presque toutes à la fois, en sorte que cette partie fut chauve pendant le mois de juillet *(k)*, comme elle l'est habituellement dans la frayonne pendant toute l'année. Je remarquai aussi que le bec étoit presque tout jaune le 15 mai; cette couleur se changea bientôt en couleur de corne, & Belon assure qu'avec le temps elle devient orangée.

Dans les mâles les yeux sont plus bruns ou d'un brun plus uniforme *(l)*, les mouchetures du plumage plus tranchées, plus

_____

(h) Cova.... due o tre volte l'anno, con quatro o cinque uccelli per covata. Olina, *Uccelliera.*

(i) Nature des Oiseaux, page 321.

(k) Je ne sais pourquoi Pline a dit, en parlant des étourneaux : *Sed hi plumam non amittunt.* Pline, *lib. X, cap. XXIV.*

(l) La femina ha nel chiaro del occhio una maglietta, havendo lo maschio tutto nero bene. Olina, page 18. Cette espèce de taie que les femelles ont sur les yeux selon Olina, est apparemment ce que Willughby veut exprimer, en disant: *Oculorum irides avellaneæ, supernâ parte albidiores,* page 145, & il faut supposer que ce dernier parle ici de la femelle.

jaunâtres,

jaunâtres, & la couleur rembrunie des plumes qui n'ont point de mouchetures, eft égayée par des reflets plus vifs qui varient entre le pourpre & le vert foncé. Outre cela le mâle eft plus gros; il pèfe environ trois onces & demie. M. Salerne ajoute une autre différence entre les deux fexes, c'eft que la langue eft pointue dans le mâle & fourchue dans la femelle : il femble en effet que M. Linnæus ait vu cette partie pointue en certains individus & fourchue en d'autres *(m)* : pour moi je l'ai vu fourchue dans les fujets que j'ai eu occafion d'obferver.

Les étourneaux vivent de limaces, de vermiffeaux, de fcarabées, fur-tout de ces jolis fcarabées d'un beau vert bronzé luifant, avec des reflets rougeâtres, qu'on trouve au mois de juin fur les fleurs & principalement fur les rofes; ils fe nourriffent auffi de blé, de farrafin, de mil, de panis, de chenevis, de graine de fureau, d'olives, de cerifes, de raifins, &c. On prétend que cette dernière nourriture eft celle qui corrige le mieux l'amertume naturelle de leur chair *(n)*, & que les cerifes font celles pour laquelle ils montrent un appétit de préférence; auffi s'en fert-on comme d'un appât infaillible pour les attirer dans des naffes d'ofier que l'on tend parmi les rofeaux où ils ont coutume de fe retirer tous les foirs, & l'on en prend de cette manière jufqu'à cent dans une feule nuit; mais cette chaffe n'a plus lieu lorfque la faifon des cerifes eft paffée.

(m) Linguâ acutâ. Syft. nat. edit. X, page 167. *Linguâ bifidâ. Faun. Suec.* pag. 70.

(n) Voyez Schwenckfeld, M. Salerne, &c. Cardan dit que pour bonifier la chair des étourneaux, il ne s'agit que de leur couper la tête fitôt qu'ils font tués; Albin, qu'il faut leur enlever la peau; d'autres que les étourneaux de montagne valent mieux que les autres, mais tout cela doit s'entendre des jeunes, car malgré les montagnes & les précautions, la chair des vieux fera toujours sèche, amère & un très-mauvais manger.

Ils suivent volontiers les bœufs & autre gros bétail paissant dans les prairies, attirés, dit-on, par les insectes qui voltigent autour d'eux, ou peut-être par ceux qui fourmillent dans leur fiente, & en général dans toutes les prairies. C'est de cette habitude que leur est venu le nom Allemand, *Rinder-Staren*. On les accuse encore de se nourrir de la chair des cadavres exposés sur les fourches patibulaires (o); mais ils n'y vont apparemment que parce qu'ils y trouvent des insectes. Pour moi j'ai fait élever de ces oiseaux, & j'ai remarqué que lorsqu'on leur présentoit de petits morceaux de viande crue, ils se jetoient dessus avec avidité & les mangeoient de même; si c'étoit un calice d'œillet, contenant de la graine formée, ils ne le saisissoient pas sous leurs pieds, comme font les geais, pour l'éplucher avec le bec; mais le tenant dans le bec, ils le secouoient souvent & le frappoient à plusieurs reprises contre les bâtons ou le fond de la cage, jusqu'à ce que le calice s'ouvrît & laissât paroître & sortir la graine. J'ai aussi remarqué qu'ils buvoient à peu-près comme les gallinacés, & qu'ils prenoient grand plaisir à se baigner : selon toute apparence l'un de ceux que je faisois élever est mort de refroidissement, pour s'être trop baigné pendant l'hiver.

Ces oiseaux vivent sept ou huit ans, & même plus dans l'état de domesticité. Les sauvages ne se prennent point à la pipée, parce qu'ils n'accourent point à l'appeau, c'est-à-dire, au cri de la chouette : mais outre la ressource des ficelles engluées & des nasses dont j'ai parlé plus haut, on a trouvé le moyen d'en prendre des couvées entières à la fois, en attachant aux murailles & sur les arbres où ils ont coutume de nicher, des pots de terre cuite, d'une forme commode, & que ces oiseaux préfèrent souvent aux trous.

_____

(o) Aldrovande, *tome II, page 642.*

d'arbres & de muraille pour y faire leur ponte *(p)*. On en prend auffi beaucoup au lacet & à la pantière; en quelques endroits de l'Italie on fe fert de belettes apprivoifées pour les tirer de leurs nids ou plutôt de leurs trous; car le grand art de l'homme eft de fe fervir d'une efpèce efclave pour étendre fon empire fur les autres.

Les étourneaux ont une paupière interne, les narines à demi-recouvertes par une membrane, les pieds d'un brun rougeâtre *(q)*, le doigt extérieur uni à celui du milieu jufqu'à la première pha-lange, l'ongle poftérieur plus fort qu'aucun autre, le géfier peu charnu, précédé d'une dilatation de l'œfophage & contenant quelquefois de petites pierres dans fa cavité; le tube inteftinal long de vingt pouces d'un orifice à l'autre, la véficule du fiel à l'ordinaire, les *cæcums* fort petits & plus près de l'anus qu'ils ne font ordinairement dans les oifeaux.

En difféquant un jeune étourneau, de ceux qui avoient été élevés chez moi, j'ai remarqué que les matières contenues dans le géfier & les inteftins étoient abfolument noires, quoique cet oifeau eût été nourri uniquement avec de la mie de pain & du lait : cela fuppofe une grande abondance de bile noire, & rend en même temps raifon de l'amertume de la chair de ces oifeaux, & de l'ufage qu'on a fait de leurs excrémens dans les cofmétiques.

Un étourneau peut apprendre à parler indifféremment François, Allemand, Latin, Grec, &c. *(r)* & à prononcer de fuite des

---

(p) Olina, *Uccelliera*, page 18. Schwenckfeld, *Aviarium Silefiæ*, page 352.

(q) Je ne fais pourquoi Willughby a dit, *Tibiæ ad articulos ufque plumofæ*. *Orni-thologia*, page 145. Je n'ai rien vu de pareil dans tous les étourneaux qui m'ont paffé fous les yeux.

(r) *Habebant & Cæfares juvenes item fturnum, lufcinias græco atque latino fermone dociles ; præterea meditantes in diem & affiduè nova loquentes, longiore etiam contextu.* Pline, *lib. X, cap. XLII.*

phrafes un peu longues : fon gofier fouple fe prête à toutes les inflexions, à tous les accens. Il articule franchement la lettre R *(f)* & foutient très-bien fon nom de fanfonnet ou plutôt de *chanfonnet* par la douceur de fon ramage acquis, beaucoup plus agréable que fon ramage naturel *(t)*.

Cet oifeau eft fort répandu dans l'ancien continent; on le trouve en Suède, en Allemagne, en France, en Italie, dans l'île de Malte, au cap de Bonne-efpérance *(u)*, & par-tout à peu-près le même; au lieu que les oifeaux d'Amérique auxquels on a donné le nom d'étourneaux, forment des efpèces affez multipliées, comme nous le verrons bientôt.

(f) Scaliger, *Exercit.*

(t) *Sturnus pifitat ore, ifitat, pififtrat.* C'eft ainfi que les Latins exprimoient le cri de l'étourneau. Voyez *Autor Philomelæ*, &c.

(u) Voyez Kolbe, *tome III, page 159.*

VARIÉTÉS

5

Sansonnet ou Etourneau de France.

VARIÉTÉS DE L'ÉTOURNEAU.

QUOIQUE l'empreinte du moule primitif ait été affez ferme dans l'efpèce de notre étourneau pour empêcher que fes races diverfes, s'éloignant à un certain point, formaffent enfin des efpèces diftinctes & féparées, elle n'a pu cependant rendre abfo-lument nulle la tendance perpétuelle qui porte la Nature à la variété, tendance qui fe manifefte ici d'une manière fort marquée, puifqu'on trouve des étourneaux noirs (ce font les jeunes), d'autres tout blancs, d'autres blancs & noirs, enfin d'autres gris, c'eft-à-dire, dont le noir s'eft fondu dans le blanc.

Il faut remarquer que fouvent on a trouvé ces variétés dans les nids des étourneaux ordinaires, en forte qu'on ne peut les confidérer que comme des variétés individuelles, ou purement éphémères, que la Nature femble produire en fe jouant fur la fuperficie, qu'elle anéantit à chaque génération pour les renouveler & les détruire encore, mais qui ne pouvant ni fe perpétuer, ni pénétrer jufqu'au type fpécifique, ne peuvent conféquemment donner aucune atteinte à fa pureté, à fon unité. Telles font les variétés fuivantes dont parlent les Auteurs.

I. L'étourneau blanc d'Aldrovande *(a)* aux pieds couleur de chair, & au bec jaunâtre, tel qu'il eft dans nos étourneaux devenus vieux. Aldrovande remarque que celui-ci avoit été pris avec des étourneaux ordinaires, & Rzaczinski affure que dans un certain canton de la Pologne *(b)*, on voyoit fouvent fortir du même nid un étourneau noir & un blanc. Willughby parle auffi de

(a) Tome II, page 631.
(b) Prope Coronoviam.
Tome III.   H h h

deux étourneaux de cette dernière couleur, qu'il avoit vus dans le Cumberland.

I I. L'étourneau noir & blanc : je rapporte à cette variété, 1.° l'étourneau à tête blanche d'Aldrovande *(c)*: cet oiseau avoit en effet la tête blanche, ainsi que le bec, le cou, tout le dessous du corps, les couvertures des ailes & les deux pennes extérieures de la queue; les autres pennes de la queue & toutes celles des ailes étoient comme dans l'étourneau ordinaire : le blanc de la tête étoit relevé par deux petites taches noires, situées au-dessus des yeux, & le blanc du dessous du corps étoit varié par de petites taches bleuâtres. 2.° L'étourneau-pie de Schwenckfeld qui avoit le sommet de la tête, la moitié du bec du côté de la base, le cou, les pennes des ailes & de la queue noirs, & tout le reste blanc *(d)*. 3.° L'étourneau à tête noire vu par Willughby *(e)*, ayant tout le reste du corps blanc.

III. L'étourneau gris-cendré d'Aldrovande *(f)*. Cet Auteur est le seul qui en ait vu de cette couleur, laquelle n'est autre chose, comme nous l'avons dit, que le blanc fondu avec le noir. On conçoit aisément combien ces variétés peuvent être multi-pliées, soit par les différentes distributions du noir & du blanc, soit par les différentes nuances de gris, résultant des différentes proportions de ces couleurs fondues ensemble.

(c) Tome II, page 637.

(d) *Aviarium Silesiæ*, page 353.

(e) *Ornithologia*, page 145.

(f) Pages 638 & 639.

OISEAUX ÉTRANGERS,
Qui ont rapport à L'ÉTOURNEAU.

I.

L'ÉTOURNEAU
DU CAP DE BONNE-ESPÉRANCE
OU
L'ÉTOURNEAU-PIE.

J'AI donné à cet oiseau d'Afrique *(pl. 280)* le nom d'É-tourneau-pie, parce qu'il m'a paru avoir plus de rapports, quant à sa forme totale, avec notre étourneau, qu'avec aucune autre espèce, & parce que le noir & le blanc, qui sont les seules couleurs de son plumage, y sont distribuées à peu-près comme dans le plumage de la pie.

S'il n'avoit pas le bec plus gros & plus long que notre étourneau d'Europe, on pourroit le regarder comme une de ses variétés, d'autant plus que notre étourneau se retrouve au cap de Bonne-espérance ; cette variété se rapporteroit naturellement à celle dont j'ai fait mention ci-dessus, & où le noir & le blanc sont distribués par grandes taches. La plus remarquable & celle qui caractérise le plus la physionomie de cet oiseau, c'est une tache blanche fort grande, de forme ronde, située de chaque côté de la tête, sur laquelle l'œil paroît placé presqu'en entier, & qui se prolongeant en pointe par-devant jusqu'à la base du bec, a par-derrière une espèce d'appendice variée de noir qui descend le long du cou.

Cet oiſeau eſt le même que l'étourneau noir & blanc des Indes d'Edwards, *planche 187*; que le *contra* de Bengale d'Albin, *tome III, planche 21*; que l'étourneau du cap de Bonne-eſpérance de M. Briſſon, *tome II, page 446*; & même que ſon neuvième troupiale, *tome II, page 94*. Il a avoué & rectifié ce double emploi, *page 54* de ſon ſupplément, & il eſt en vérité bien excuſable au milieu de ce cahos de deſcriptions incomplettes, de figures tronquées & d'indications équivoques qui embarraſſent & ſurchargent l'Hiſtoire Naturelle. Cela fait voir combien il eſt eſſentiel, lorſqu'on fait l'hiſtoire d'un oiſeau, de le reconnoître dans les diverſes deſcriptions que les Auteurs en ont faites, & d'indiquer les différens noms qu'on lui a donnés en différens temps & en différens lieux; ſeul moyen d'éviter ou de rectifier la ſtérile multiplication des eſpèces purement nominales.

II.

L'ÉTOURNEAU DE LA LOUISIANE
ou
LE STOURNE.

CE mot de Stourne eſt formé du Latin *Sturnus*, je l'ai appliqué à un oiſeau d'Amérique *(pl. 256)* aſſez différent de notre étourneau pour mériter un nom diſtinct, mais qui a aſſez de rapports avec lui pour mériter un nom analogue. Il a le deſſus du corps d'un gris varié de brun & le deſſous du corps jaune. Les marques les plus diſtinctives de cet oiſeau en fait de couleur, ſont, 1.° une plaque noirâtre variée de gris, ſituée au bas du cou & ſe détachant très-bien du fond, qui, comme nous venons de le dire, eſt de couleur jaune : 2.° trois bandes blanches qu'il
a ſur

a fur la tête, toutes les trois partant de la bafe du bec fupérieur, & s'étendant jufqu'à l'*occiput ;* l'une tient le fommet ou le milieu de la tête, les deux autres, qui font parallèles à cette première, paffent de chaque côté au-deffus des yeux. En général, cet oifeau fe rapproche de notre étourneau d'Europe par les proportions relatives des ailes & de la queue, & en ce que fes couleurs font difpofées par petites taches: il a auffi la tête plate, mais fon bec eft plus alongé.

Un Correfpondant du Cabinet nous affure que la Louifiane eft fort incommodée par des nuées d'étourneaux, ce qui indiqueroit quelque conformité dans la manière de voler des étourneaux de la Louifiane avec celle de nos étourneaux d'Europe; mais il n'eft pas bien fûr que le Correfpondant veuille parler de l'efpèce dont il s'agit ici.

III.

LE TOLCANA (a).

LA courte notice que Fernandez nous donne de cet oifeau, eft non-feulement incomplette, mais elle eft faite très-négligemment; car après avoir dit que le tolcana eft femblable à l'étourneau pour la forme & pour la groffeur, il ajoute tout de fuite qu'il eft un peu plus petit; cependant c'eft le feul Auteur original qu'on puiffe citer fur cet oifeau, & c'eft d'après fon témoignage que M. Briffon l'a rangé parmi les étourneaux : il me femble néanmoins que ces deux Auteurs caractérifent le genre de l'é- tourneau par des attributs très-différens; M. Briffon, par exemple, établit pour l'un de fes attributs caractériftiques le bec droit,

---

(a) Nom formé du nom Mexicain *Tolocatzanatl*, & qui fignifie étourneau des rofeaux, Fernandez, *Hift. avium novæ Hifpaniæ,* cap. XXXVI. C'eft le troifième étourneau de M. Briffon, *tome II, page 448.*

obtus & convexe; & Fernandez parlant d'un oiseau du genre du *tzanatl* ou étourneau *(b)*, dit qu'il est court, épais & un peu courbé : & dans un autre endroit *(c)* il rapporte un même oiseau nommé *cacalotototl*, au genre du corbeau (qui se nomme en effet *cacalotl* en Mexicain, *chap. CLXXXIV*) & à celui de l'étourneau *(d)*; en sorte que l'identité des noms employés par ces deux Écrivains ne garantit nullement l'identité de l'espèce dénommée, & c'est ce qui m'a déterminé à conserver à l'oiseau de cet article son nom Mexicain, sans assurer ni nier qu'il soit un étourneau.

Le tolcana se plaît comme nos étourneaux d'Europe dans les joncs & les plantes aquatiques. Sa tête est brune, & tout le reste de son plumage est noir. Cet oiseau n'a point de chant, mais seulement un cri, & il a cela de commun avec beaucoup d'autres oiseaux d'Amérique, qui sont en général plus recommandables par l'éclat de leurs couleurs que par l'agrément de leur ramage.

I V.
L E C A C A S T O L *(e)*.

JE ne mets cet oiseau étranger à la suite de l'étourneau, que sur la foi très-suspecte de Fernandez, & aussi d'après l'un de ses

---

(b) Fernandez, *chap. XXXVII.*

(c) *Ibid. chap.* CXXXII.

(d) *Cacalotototl seu avis corvina ad sturnorum tzanatlve genus videtur pertinere.*
Cet oiseau a, selon Fernandez, le plumage noir tirant au bleu, le bec tout-à-fait noir, l'iris orangé, la queue longue, la chair mauvaise à manger, & point de chant. Il se plaît dans les pays tempérés & les pays chauds. Il est difficile d'après cette notice tronquée, de dire si l'oiseau dont il s'agit est un corbeau ou un étourneau.

(e) Nom formé du nom Mexicain *Caxcaxtototl*. Fernandez, *chap.* CLVIII. On lui donne encore dans la nouvelle Espagne le nom de *Hueitzanatl*, & nous avons vu que le mot Mexicain *Tzanatl* répondoit à notre mot étourneau.

noms Mexicains qui indique quelque analogie avec l'étourneau. D'ailleurs je ne vois pas trop à quel autre oiseau d'Europe on pourroit le rapporter ; M. Brisson qui a voulu en faire un cottinga (f), a été obligé pour l'y amener de retrancher de la description de Fernandez, déjà trop courte, les mots qui indiquoient la forme alongée & pointue du bec; cette forme de bec étant en effet plus de l'étourneau que du cottinga. Outre cela le cacastol est à peu-près de la grosseur de l'étourneau, il a la tête petite comme lui, & n'est pas un meilleur manger; enfin il se tient dans les pays tempérés & les pays chauds. Il est vrai qu'il chante mal, mais nous avons vu que le ramage naturel de l'étourneau d'Europe n'étoit pas fort agréable, & il est à présumer que s'il passoit en Amérique où presque tous les oiseaux chantent mal, il chanteroit bientôt tout aussi mal, par la facilité qu'il a d'apprendre, c'est-à-dire, d'imiter le chant d'autrui.

V.

LE PIMALOT (a).

Le bec large de cet oiseau pourroit faire douter qu'il appartînt au genre de l'étourneau : mais s'il étoit vrai, comme le dit Fernandez, qu'il eût la nature & les mœurs des autres étourneaux, on ne pourroit s'empêcher de le regarder comme une espèce analogue, d'autant plus qu'il se tient ordinairement sûr les côtes de la mer du sud, apparemment parmi les plantes aquatiques, de même que notre étourneau d'Europe se plaît dans les roseaux comme nous avons vu. Le pimalot est un peu plus gros.

(f) Brisson, tome II, page 347.

(g) Mot formé du nom Mexicain de cet oiseau Pitzmalotl.

VI.

L'ÉTOURNEAU DES TERRES MAGELLANIQUES
o u
LE BLANCHE-RAIE.

JE donne à cette efpèce nouvelle, apportée par M. de Bou-
gainville, le nom de blanche-raie *(pl. 113)*, à caufe d'une longue
raie blanche qui, de chaque côté prenant naiffance près de la commiffure des deux pièces du bec, femble paffer par-deffous l'œil,
puis reparoît au-delà pour defcendre le long du cou. Cette raie
blanche fait d'autant plus d'effet qu'elle eft environnée au-deffus
& au-deffous de couleurs très-rembrunies : ces couleurs fombres
dominent fur la partie fupérieure du corps; feulement les pennes
des ailes & leurs couvertures font bordées de fauve. La queue
eft d'un noir décidé, fourchue de plus, & ne s'étend pas beaucoup
au-delà des ailes qui font fort longues. Le deffous du corps, y
compris la gorge, eft d'un beau rouge cramoifi, moucheté de
noir fur les côtés; la partie antérieure de l'aile eft du même
cramoifi fans mouchetures, & cette couleur fe retrouve encore
autour des yeux & dans l'efpace qui eft entre l'œil & le bec. Ce
bec quoiqu'obtus, comme celui des étourneaux, & moins pointu
que celui des troupiales, m'a paru cependant à tout prendre avoir
plus de rapport avec celui des troupiales; & fi l'on ajoute à cela
que le blanche-raie a beaucoup de la phyfionomie de ces derniers,
on ne fera pas difficulté de le regarder comme faifant la nuance
entre ces deux efpèces, qui d'ailleurs ont beaucoup de rapports
entre elles.

par Martinet.

Etourneau, du Cap de Bonne-Espérance.

LES TROUPIALES.

CES oiseaux ont, comme je viens de dire, beaucoup de rapports avec nos étourneaux d'Europe, & ce qui le prouve, c'est que souvent le Peuple & les Naturalistes ont confondu ces deux genres & ont donné le nom d'étourneau à plus d'un troupiale; ceux-ci pourroient donc être regardés à bien des égards comme les représentans de nos étourneaux en Amérique, concurremment avec les étourneaux Américains dont je viens de parler, quoique cependant ils aient des habitudes très-différentes, ne fût-ce que dans la manière de construire leurs nids.

Le nouveau continent est la vraie patrie, la patrie originaire des troupiales & de tous les autres oiseaux qu'on a rapportés à ce genre, tels que les cassiques, les baltimores & les carouges; & si l'on en cite quelques-uns soi-disant de l'ancien continent, c'est parce qu'ils y avoient été transportés originairement d'Amérique; tels sont probablement le troupiale du Sénégal, appelé *cap-more*, & représenté à deux âges différens *(planches 375 & 376)*; le carouge du cap de Bonne-espérance *(planche 607)*, & tous les prétendus troupiales de Madras auxquels on a donné ce nom sans les avoir bien connus.

Je retrancherai donc du genre des troupiales, 1.º les quatre espèces venant de Madras, & que M. Brisson a empruntées de M. Rai *(a)*, parce que la raison du climat ne permet pas de les regarder comme de vrais troupiales; que d'ailleurs je ne vois rien de caractéristique dans les descriptions originales, & que les figures

(a) Voyez l'*Ornithologie* de M. Brisson, *tome II, pages 90 & suiv.* & le *Synopsis avium* de Rai, *pages 194 & suiv.*

Tome III.　　　　　　　　　　　　　K k k

des oiseaux décrits, sont trop négligées pour qu'on puisse en tirer des marques distinctives qui les constituent troupiales plutôt que pies, geais, merles, loriots, gobe-mouches, &c. Un habile Ornithologiste (M. Edwards) croit que le geai jaune & le geai-bouffe de Petiver, dont M. Brisson a fait son sixième & son quatrième troupiale, ne sont autre chose que le loriot mâle & sa femelle *(b)*; que le geai bigarré de Madras, du même Petiver, dont M. Brisson a fait son cinquième troupiale, est son étourneau jaune des Indes *(c)*; & enfin que le troupiale huppé de Madras, dont M. Brisson a fait sa septième espèce *(d)*, est le même oiseau que le gobe-mouche huppé du cap de Bonne-espérance du même M. Brisson *(e)*.

2.° Je retrancherai le troupiale de Bengale, qui est le neuvième de M. Brisson *(f)*, puisque cet Auteur s'est aperçu lui-même que c'étoit sa seconde espèce d'étourneau.

3.° Je retrancherai encore le troupiale à queue fourchue, qui est le seizième de M. Brisson *(g)*, & la grive noire de Séba *(h)*; tout ce qu'en dit ce dernier, c'est qu'il surpasse de beaucoup la grive en grosseur, que son plumage est noir, qu'il a le bec jaune, le dessous de la queue blanc, le dessus, ainsi que le dos, comme

---

(b) Voyez les Oiseaux d'Edwards, *planche 185.*

(c) *Ibidem*, planche 186.

(d) *Ornithologie*, tome II, page 92.

(e) *Ibidem*, *page 418*, le mâle; *& 414*, la femelle; il ajoute que si les deux longues pennes de la queue manquoient dans ces deux individus, c'est, ou parce qu'elles n'étoient pas encore venues, ou parce que la mue ou quelqu'autre accident les avoit fait tomber. *Voyez* Edwards, *planche 325.*

(f) Tome II, page 94.

(g) *Ibidem*, page 105.

(h) Tome I, page 102.

voilé par une légère teinte de bleu, & une queue longue, large & fourchue; enfin, qu'à la différence près dans la forme de la queue & dans la groſſeur du corps, il avoit beaucoup de rapport à notre grive d'Europe : or je ne vois rien dans tout cela qui reſſemble à un troupiale, & la figure donnée par Séba, & que M. Briſſon trouve très - mauvaiſe, ne reſſemble pas plus à un troupiale qu'à une grive.

4.° Je retrancherai le carouge bleu de Madras *(i)*, parce que d'une part il m'eſt fort ſuſpect à raiſon du climat; que de l'autre, la figure ni la deſcription de M. Rai, n'ont abſolument rien qui caractériſe un carouge, & que même il n'en a pas le plumage : il a, ſelon cet Auteur, la tête, la queue & les ailes de couleur bleue, mais la queue d'une teinte plus claire : le reſte du plumage eſt noir ou cendré, excepté cependant le bec & les pieds qui ſont rouſſâtres.

5.° Enfin, je retrancherai le troupiale des Indes *(k)*, non-ſeulement à cauſe de la différence de climat, mais encore pour d'autres raiſons tout auſſi fortes qui me l'ont fait placer ci-deſſus entre les rolliers & les oiſeaux de Paradis.

Au reſte, quoiqu'on ait réuni dans un même genre avec les troupiales, comme je l'ai dit plus haut, les caſſiques, les baltimores & les carouges, il ne faut pas croire que ces divers oiſeaux n'aient pas des différences, & même aſſez caractériſées, pour conſtituer de petits genres ſubordonnés, puiſqu'ils en ont eu aſſez pour qu'on leur donnât des noms différens. En général, je ſuis en état

---

(i) M. Briſſon, *tome II, page 125.* M. Rai lui donne, d'après Petiver, le nom de petit geai bleu , petite pie de Madras ; en langue du pays, *Peach caye.* Voyez *Synopſis avium* , page 195.

(k) Briſſon, *tome VI, page 37.*

d'aſſurer, d'après la comparaiſon faite d'un aſſez grand nombre de ces oiſeaux, que les caſſiques ont le bec plus fort, enſuite les troupiales, puis les carouges. A l'égard des baltimores, ils ont le bec non-ſeulement plus petit que tous les autres, mais encore plus droit & d'une forme particulière, comme nous le verrons plus bas. Ils paroiſſent d'ailleurs avoir d'autres mœurs & d'autres allures, ce qui ſuffit, ce me ſemble, pour m'autoriſer à leur conſerver leurs noms particuliers, & à traiter à part chacune de ces familles étrangères.

Les caractères communs que leur aſſigne M. Briſſon, ce ſont les narines découvertes, & le bec en cône alongé, droit & très-pointu. J'ai auſſi remarqué que la baſe du bec ſupérieur ſe prolonge ſur le crâne, en ſorte que le toupet au lieu de faire la pointe, fait au contraire un angle rentrant aſſez conſidérable; diſpoſition qui ſe retrouve à la vérité dans quelques autres eſpèces, mais qui eſt plus marquée dans celle-ci.

LE

LE TROUPIALE (a).

CE qu'il y a de plus remarquable dans l'extérieur de cet oiseau *(pl. 532)*, c'est son long bec pointu, les plumes étroites de sa gorge, & la grande variété de son plumage : on n'y compte cependant que trois couleurs, le jaune orangé, le noir & le blanc; mais ces couleurs semblent se multiplier par leurs interruptions réciproques, & par l'art de leur distribution : le noir est répandu sur la tête, la partie antérieure du cou, le milieu du dos, la queue & les ailes; le jaune orangé occupe les intervalles & tout le dessous du corps; il reparoît encore dans l'iris *(b)* & sur la partie antérieure des ailes; le noir qui règne sur le reste, est interrompu par deux taches blanches oblongues, dont l'une est située à l'endroit des couvertures de ces mêmes ailes, & l'autre à l'endroit de leurs pennes moyennes.

Les pieds & les ongles sont tantôt noirs & tantôt plombés; le bec ne paroît pas non plus avoir de couleur constante; car il a été observé gris-blanc dans les uns *(c)*, brun-cendré dessus & bleu dessous dans les autres *(d)*, & enfin dans d'autres noir dessus & brun dessous. *(e)*

(a) C'est le *Troupiale* de M. Brisson, *tome II, page 86.* Il le nomme en Latin, *Icterus;* (l'un des noms latins du loriot, & qui ne peut convenir aux troupiales noirs) d'autres *Pica, Cissa, Picus, Turdus, Xanthornus, Coracias;* les Sauvages du Bresil, *Guira Tangeima;* ceux de la Guyane, *Yapou;* nos Colons, *Cul-jaune;* les Anglois lui ont donné dans leur langue une partie des noms ci-dessus; Albin, celui d'*oiseau de Banana.*

(b) Albin ajoute que l'œil est entouré d'une large bande de bleu; mais il est le seul qui l'ait vue, c'est apparemment une variété accidentelle.

(c) Brisson, *Ornithologie*, tome II, page 88.

(d) Albin, *tome II, page 27.*

(e) Sloane, *Jamaïca;* & Marcgrave, *Hist. Brasil. page 192.*

Tome III.　　　　　　　　　　　　　　L ll

Cet oiseau qui a neuf à dix pouces de longueur de la pointe du bec au bout de la queue, en a quatorze d'envergure, & la tête fort petite, selon Marcgrave. Il se trouve répandu depuis la Caroline jusqu'au Bresil, & dans les îles Caraïbes. Il a la grosseur du merle; il sautille comme la pie & a beaucoup de ses allures, suivant M. Sloane; il en a le même cri, selon Marcgrave, mais Albin assure qu'il ressemble dans toutes ses actions à l'étourneau, & il ajoute qu'on en voit quelquefois quatre ou cinq s'associer pour donner la chasse à un autre oiseau plus gros, & que lorsqu'ils l'ont tué, ils dévorent leur proie avec ordre, chacun mangeant à son rang; cependant M. Sloane, qui est un Auteur digne de foi, dit que les troupiales vivent d'insectes. Au reste, cela n'est pas absolument contradictoire; car tout animal qui se nourrit d'autres animaux vivans, quoique très-petits, est un animal de proie, & en dévorera à coup sûr de plus grands s'il trouve l'occasion de le faire avec sûreté, par exemple, en s'associant comme les troupiales d'Albin.

Ces oiseaux doivent avoir les mœurs très-sociales, puisque l'amour qui divise tant d'autres sociétés, semble au contraire resserrer les liens de la leur : bien loin de se séparer deux à deux pour s'apparier & remplir sans témoin les vues de la Nature sur la multiplication de l'espèce, on en voit quelquefois un très-grand nombre de paires sur un seul arbre, & presque toujours sur un arbre fort élevé & voisin des habitations, construisant leur nid, pondant leurs œufs, les couvant & soignant leur famille naissante.

Ces nids sont de forme cylindrique, suspendus à l'extrémité des hautes branches & flottans librement dans l'air; en sorte que les petits nouvellement éclos y sont bercés continuellement. Mais des gens qui se croient bien au fait des intentions des oiseaux,

532.

Le Troupiale .

affurent que c'eft par une fage défiance que les père & mère fufpendent ainfi leur nid, & pour mettre la couvée en fûreté contre certains animaux terreftres & fur-tout contre les ferpens.

On met encore fur la lifte des vertus du troupiale la docilité, c'eft-à-dire, la difpofition naturelle à fubir l'efclavage domeftique; difpofition qui fe rencontre prefque toujours avec les mœurs fociales.

L'ACOLCHI DE SÉBA *(a)*.

SÉBA a pris ce nom dans Fernandez *(b)*, & l'ayant appliqué arbitrairement, selon son usage, à un oiseau tout différent de celui dont parle cet Auteur, au moins quant au plumage, il a encore appliqué à ce même oiseau ce qu'a dit Fernandez du véritable acolchi, savoir, que les Espagnols l'appellent *Tordo*, c'est-à-dire, étourneau.

Ce faux acolchi de Séba a un long bec jaune sortant d'une tête toute noire, la gorge de cette dernière couleur; la queue noirâtre ainsi que les ailes; celles-ci ont pour ornement de petites plumes couleur d'or qui font un bon effet sur ce fond rembruni.

Séba donne son acolchi pour un oiseau d'Amérique, & j'ignore pourquoi M. Brisson, qui ne cite d'autre autorité que celle de Séba, ajoute qu'on le trouve sur-tout au Mexique *(c)*. Il est vrai que le mot *acolchi* est Mexicain, mais on ne peut assurer la même chose de l'oiseau auquel Séba a trouvé bon de l'appliquer.

(a) Le vrai nom est *Acolchichi*, que j'ai raccourci pour le rendre d'une pronon-ciation moins désagréable. *Voyez* Séba, *tome I, page 9 0; & planche LV, fig. 4.*

(b) De Avibus novæ Hispaniæ, cap. IV, pag. 14.

(c) Voyez son *Ornithologie*, tome II, page 88. Il lui a donné en conséquence le nom de *troupiale du Mexique.*

L'ARC-

L'ARC-EN-QUEUE (a).

FERNANDEZ donne le nom d'Oʒiniſcan (b) à deux oiſeaux qui ne ſe reſſemblent point du tout (c), & Séba a pris la licence d'appliquer ce même nom à un troiſième oiſeau qui diffère entièrement des deux autres (d), excepté pour la groſſeur; car ils ſont dits tous trois avoir la groſſeur d'un pigeon.

Ce troiſième Oʒiniſcan, c'eſt l'arc-en-queue dont il s'agit dans cet article. Je le nomme ainſi à cauſe d'un arc ou croiſſant noir qui paroît & ſe deſſine très-bien ſur la queue lorſqu'elle eſt épanouie, d'autant qu'elle eſt d'une belle couleur jaune, ainſi que le bec & le corps entier, tant deſſus que deſſous; la tête & le cou ſont noirs, & les ailes de la même couleur avec une légère teinte de jaune.

J'oubliois de dire que le croiſſant de la queue a ſa concavité tournée du côté du corps de l'oiſeau.

Séba ajoute qu'il a reçu d'Amérique pluſieurs de ces oiſeaux, & qu'ils paſſent dans le pays pour des eſpèces d'oiſeaux de proie; peut-être ont-ils les mêmes habitudes que notre premier troupiale; d'ailleurs la figure que donne Séba, préſente un bec crochu vers la pointe.

(a) C'eſt le *Troupiale à queue annelée* de Briſſon.
(b) *Tome II, page 89.* La véritable orthographe ſauvage ou Braſilienne de ce mot, *Oʒinitʒcan.*
(c) *De avibus novæ Hiſpaniæ*, cap. LXXXVI & CLVI.
(d) *Séba*, tome I, page 97, planche LXI, fig. 3.

LE JAPACANI (a).

JE fais que M. Sloane a cru que fon *petit gobe-mouche jaune & brun (b)*, étoit le même que le japacani de Marcgrave; cependant, indépendamment des différences de plumage, le japacani eft huit fois plus gros, maffe pour maffe, toutes fes dimenfions étant doubles de celles de l'oifeau de M. Sloane; car celui-ci n'a que quatre pouces de longueur & fept pouces de vol, tandis que felon Marcgrave le japacani eft de la groffeur du bemtère, & le bemtère de celle de l'étourneau *(c);* or l'étourneau a plus de huit pouces de longueur & plus de quatorze pouces de vol. Il eft difficile de rapporter à la même efpèce deux oifeaux, & fur-tout deux oifeaux fauvages de tailles fi différentes.

Le japacani a le bec noir, long, pointu, un peu courbé, la tête noirâtre, l'iris couleur d'or, la partie poftérieure du cou, le dos, les ailes & le croupion variés de noir & de brun clair; la queue noirâtre par-deffus, marquée de blanc par-deffous; la poitrine, le ventre, les jambes font variés de jaune & de blanc avec des lignes tranfverfales de couleur noirâtre, les pieds bruns, les ongles noirs & pointus *(d)*.

Le petit oifeau de M. Sloane a le bec rond, prefque droit, long d'un demi-pouce; la tête & le dos d'un brun clair avec

---

(a) C'eft le nom Brafilien de cet oifeau. Marcgrave, *Hift. Brafil.* page 212; je n'y change rien parce qu'il peut être prononcé par un gofier Européen. M. Klein lui a donné le nom de *Roffignol jaune & brun. Ordo avium,* page 75, n.° XIII. En Allemand, *Gell-braun-Grafmnke.*

(b) *Natural Hiftory of Jamaïca,* page 309, n.° XLIII.

(c) *Hift. Brafiliæ,* page 216.

(d) Voyez Marcgrave, *loco citato.*

quelques taches noires; la queue longue de dix-huit lignes &
de couleur brune, ainsi que les ailes qui ont un peu de blanc à
leur extrémité; le tour des yeux, la gorge, les côtés du cou &
les couvertures de la queue jaunes; la poitrine de même couleur,
mais avec des marques brunes, le ventre blanc; les pieds bruns,
longs de quinze lignes, & du jaune dans les doigts.

Cet oiseau est commun aux environs de San-Jago, capitale
de la Jamaïque : il se tient ordinairement dans les buissons. Son
estomac est très-musculeux, & doublé comme sont tous les
gésiers, d'une membrane mince, insensible & sans adhérence.
M. Sloane n'a rien trouvé dans le gésier de l'individu qu'il a
disséqué, mais il a observé que ses intestins faisoient un grand
nombre de circonvolutions.

Le même Auteur fait mention d'une variété d'espèce qui ne
diffère de son petit oiseau qu'en ce qu'elle a moins de jaune
dans son plumage.

Cet oiseau sera si l'on veut un troupiale, à cause de la forme
de son bec, mais ce sera certainement un troupiale autre que
le japacani.

LE XOCHITOL

ET

LE COSTOTOL.

M. BRISSON fait fa dixième efpèce ou fon *troupiale de la Nouvelle Efpagne (a)* du *xochitol* de Fernandez, *chapitre CXXII,* que celui-ci dit n'être autre chofe que le *coftotol* adulte. Or il fait mention de deux coftotols; l'un au *chapitre XXVIII,* l'autre au *chapitre CXLIII,* & tous deux fe reffemblent affez; mais s'ils différoient à un certain point, il faudroit néceffairement appliquer ce que dit ici Fernandez au coftotol du *chapitre XXVIII,* puifque c'eft au *chapitre CXXII,* qu'il en parle comme d'un oifeau dont il a déjà été queftion, & que l'autre coftotol, eft comme nous l'avons dit, du *chapitre CXLIII.*

Maintenant, fi l'on compare la defcription du xochitol du *chapitre CXXII* à celle du coftotol du *chapitre XXVIII,* on y trouvera des contradictions qui ne feront pas faciles à concilier: en effet, comment le coftotol qui étant déjà affez formé pour avoir fon chant, n'eft alors que de la groffeur d'un ferin de Canarie, peut-il parvenir dans la fuite à celle de l'étourneau! comment cet oifeau, qui étant encore jeune, ou fi l'on veut n'étant encore que coftotol, a le ramage agréable du chardonneret, peut-il étant devenu xochitol, n'avoir plus que le cri rebutant de la pie! fans parler de la grande & trop grande différence qui fe trouve entre les plumages; car le coftotol a la tête & le deffous du corps jaunes, & le xochitol du *chapitre CXXII*

(a) Ornithologie, tome II, page 95.

a ces

a ces mêmes parties noires ; celui-là a les ailes jaunes terminées de noir, celui-ci les a variées de noir & de blanc par-deſſus, & cendrées par-deſſous, ſans une ſeule plume jaune.

Or toutes ces contradictions s'évanouiſſent ſi au xochitol du *chapitre CXXII,* on ſubſtitue le xochitol ou l'oiſeau fleuri du *chapitre CXXV.* Les groſſeurs ſe rapprochent puiſqu'il n'eſt que de celle d'un moineau ; il a le ramage agréable comme le coſtotol, le jaune de celui-ci ſe trouve mêlé avec les autres couleurs qui varient le plumage de celui-là ; ils ſont tous deux un bon manger, & de plus le xochitol préſente deux traits de conformité avec les troupiales, car il vit comme eux d'inſectes & de graines, & il ſuſpend ſon nid à l'extrémité des petites branches. La ſeule différence qu'on peut remarquer entre le xochitol du *chapitre CXXV* & le coſtotol, c'eſt que celui-ci ſe trouve dans les pays chauds, au lieu que l'autre habite indifféremment tous les climats ; mais n'eſt-il pas naturel de penſer que les xochitols viennent nicher dans les pays chauds, où par conſéquent leurs petits, c'eſt-à-dire, les jeunes coſtotols, reſtent juſqu'à ce qu'étant devenus plus grands, c'eſt-à-dire, xochitols, ils ſoient en état de ſuivre leurs père & mère dans des pays plus froids ! Le coſtotol a le plumage jaune avec le bout des ailes noir, comme j'ai dit : & le xochitol du *chapitre CXXV,* a le plumage varié de jaune pâle, de brun, de blanc & de noirâtre.

Il eſt vrai que M. Briſſon a fait de ce dernier ſon premier carouge ; mais comme il ſuſpend ſon nid préciſément à la manière des troupiales, c'eſt une raiſon déciſive de le ranger avec ceux-ci, ſauf à faire un autre troupiale du xochitol du *chapitre CXXII* de Fernandez, lequel a la groſſeur de l'étourneau, la poitrine,

le ventre & la queue couleur de fafran, variée d'un peu de noir;
les ailes variées de noir & de blanc par-deffus & cendrées par-
deffous; la tête & le refte du corps noirs, le chant de la pie
& la chair bonne à manger.

C'eft ce me femble tout ce qu'on peut dire d'oifeaux fi peu
connus & fi imparfaitement décrits.

LE TOCOLIN (a).

Fernandez regardoit cet oiseau comme un pic à cause de son bec long & pointu, mais ce caractère convient aussi aux troupiales, & je ne vois d'ailleurs dans la description de Fernandez aucun des autres caractères des pics; je le laisserai donc avec les troupiales où l'a mis M. Brisson.

Il est de la grosseur de l'étourneau; il se tient dans les bois & niche sur les arbres; son plumage est agréablement varié de jaune & de noir, excepté le dos, le ventre & les pieds qui sont cendrés.

Le tocolin n'a point de ramage; mais sa chair est un bon manger; on le trouve au Mexique.

***

(a) Son vrai nom c'est l'*Ococolin*, Fernandez, *page 54, cap. CCXI;* mais comme j'ai déjà appliqué ce nom à un autre oiseau *(tome II, page 487),* je l'ai changé ici en y ajoutant la première lettre du mot *Troupiale.* C'est le *troupiale gris* de M. Brisson, *tome II, page 96.*

LE COMMANDEUR (a).

C'EST ici le véritable acolchi de Fernandez (b); il doit fon nom de Commandeur à la belle marque rouge qu'il a fur la partie antérieure de l'aile, & qui femble avoir quelque rapport avec la marque d'un Ordre de Chevalerie : elle fait ici d'autant plus d'effet qu'elle fe trouve comme jetée fur un fond d'un noir brillant & luftré; car le noir eft la couleur générale, non-feule- ment du plumage, mais du bec, des pieds & des ongles; il y a cependant de légères exceptions à faire; l'iris des yeux eft blanche & la bafe du bec eft bordée d'un cercle rouge fort étroit; le bec eft auffi quelquefois plutôt brun que noir, fuivant Albin. Au refte, la vraie couleur de la marque des ailes n'eft pas un rouge décidé, felon Fernandez, mais un rouge affoibli par une teinte de roux qui prévaut avec le temps & devient à la fin la couleur dominante de cette tache : quelquefois même ces deux couleurs fe féparent de manière que le rouge occupe la partie antérieure & la plus élevée de la tache, & le jaune la partie poftérieure & la plus baffe (c). Mais cela eft-il vrai de tous les individus, & n'aura-t-on pas attribué à l'efpèce entière ce qui ne convient qu'aux femelles ! on fait qu'en effet dans celles-ci la marque des ailes eft d'un rouge moins vif : outre

---

(a) On lui a donné prefque dans toutes les Langues le nom d'*Étourneau-rouge-ailes*; M. Briffon l'appelle *Troupiale à ailes rouges*, tome II, page 97 : en Latin, *Icterus pterophœnicæus, avis rubeorum humerorum*; en Anglois, *Red-winged-ftarling*; en Efpagnol, *Commendadoza*; en Mexicain, *Acolchichi*.

(b) *Hiftoria avium novæ Hifpaniæ*, cap. IV.

(c) Albin, *tome I, page 33.*

cela

cela le noir de leur plumage eſt mêlé de gris *(d)*, & elles ſont auſſi plus petites.

Le commandeur *(pl. 402)* eſt à peu-près de la groſſeur & de la forme de l'étourneau : il a environ huit à neuf pouces de longueur de la pointe du bec au bout de la queue, & treize à quatorze pouces de vol; il pèſe trois onces & demie.

Ces oiſeaux ſont répandus dans les pays froids comme dans les pays chauds; on les trouve dans la Virginie, la Caroline, la Louiſiane, le Mexique, &c. Ils ſont propres & particuliers au nouveau Monde, quoiqu'on en ait tué un dans les environs de Londres; mais c'étoit ſans doute un oiſeau privé qui s'étoit échappé de ſa priſon : ils ſe privent en effet très - facilement, apprennent à parler & ſe plaiſent à chanter & à jouer, ſoit qu'on les tienne en cage, ſoit qu'on les laiſſe courir dans la maiſon; car ce ſont des oiſeaux très-familiers & fort actifs.

L'eſtomac de celui qui fut tué près de Londres ayant été ouvert, on y trouva des débris de ſcarabés, de cerfs-volans & de ces petits vers qui s'engendrent dans les chairs; cependant leur nourriture de préférence en Amérique c'eſt le froment, le maïs, &c. & ils en conſomment beaucoup : ces redoutables conſommateurs vont ordinairement par troupes nombreuſes & ſe joignant comme ſont nos étourneaux d'Europe, à d'autres oiſeaux non moins nombreux & non moins deſtructeurs, tels que les pies de la Jamaïque, malheur aux moiſſons, aux terres nouvellement enſemencées ſur leſquelles tombent ces eſſaims affamés ! mais ils ne font nulle part tant de dommage que dans les pays chauds & ſur les côtes de la mer.

(d) Briſſon, *tome II, page 98.*

Quand on tire fur ces volées combinées, il tombe ordinairement des oifeaux de plufieurs efpèces, & avant qu'on ait rechargé, il en revient autant qu'auparavant.

Catefby affure qu'ils font leur ponte dans la Caroline & la Virginie, toujours parmi les joncs. Ils favent en entrelaffer les pointes pour faire une efpèce de comble ou d'abri fous lequel ils établiffent leur nid à une hauteur fi jufte & fi bien mefurée, qu'il fe trouve toujours au-deffus des marées les plus hautes. Cette conftruction de nid eft bien différente de celle de notre premier troupiale, & annonce un inftinct, une organifation & par conféquent une efpèce différente.

Fernandez prétend qu'ils nichent fur les arbres, à portée des lieux habités; cette efpèce auroit-elle des ufages différens felon les différens pays où elle fe trouve!

Les commandeurs ne paroiffent à la Louifiane que l'hiver, mais en fi grand nombre qu'on en prend quelquefois trois cents d'un feul coup de filet. On fe fert pour cette chaffe d'un filet de foie très-long & très-étroit, en deux parties comme le filet d'alouette; « lorfqu'on veut le tendre, dit M. Lepage Duprats, » on va nettoyer un endroit près du bois, on fait une efpèce de » fentier dont la terre foit bien battue, bien unie, on tend les deux » parties du filet des deux côtés du fentier, fur lequel on fait une » traînée de riz ou d'autre graine, & l'on va de-là fe mettre en » embufcade derrière une brouffaille où répond la corde du tirage; » quand les volées de commandeurs paffent au-deffus, leur vue » perçante découvre l'appât: fondre deffus & fe trouver pris n'eft » l'affaire que d'un inftant: on eft contraint de les affommer, fans quoi il feroit impoffible d'en ramaffer un fi grand nombre *(e);* »

(e) Lepage Duprats, *Hiftoire de la Louifiane*, tome II, page 134.

au reste on ne leur fait la guerre que comme à des oiseaux nuisibles, car quoiqu'ils prennent quelquefois beaucoup de graisse, dans aucun cas leur chair n'est un bon manger; nouveau trait de conformité avec nos étourneaux d'Europe.

J'ai vu chez M. l'abbé Aubri une variété de cette espèce, qui avoit la tête & le haut du cou d'un fauve clair : tout le reste du plumage étoit à l'ordinaire; cette première variété semble indiquer que l'oiseau représenté *planche 343*, sous le nom de *carouge de Cayenne*, en est une seconde, laquelle ne diffère de la première que par la privation des marques rouges des ailes; car elle a tout le reste du plumage de même : à peu-près même grosseur, mêmes proportions; & la différence des climats n'est pas si grande qu'on ne puisse aisément supposer que le même oiseau peut s'habituer également dans tous les deux.

Il ne faut que jeter un coup d'œil de comparaison sur les *planches 402 & 236, fig. 2*, pour se persuader que l'oiseau représenté dans cette dernière, sous le nom de *Troupiale de Cayenne*, n'est qu'une seconde variété de l'espèce représentée, *planche 402*, sous le nom de *Troupiale à ailes rouges de la Louisiane*, qui est notre Commandeur : c'est à peu-près la même grosseur, la même forme, les mêmes proportions, les couleurs distribuées de même; excepté que dans la *planche 236*, le rouge colore non-seulement la partie antérieure des ailes, mais la gorge, le devant du cou, une partie du ventre & même l'iris.

Si l'on compare ensuite cet oiseau représenté *planche 236*, avec celui représenté *planche 536*, sous le nom de *Troupiale de la Guyane (f)*, on jugera tout aussi sûrement que le dernier

(f) Voyez Brisson, *tome II, page 107.*

eſt une variété d'âge ou de ſexe du premier, dont il ne diffère que comme la femelle troupiale diffère du mâle, c'eſt-à-dire, par des couleurs plus foibles; toutes ſes plumes rouges ſont bordées de blanc, & les noires, ou plutôt les noirâtres, ſont bordées de gris clair, en ſorte que le contour de chaque plume ſe deſſine très-nettement, & que l'oiſeau paroît comme s'il étoit couvert d'écailles; c'eſt d'ailleurs la même diſtribution de couleurs, même groſſeur, même climat, &c. Il eſt impoſſible de trouver des rapports auſſi détaillés entre deux oiſeaux d'eſpèces différentes.

J'ai appris que ceux-ci fréquentoient ordinairement les ſavanes dans l'île de Cayenne, qu'ils ſe tenoient volontiers ſur les arbuſtes, & que quelques-uns leur donnoient le nom de *Cardinal.*

LE

Troupiale à ailes rouges, de la Louisiane.

Carouge, de Cayenne.

Troupiale de la Guiane.

LE TROUPIALE NOIR (a).

LE plumage noir de cet oiſeau *(pl. 534)* lui a valu les noms de corneille, de merle & de choucas; cependant il n'eſt pas auſſi profondément noir, d'un noir auſſi uniforme qu'on l'a dit; car à certains jours ce noir paroît changeant & jette des reflets verdâtres, principalement ſur la tête & ſur la partie ſupérieure du corps, de la queue & des ailes.

Ce troupiale eſt environ de la groſſeur du merle, ayant dix pouces de longueur *(b)* & quinze à ſeize pouces de vol; les ailes, dans leur état de repos, vont à la moitié de la queue qui a quatre pouces & demi de long, eſt étagée & compoſée de douze pennes. Le bec a plus d'un pouce, & le doigt du milieu eſt plus long que le pied ou plutôt que le tarſe.

Cet oiſeau ſe plaît à Saint-Domingue, & il eſt fort commun en certains endroits de la Jamaïque, particulièrement entre Spanish-town & Paſſage-fort. Il a l'eſtomac muſculeux, & on le trouve ordinairement rempli de débris de ſcarabées & d'autres inſectes.

(a) On a appelé cet oiſeau, *Cornix parva profundè nigra*, Klein. *Monedula tota nigra*, Sloane, *Nat. Hiſtory of Jamaïca*, page 299, n.° xiv. En Anglois, *Small-black-bird.* C'eſt le *Troupiale noir* de M. Briſſon, *tome II, page 103.*

(b) J'entends toujours la longueur priſe de la pointe du bec au bout de la queue.

LE PETIT TROUPIALE NOIR.

J'AI vu un autre troupiale noir venant d'Amérique, mais beaucoup plus petit, plus petit même que le mauvis; il n'avoit que fix à fept pouces de longueur, & fa queue qui étoit quarrée, n'avoit que deux pouces fix lignes: elle débordoit les ailes d'un pouce.

Le plumage étoit tout noir fans exception, mais ce noir étoit plus luftré & rendoit des reflets bleuâtres fur la tête & les parties environnantes. On dit que cet oifeau s'apprivoife aifément & qu'il s'accoutume à vivre familièrement dans la maifon.

L'oifeau repréfenté, *planche 606, fig. 1*, eft vraifemblablement la femelle de ce petit troupiale, car il eft par-tout de couleur noire ou noirâtre, excepté fur la tête & le cou qui font d'une teinte plus claire ou fi l'on veut plus foible, comme cela a lieu dans toutes les femelles d'oifeaux. On retrouve encore dans le plumage de celle-ci les reflets bleus qu'on a remarqués dans le plumage du mâle; mais au lieu d'être fur les plumes de la tête, comme dans le mâle, ils fe trouvent fur celles de la queue & des ailes.

Aucun Naturalifte, que je fache, n'a fait mention de cette efpèce.

LE TROUPIALE A CALOTTE NOIRE.

C ET oiseau *(planche 533)* me paroît être absolument de la même espèce que le troupiale brun de la nouvelle Espagne de M. Brisson *(a)*. Pour se former une idée juste de son plumage, qu'on se représente un oiseau d'un beau jaune avec une calotte & un manteau noir. La queue est de la même couleur sans aucune tache, mais le noir des ailes est un peu égayé par du blanc qui borde les couvertures & qui reparoît à l'extrémité des pennes.

Cet oiseau a le bec gris-clair avec une teinte orangée & les pieds marrons. Il se trouve au Mexique & dans l'île de Cayenne.

(a) Tome II, page 105.

LE TROUPIALE TACHETÉ DE CAYENNE.

LES taches de ce petit troupiale *(pl. 448, fig. 1,* le mâle; *fig. 2,* la femelle), réfultent de ce que prefque toutes fes plumes qui ont du brun ou du noirâtre dans leur milieu, font bordées tout autour d'un jaune plus ou moins orangé fur les ailes, la queue & la partie inférieure du corps; & d'un jaune plus ou moins rembruni fur le dos & toute la partie fupérieure du corps. La gorge eft fans tache & de couleur blanche : un trait de même couleur qui paffe immédiatement fur l'œil, fe prolonge en arrière entre deux traits noirs parallèles, dont l'un accompagne le trait blanc par-deffus, & l'autre embraffe l'œil par-deffous : l'iris eft d'un orangé vif & prefque rouge; tout cela donne du jeu & de l'expreffion à la phyfionomie du mâle; je dis du mâle; car la femelle n'a aucune phyfionomie, quoiqu'elle ait auffi l'iris orangée : à l'égard de fon plumage, c'eft du jaune lavé qui fe brouillant avec du blanc fale, produit la plus fade uniformité.

Ces oifeaux ont le bec épais & pointu des troupiales, & d'un cendré bleuâtre, leurs pieds font couleur de chair. On jugera des proportions de leur forme par la figure indiquée ci-deffus.

Le carouge tacheté de M. Briffon *(a),* qui a plufieurs traits de reffemblance avec le troupiale de cet article, en diffère cependant à beaucoup d'égards, non-feulement parce qu'il eft plus de moitié plus petit, mais parce qu'il a l'ongle poftérieur plus long, l'iris noifette, le bec couleur de chair, la gorge noire ainfi que les côtés du cou; enfin le ventre, les jambes,

---

(a) Tome II, page 126.

les

les couvertures du deſſus & du deſſous de la queue ſans aucunes taches.

M. Edwards héſitoit à laquelle des deux eſpèces il falloit le rapporter, celle de la grive ou de l'ortolan; M. Klein *(b)* décide aſſez leſtement que ce n'eſt ni à l'une ni à l'autre, mais à celle du pinçon: malgré ſa déciſion, la forme du bec & l'identité du climat me déterminent pour l'opinion de M. Briſſon qui en fait un carouge.

(b) Page 98. Je ne ſais pourquoi M. Klein caractériſe cette eſpèce par ſa queue relevée, *caudâ ſuperbiens*, ſi ce n'eſt d'après la figure de M. Edwards, *planche 85;* mais on ſait qu'un Deſſinateur ne repréſente qu'un moment, qu'une attitude, & qu'il choiſit ordinairement le moment le plus beau, l'attitude la plus pittoreſque. D'ailleurs M. Edwards ne dit rien du port habituel de la queue de cet oiſeau qu'il appelle *Schomburger.*

LE TROUPIALE OLIVE DE CAYENNE.

Cet oiſeau *(pl. 606, fig. 2)* n'a que ſix à ſept pouces de longueur; il doit ſon nom à la couleur olivâtre qui règne ſur la partie poſtérieure du cou, ſur le dos, la queue, le ventre & les couvertures des ailes; mais cette couleur n'eſt point par-tout la même; plus ſombre ſur le cou, le dos & les couvertures des ailes les plus voiſines, un peu moins ſur la queue, elle devient beaucoup plus claire ſous le ventre, comme auſſi ſur la plus grande partie des couvertures des ailes les plus éloignées du dos, avec cette différence entre les grandes & les petites, que celles-ci ſont ſans mélange d'autre couleur, au lieu que les grandes ſont variées de brun. La tête, la gorge, le devant du cou & la poitrine ſont d'un brun mordoré plus foncé ſous la gorge & tirant à l'orangé ſur la poitrine, où le mordoré ſe fond avec la couleur olivâtre du deſſous du corps. Le bec & les pieds ſont noirs; les pennes de l'aile & quelques-unes de ſes grandes couvertures les plus proches du bord extérieur, ſont de la même couleur, mais bordées de blanc.

Au reſte, la forme du bec eſt celle des troupiales, la queue eſt aſſez longue, & les ailes dans leur ſituation de repos ne s'étendent pas au tiers de ſa longueur.

LE CAP-MORE.

LES deux individus (représentés *planche 375 le mâle adulte,* *& 376 le jeune mâle,* tous deux fous le nom de troupiales du Sénégal), ont été apportés par un Capitaine de vaiffeau, qui avoit ramaffé une quarantaine d'oifeaux de différens pays, entr'autres du Sénégal, de Madagafcar, &c. & qui avoit nommé ceux-ci pinçons du Sénégal. Je leur ai donné le nom de cap-more, à caufe de leur capuchon mordoré, & j'ai fubftitué ce nom qui exprime l'accident le plus remarquable de leur plumage, à la dénomination impropre de troupiales du Sénégal : elle m'a paru impropre, cette dénomination, foit à caufe du climat indiqué, qui n'eft point celui des troupiales, foit à raifon même de l'efpèce défignée; car le cap-more s'éloigne affez de l'efpèce des troupiales, & par les proportions du bec, de la queue & des ailes, & par la manière dont il travaille fon nid, pour qu'on doive l'en diftinguer par un nom particulier; & il pourroit fe faire que fans être un véritable troupiale, il fût en Afrique le repréfentant de cette efpèce Américaine. Les deux dont il s'agit ici, ont appartenu à une perfonne d'un haut rang, qui nous a permis de les faire deffiner chez elle; & cette perfonne ayant jeté un coup d'œil fur leurs façons de faire, & ayant bien voulu nous communiquer ce qu'elle avoit vu, elle nous a appris fur l'hiftoire de cette efpèce étrangère & nouvelle tout ce que nous en favons.

Le plus vieux avoit une forte de capuchon brun qui paroiffoit mordoré au foleil; ce capuchon s'effaça à la mue de l'arrière-faifon, laiffant à la tête une couleur jaune; mais il reparut au printemps, ce qui fe renouvela conftamment les années fuivantes.

La couleur principale du reste du corps étoit le jaune plus ou moins orangé; cette couleur régnoit sur le dos comme sur la partie inférieure du corps, & elle bordoit les couvertures des ailes, leurs pennes & celles de la queue, lesquelles avoient toutes le fond noirâtre.

Le jeune fut deux ans sans avoir le capuchon, & même sans changer de couleurs, ce qui fut cause qu'on le prit d'abord pour une femelle, & qu'on le dessina sous cette dénomination, *planche 376*. La méprise étoit excusable, puisque dans la plupart des animaux le premier âge fait presque disparoître les différences qui distinguent les mâles des femelles, & qu'un des principaux caractères de ces dernières consiste à conserver très-long-temps les attributs de la jeunesse; mais enfin lorsqu'au bout de deux ans le jeune troupiale eut pris le capuchon mordoré & toutes les couleurs du vieux, on ne put s'empêcher de le reconnoître pour un mâle.

Avant ce changement de couleurs, le jaune de son plumage étoit d'une teinte plus foible que dans le vieux; il régnoit sur la gorge, le cou, la poitrine, & bordoit, comme dans le vieux, toutes les plumes de la queue & des ailes. Le dos étoit d'un brun olivâtre, qui s'étendoit derrière le cou & jusque sur la tête. Dans l'un & l'autre, l'iris des yeux étoit orangée, le bec de couleur de corne, plus épais & moins long que celui du troupiale, & les pieds rougeâtres.

Ces deux oiseaux vécurent d'abord en assez bonne intelligence dans la même cage; le plus jeune étoit ordinairement sur le bâton le plus bas, ayant le bec fort près de l'autre; il lui répondoit toujours en battant des ailes & avec l'air de la subordination.

Comme on s'aperçut dans l'été qu'ils entrelassoient des tiges de mouron dans la grille de leur cage, on prit cela pour l'indice
d'une

d'une difpofition prochaine à nicher, & on leur donna de petits brins de joncs, dont ils eurent bientôt conftruit un nid, lequel avoit affez de capacité pour que l'un des deux y fût caché tout entier. L'année fuivante ils recommencèrent; mais alors le vieux chaffa le jeune qui prenoit déjà la livrée de fon fexe, & celui-ci fut obligé de travailler à part à l'autre bout de la cage. Nonobftant une conduite fi foumife, il étoit fouvent battu, & quelquefois fi rudement qu'il reftoit fur la place : on fut obligé de les féparer tout-à-fait, & depuis ce temps ils ont travaillé chacun de leur côté, mais fans fuite; l'ouvrage du jour étoit ordinairement défait le lendemain : un nid n'eft pas l'ouvrage d'un feul.

Ils avoient tous deux un chant fingulier, un peu aigre, mais fort gai : le plus vieux eft mort fubitement, & le plus jeune à la fuite de quelques attaques d'épilepfie. Leur groffeur étoit un peu au-deffous de celle de notre premier troupiale; ils avoient auffi les ailes & la queue un peu plus courtes à proportion.

LE SIFLEUR (a).

JE ne sais pourquoi M. Brisson a fait un baltimore de cet oiseau *(planche 236, fig. 1)*, car il me semble que soit par la forme du bec, soit par les proportions du tarse, il est plutôt troupiale que baltimore. Au reste, je laisse la question indécise en plaçant le sifleur entre les baltimores & les troupiales, sous le nom vulgaire qu'on lui donne à Saint-Domingue, nom qu'il doit sans doute aux sons aigus & perçans de sa voix.

En général cet oiseau est brun par-dessus, excepté les environs du croupion & les petites couvertures des ailes qui sont d'un jaune verdâtre, comme tout le dessous du corps; mais cette dernière couleur est plus rembrunie sous la gorge, & elle est variée de roux sur le cou & la poitrine; les grandes couvertures & les pennes des ailes, ainsi que les douze pennes de la queue, sont bordées de jaune : mais pour avoir une idée juste du plumage du sifleur, il faut supposer une teinte olive plus ou moins forte, répandue sur toutes ses différentes couleurs sans exception; d'où il résulte que pour caractériser cet oiseau par la couleur dominante de son plumage, il eût fallu choisir l'olive & non pas le vert comme a fait M. Brisson.

Le sifleur est de la grosseur du pinçon, il a environ sept pouces de longueur & dix à onze pouces de vol; la queue qui est étagée, a trois pouces, & le bec neuf à dix lignes.

(a) C'est le *Baltimore vert* de M. Brisson, *tome II, page 113.*

LE BALTIMORE (a).

CET oiseau d'Amérique (*pl. 506, fig. 1*) a pris son nom de quelque rapport aperçu entre les couleurs de son plumage ou de leur distribution, & les armoiries de Mylord Baltimore. C'est un petit oiseau de la grosseur d'un moineau-franc, pesant un peu plus d'une once; qui a six à sept pouces de longueur, onze à douze de vol, la queue composée de douze pennes, longue de deux à trois pouces & dépassant les ailes en repos presque de la moitié de sa longueur. Une sorte de capuchon d'un beau noir lui couvre la tête & descend par-devant sur la gorge, & par-derrière jusque sur les épaules; les grandes couvertures & les pennes des ailes sont pareillement noires, ainsi que les pennes de la queue, mais les premières sont bordées de blanc & les dernières ont de l'orangé à leur extrémité, & d'autant plus qu'elles s'éloignent davantage des deux pennes du milieu qui n'en ont point du tout; le reste du plumage est d'un très-bel orangé, enfin le bec & les pieds sont de couleur de plomb.

La femelle que j'ai observée au Cabinet du Roi, avoit toute la partie antérieure d'un beau noir, comme le mâle; la queue de la même couleur, les grandes couvertures & les pennes des ailes noirâtres, le tout sans aucun mélange d'autre couleur *(b)*; & tout ce qui est d'un si bel orangé dans le mâle, elle l'avoit d'un rouge terne.

(a) C'est le *Baltimore* de M. Brisson qui en a fait son dix-neuvième troupiale, *tome II, page 109*; & le *Baltimore-bird* de Catesby, *tome I, page & planche 48.*

(b) M. Brisson remarque que l'oiseau donné par Catesby pour la femelle du baltimore bâtard, paroît être plutôt celle du baltimore véritable.

J'ai dit plus haut que le bec des baltimores étoit non-feulement plus court à proportion & plus droit que celui des carouges, des troupiales & des caffiques, mais d'une forme particulière; c'eft celle d'une pyramide à cinq pans, dont deux pour le bec fupérieur, & trois pour le bec inférieur. J'ajoute qu'ils ont le pied ou plutôt le tarfe plus grêle que les carouges & les troupiales.

Les baltimores difparoiffent l'hiver, du moins en Virginie & dans le Maryland, où Catefby les a obfervés. Ils fe trouvent auffi dans le Canada; mais Catefby n'en a point vu dans la Caroline.

Ils font leurs nids fur les plus grands arbres, tels que peupliers, tulipiers, &c. ils l'attachent à l'extrémité d'une groffe branche, & il eft ordinairement foutenu par deux petits rejetons qui entrent dans fes bords; en quoi les nids des baltimores me paroiffent avoir du rapport avec celui de nos loriots.

LE BALTIMORE

LE BALTIMORE BATARD (a).

ON a fans doute appelé cet oifeau ainfi *(pl. 506, fig. 2)*, parce que les couleurs de fon plumage font moins vives que celles du baltimore, & qu'à cet égard on l'a confidéré comme une efpèce abâtardie : & en effet, lorfqu'on s'eft affuré par une comparaifon exacte que ces deux oifeaux font reffemblans prefque en tout *(b)*, excepté pour les couleurs, qui ne diffèrent, à dire vrai, que par les teintes des mêmes couleurs diftribuées prefque abfolument de même, on ne peut guère fe difpenfer d'en conclure que le baltimore bâtard n'eft qu'une variété de l'efpèce franche, variété dégénérée, foit par l'influence du climat, foit par quelqu'autre caufe. Le noir de la tête eft un peu marbré, celui de la gorge eft pur ; la partie du coqueluchon qui tombe par-derrière eft d'un gris olivâtre qui fe fonce de plus en plus en approchant du dos. Prefque tout ce qui eft d'un orangé fi brillant dans l'autre, eft dans celui-ci d'un jaune tirant fur l'orangé, plus vif fur la poitrine & fur les couvertures de la queue que par-tout ailleurs. Les ailes font brunes, mais leurs grandes couvertures & leurs pennes font bordées de blanc fale. Des douze pennes de la queue, les deux du milieu font noirâtres dans leur partie moyenne, olivâtres à leur naiffance & marquées de jaune à leur extrémité : la fuivante de chaque côté préfente les deux premières couleurs mêlées confufément, & dans les quatre pennes fuivantes les deux dernières couleurs font fondues enfemble.

(a) *Voyez* l'Ornithologie de M. Briffon, *tome II, page 3.*
(b) Le bâtard a les ailes un peu plus courtes.

En un mot, le baltimore franc eſt au baltimore bâtard, par rapport aux couleurs du plumage, à peu-près ce que celui-ci eſt à ſa femelle : or cette femelle a les couleurs du deſſus du corps & de la queue plus ternes, & le deſſous du corps d'un blanc jaunâtre.

534.

Troupiale noir, de St Domingue.

1. *Troupiale, de la Caroline.* 2. *Troupiale olive, de Cayenne.*

533.

Troupiale jaune à calotte noire, de Cayenne.

448

1. *Troupiale tacheté, de Cayenne.* 2. *Sa Femelle.*

Troupiale femelle, du Sénégal.

1. *Le Baltimore, du Canada* · 2 · *Le Baltimore bâtard, du Canada* .

LE CASSIQUE JAUNE DU BRESIL

O U

L'YAPOU (a).

EN comparant les caffiques, aux troupiales, aux carouges & aux baltimores, avec lefquels ils ont beaucoup de chofes communes, on s'apercevra qu'ils font plus gros, qu'ils ont le bec plus fort, & les pieds plus courts à proportion, fans parler du caractère de leur phyfionomie, auffi facile à faifir par le coup d'œil, ou même à exprimer dans une figure, que difficile à rendre avec le feul pinceau de la parole.

Plufieurs Auteurs ont donné la defcription & la figure du caffique jaune *(pl. 184)*, fous différens noms, & il y a à peine deux de ces figures ou de ces defcriptions qui s'accordent parfaitement. Mais avant d'entrer dans le détail de ces variétés, il eft bon d'écarter tout-à-fait un oifeau qui me paroît avoir des différences trop caractérifées pour appartenir même de loin à l'efpèce de l'yapou; c'eft la pie de Perfe d'Aldrovande *(b)*: ce Naturalifte ne l'a décrite que d'après un deffin qui lui avoit été envoyé de Venife : il la juge de la groffeur de notre pie; fa couleur dominante n'eft pas le noir, elle eft feulement rem-

---

(a) C'eft un oifeau fort approchant du *caffique jaune* de M. Briffon, *tome II*, *page 100*, & de la pie du Brefil de Belon, *Nature des Oifeaux, page 292*. On lui a donné plufieurs nom Latins, *Pica, Picus minor, Ciffa nigra*, &c. En Italien, *Gazza* ou *Zalla di Terra nuova*. En Anglois, *Black and yellow daw of Brafil*; en François, *Cul jaune*; Barrère ajoute, *de la petite efpèce*, Fr. équinoxiale, *page 142*; mais il eft évident que ce font ceux dont j'ai parlé ci-deffus qui font les petits culs-jaunes, ayant à peu-près la groffeur de l'alouette.

(b) Tome I, page 793.

brunie *(fubfufcum)* : elle a le bec fort épais, un peu court
(brieviufculum) & blanchâtre, les yeux blancs & les ongles petits;
tandis que notre yapou n'eſt guère plus gros que le merle, que
tout ce qui eſt noir dans ſon plumage eſt d'un noir décidé; que
ſon bec eſt aſſez long & de couleur de ſoufre, l'iris de ſes yeux
couleur de ſaphir, & ſes ongles aſſez forts, ſelon M. Edwards,
& même bien forts & crochus ſelon Belon. On ne peut guère
douter que des oiſeaux ſi différens n'appartiennent à des eſpèces
différentes , ſur - tout ſi celui d'Aldrovande étoit réellement
originaire de Perſe, comme on le lui avoit dit, car l'yapou eſt
certainement d'Amérique.

Les couleurs principales de ce dernier ſont conſtamment le
noir & le jaune, mais la diſtribution de ces couleurs n'eſt pas la
même dans tous les individus obſervés : par exemple, dans celui
que nous avons fait deſſiner tout eſt noir, excepté le bec & l'iris
des yeux, comme nous venons de le dire, & encore les grandes
couvertures des ailes les plus voiſines du corps qui ſont jaunes,
ainſi que toute la partie poſtérieure du corps tant deſſus que
deſſous, depuis & compris les cuiſſes juſques & par-delà la moitié
de la queue.

Dans un autre individu venant de Cayenne, qui eſt au Cabinet
du Roi, & qui eſt plus gros que le précédent, il y a moins de
jaune ſur les ailes & point du tout au bas de la jambe : enfin
les pieds paroiſſent plus forts à proportion; ce peut être le mâle.

Dans la pie noire & jaune de M. Edwards, qui eſt évi-
demment le même oiſeau que le nôtre, il y a ſur quatre ou
cinq des couvertures jaunes des ailes une tache noire près de leur
extrémité : outre cela le noir du plumage a des reflets de couleur
de pourpre, & l'oiſeau paroît être un peu plus gros.

Dans

Dans l'yapou ou le jupujuba de Marcgrave *(c)*, la queue n'est mi-partie de noir & de jaune que par-dessous; car sa face supérieure est toute noire, excepté la penne la plus extérieure de chaque côté, qui est jaune jusqu'à la moitié de sa longueur.

Il suit de toutes ces diversités, que les couleurs du plumage ne sont rien moins que fixes & constantes dans cette espèce, & c'est ce qui me feroit pencher à croire avec Marcgrave que l'oiseau appelé par M. Brisson *cassique rouge*, est encore une variété dans cette espèce *(d)* : j'en dirai les raisons plus bas.

_____

(c) *Historia Brasiliæ*, page 193.
(d) *Vidi quoque totaliter nigras, dorso sanguinei coloris.* Marcgrave, *loco citato.*

VARIÉTÉ DE L'YAPOU.

LE CASSIQUE ROUGE DU BRESIL *(pl. 482)* ou LE JUPUBA *(a)*. Ce nom eſt l'un de ceux que Marcgrave donne à l'yapou, & je l'applique au caſſique rouge de M. Briſſon, parce qu'il lui reſſemble exactement dans les points eſſentiels; mêmes proportions, même groſſeur, même phyſionomie, même bec, mêmes pieds, même noir-foncé ſur la plus grande partie du plumage; il eſt vrai que la moitié inférieure du dos eſt rouge au lieu d'être jaune, & que le deſſous du corps & de la queue eſt noir en entier; mais cette différence ne peut guère être un caractère ſpécifique, dans une eſpèce ſur-tout où les couleurs ſont très-variables, comme nous avons eu occaſion de le remarquer plus haut; d'ailleurs le jaune & le rouge ſont des couleurs voiſines, analogues, ſujettes à ſe mêler, à ſe fondre enſemble dans l'orangé qui eſt la couleur intermédiaire, ou à ſe remplacer réciproquement, & cela par la ſeule différence du ſexe, de l'âge, du climat ou de la ſaiſon.

Ces oiſeaux ont environ douze pouces de longueur, dix-ſept pouces de vol, la langue fourchue & bleuâtre, les deux pièces du bec recourbées également en bas, la première phalange du doigt extérieur de chaque pied unie & comme ſoudée à celle du doigt du milieu, la queue compoſée de douze pennes, & le fond des plumes blanc, tant ſous le noir que ſous le jaune du plumage.

(a) La baſe du bec s'étend beaucoup ſur le front & y forme un angle rentrant aſſez profond qui ne peut paroître dans le profil. Voyez l'*Ornithologie* de Briſſon, tome *II*, page *111*.

Ils conſtruiſent leurs nids de feuilles de gramen entrelaſſées avec des crins de cheval & des ſoies de cochons, ou avec des productions végétales qu'on a priſes pour des crins d'animaux : ils leur donnent la forme d'une cucurbite étroite, ſurmontée de ſon alembic : ces nids ſont bruns en dehors, leur longueur totale eſt d'environ dix-huit pouces, mais la cavité intérieure n'eſt que d'un pied ; la partie ſupérieure eſt pleine & maſſive ſur la longueur d'un demi-pied, & c'eſt par-là que ces oiſeaux les ſuſpendent à l'extrémité des petites branches. On a vu quelquefois quatre cents de ces nids ſur un ſeul arbre, de ceux que les Braſiliens appellent *uti ;* & comme les yapous pondent trois fois l'année, on peut juger de leur prodigieuſe multiplication. Cette habitude de nicher ainſi en ſociété ſur un même arbre, eſt un trait de conformité qu'ils ont avec nos choucas.

LE CASSIQUE VERT DE CAYENNE.

JE n'aurai point à comparer ou à concilier les témoignages des Auteurs au fujet de ce caffique *(pl. 3 2 8)*, car aucun n'en a parlé. Auffi ne pourrai-je rien dire moi-même de fes mœurs & de fes habitudes. Il eft plus gros que les précédens, il a le bec plus épais à fa bafe & plus long; il paroît avoir auffi les pieds plus forts, mais également courts. On l'a très-bien nommé caffique vert, car toute la partie antérieure, tant deffus que deffous & compris les couvertures des ailes, eft de cette couleur; la partie poftérieure eft marron; les pennes des ailes font noires; celles de la queue en partie noires & en partie jaunes; les pieds tout-à-fait noirs, & le bec rouge dans toute fon étendue.

Ce caffique a environ quatorze pouces de longueur & dix-huit à dix-neuf de vol.

LE CASSIQUE

LE CASSIQUE HUPPÉ DE CAYENNE.

C'EST encore ici une efpèce nouvelle, & la plus grande de celles qui font parvenues à notre connoiffance; elle a le bec plus long & plus fort à proportion que toutes les autres, mais fes ailes font plus courtes; la longueur totale de l'oifeau eft d'environ dix - huit pouces, celle de la queue de cinq pouces, & celle du bec de deux pouces; il eft outre cela diftingué des efpèces précédentes par de petites plumes qu'il hériffe à volonté fur le fommet de fa tête, & qui lui font une efpèce de huppe mobile. Toute la partie antérieure de ce caffique *(pl. 344),* tant deffus que deffous, compris les ailes & les pieds, eft noire, toute la partie poftérieure eft marron foncé. La queue qui eft étagée, a les deux pennes du milieu noires comme celles des ailes, mais toutes les latérales font jaunes; le bec eft de cette dernière couleur.

J'ai vu au Cabinet du Roi un individu dont les dimenfions étoient un peu plus foibles, & qui avoit la queue entièrement jaune; mais je n'oferois affurer que les deux pennes intermédiaires n'euffent point été arrachées, car il n'y avoit que huit pennes en tout.

LE CASSIQUE DE LA LOUISIANE.

LE blanc & le violet changeant, tantôt mêlés enfemble & tantôt féparés, compofent toutes les couleurs de cet oifeau *(pl. 646).* Il a la tête blanche ainfi que le cou, le ventre & le croupion; les pennes des ailes & de la queue font d'un violet changeant & bordées de blanc, tout le refte du plumage eft. mêlé de ces deux couleurs.

C'eft une efpèce nouvelle, tout récemment arrivée de la Louifiane; on peut ajouter que c'eft le plus petit des caffiques connus : il n'a que dix pouces de longueur totale, & fes ailes, dans leur état de repos, ne s'étendent que jufqu'au milieu de la queue, qui eft un peu étagée.

Troupiale, appellé Cassique jaune, du Brésil.

Le Cassique rouge du Brésil.

Cassique, de la Louisiane.

LE CAROUGE (a).

EN général les carouges font moins gros & ont le bec moins fort à proportion que les troupiales; celui de cet article a le plumage peint de trois couleurs diftribuées par grandes maffes: ces couleurs font, 1.° le brun rougeâtre qui règne fur toute la partie antérieure de l'oifeau, c'eft-à-dire, la tête, le cou & la poitrine; 2.° le noir plus ou moins velouté fur le dos, les pennes de la queue, celles des ailes & fur leurs grandes couvertures, & même fur le bec & les pieds: 3.° enfin l'orangé foncé fur les petites couvertures des ailes, le croupion & les couvertures de la queue. Toutes ces couleurs font plus ternes dans la femelle.

La longueur du carouge *(pl. 535, fig. 1)* eft de fept pouces, celle du bec de dix lignes, celle de la queue de trois pouces & plus; le vol de onze pouces; & les ailes, dans leur état de repos, s'étendent jufqu'à la moitié de la queue & par-delà. Cet oifeau a été envoyé de la Martinique; celui de Cayenne, repré-fenté, *pl. 607, fig. 1*, en diffère parce qu'il eft plus petit; que l'efpèce de coqueluchon qui couvre la tête, le cou, &c. eft noir, égayé par quelques taches blanches fur les côtés du cou, & par de petites mouchetures rougeâtres fur le dos; enfin, parce que les grandes couvertures, & les pennes moyennes des ailes font

---

(a) En Latin, *Iɑerus minor, Turdus minor varius, Xanthornus minor;* en François, *Carouge;* quelques-uns lui ont donné le nom d'*oifeau de Banana*, comme au troupiale. M. Briffon, *tome II, page 116*, le regarde comme le même oifeau que le *Xochitol altera* de Fernandez, *cap. CXXV*, dont j'ai parlé plus haut; cependant il conftruit fon nid différemment dans le même pays, & d'ailleurs le plumage n'eft point du tout le même, ce qui auroit dû être pour M. Briffon une raifon décifive de ne point rapporter ces deux oifeaux à la même efpèce.

bordées de blanc; mais ces différences ne font pas à mon avis fi considérables qu'on ne puiffe regarder le carouge de Cayenne comme une variété dans l'efpèce de la Martinique. On fait que celle - ci conftruit des nids tout-à-fait finguliers. Si l'on coupe un globe creux en quatre tranches égales, la forme de l'une de ces tranches, fera celle du nid des carouges; ils favent le coudre fous une feuille de bananier qui lui fert d'abri & qui fait elle-même partie du nid; le refte eft compofé de petites fibres de feuilles *(b)*.

Il eft difficile de reconnoître dans ce qui vient d'être dit, le roffignol d'Efpagne de M. Sloane *(c)*, car cet oifeau eft plus petit que le carouge felon toutes fes dimenfions, n'ayant que fix pouces Anglois de longueur & neuf de vol; il a le plumage différent, & il conftruit fon nid fur un tout autre modèle; ce font des efpèces de facs fufpendus à l'extrémité des petites branches par un fil que ces oifeaux favent filer eux-mêmes avec une matière qu'ils tirent d'une plante parafite, nommée *barbe de vieillard;* fil que bien des gens ont pris mal-à-propos pour du crin de cheval. L'oifeau de M. Sloane avoit la bafe du bec blanchâtre & entourée d'un filet noir, le fommet de la tête, le cou, le dos & la queue d'un brun clair ou plutôt d'un gris rougeâtre; les ailes d'un brun plus foncé, varié de quelques plumes blanches, la partie inférieure du cou marquée dans fon milieu d'une ligne noire; les côtés du cou, la poitrine & le ventre de couleur feuille-morte.

M. Sloane fait mention d'une variété d'âge ou de fexe, qui ne différoit de l'oifeau précédent que parce que le dos étoit plus

---

(b) Voyez l'*Ornithologie* de M. Briffon, *tome II*, page *117.*

(c) *Nat. Hiftory of Jamaïca*, page *299*, n°. *16 & 17.* En Anglois, *Spanish Nightingale, Watchy Picket, American hang-neft.*

jaune,

jaune, la poitrine & le ventre d'un jaune plus vif, & qu'il y avoit plus de noir fous le bec.

Ces oifeaux habitent les bois & chantent affez agréablement. Ils fe nourriffent d'infectes & de vermiffeaux, car on en a trouvé des débris dans leur eftomac ou géfier, qui n'eft point fort mufculeux. Leur foie eft partagé en un grand nombre de lobes, & de couleur noirâtre.

J'ai vu une variété des carouges de Saint-Domingue, autrement des cul-jaunes de Cayenne, dont je vais parler, laquelle approchoit fort de la femelle du carouge de la Martinique, excepté qu'elle avoit la tête & le cou plus noirs ; cela me confirme dans l'idée que la plupart de ces efpèces font fort voifines, & que malgré notre attention continuelle à en réduire le nombre, nous pourrions encore mériter le reproche de les avoir trop multipliées, fur-tout à l'égard des oifeaux étrangers qui font fi peu obfervés & fi peu connus.

LE
PETIT CUL-JAUNE DE CAYENNE (a).

C'EST le nom que l'on donne dans cette île à l'oiseau représenté *planche 5, fig. 1,* sous le nom de carouge du Mexique; & *fig. 2,* sous le nom de carouge de Saint-Domingue : c'est le mâle & la femelle. Ils ont un jargon à peu-près semblable à celui de notre loriot, & pénétrant comme celui de la pie.

Ils suspendent leurs nids en forme de bourses à l'extrémité des petites branches, comme les troupiales; mais on m'assure que c'est aux branches longues & dépourvues de rameaux des arbres qui ont la tête mal faite, & qui sont penchés sur une rivière : on ajoute que dans chacun de ces nids il y a de petites séparations où sont autant de nichées, ce qui n'a point été observé dans les nids des troupiales.

Ces oiseaux sont extrêmement rusés & difficiles à surprendre; ils sont à peu-près de la grosseur de l'alouette, ils ont huit pouces de longueur, douze à treize pouces de vol, la queue étagée, longue de trois à quatre pouces, dépassant de plus de la moitié de sa longueur l'extrémité des ailes en repos. Les couleurs principales des deux individus représentés *planche 5,* sont le jaune & le noir : dans la *fig. 1,* le noir règne sur la gorge, le bec, l'espace compris entre le bec & l'œil, les grandes

---

(a) On leur donne à Saint-Domingue le nom de *Demoiselle;* & M. Edwards celui de *Bonanna.* M. Brisson, *tome II, pages 118 & 121,* croit que c'est l'*Ayo-quantototl* de Fernandez, *cap. CCVII;* & la vérité est que l'*Ayoquantototl* est à peu-près de même grosseur, & qu'en général il a dans son plumage du noir, du jaune & du blanc, comme nos *Cul-jaunes :* mais Fernandez ne dit rien de la distribution de ces couleurs, ni de ce qui pourroit caractériser l'espèce.

couvertures & les pennes des ailes, les pennes de la queue & les pieds; le jaune fur tout le refte; mais il faut remarquer que les pennes moyennes & les grandes couvertures de l'aile font bordées de blanc, & que les dernières font quelquefois toutes blanches *(b)*. Dans la *fig. 2*, une partie des petites couvertures des ailes, les jambes & le ventre jufqu'à la queue font jaunes, tout le refte eft noir.

On peut rapporter à cette efpèce comme variété, 1.° le carouge à tête jaune d'Amérique de M. Briffon *(c)* qui a en effet le fommet de la tête, les petites couvertures de la queue, celles des ailes & le bas de la jambe jaune, & tout le refte noir ou noirâtre : il a environ huit pouces de longueur, douze pouces de vol, la queue étagée, compofée de douze pennes & longue de près de quatre pouces. 2.° Le carouge de l'île Saint-Thomas *(d)* qui a auffi le plumage noir, à la réferve d'une tache jaune jetée fur les petites couvertures des ailes. Il a la queue compofée de douze pennes, étagée comme dans les cul-jaunes, mais un peu plus longue *(e)*. M. Edwards a deffiné un individu de la même efpèce *(planche 322)*, qui avoit un enfoncement remarquable à la bafe du bec fupérieur. 3.° Le jamac de Marcgrave *(f)* qui n'en diffère que très-peu, quant

---

(b) Voyez Edwards, *planche 243.*

(c) Tome VI, page 38.

(d) Repréfenté *planche 535*, *fig. 2*. C'eft le *Carouge de Cayenne* de M. Briffon, *tome II, page 123.*

(e) Nota. Que dans la *figure 2*, *n.° 5*, le Deffinateur a fait la queue trop courte & le bec trop long.

(f) Hiftor. Brafiliæ, page 198. C'eft le *Carouge du Brefil* de M. Briffon, *tome II, page 120.*

à la groffeur, & dont les couleurs font les mêmes & à peu-près diftribuées de la même manière que dans la *fig. 1*, excepté que la tête eft noire, que le blanc des ailes eft raffemblé dans une feule tache, & que le dos eft traverfé d'une aile à l'autre par une ligne noire.

LES

LES COIFFES-JAUNES *(a)*.

CE font des carouges de Cayenne qui ont le plumage noir, & une efpèce de coiffe jaune qui recouvre la tête & une partie du cou, mais qui defcend plus bas par-devant que par-derrière. On auroit dû faire fentir dans la figure un trait noir qui va des narines aux yeux & tourne autour du bec. L'individu repréfenté dans la *planche 343,* paroît notablement plus grand qu'un autre individu que j'ai vu au Cabinet du Roi : eft-ce une variété d'âge ou de fexe ou de climat, ou bien un vice de la préparation! je l'ignore ; mais c'eft d'après cette variété que M. Briffon a fait fa defcription ; fa groffeur eft celle d'un pinçon d'Ardenne : il a environ fept pouces de longueur & onze pouces de vol.

(a) C'eft le *carouge à tête jaune* de M. Briffon, *tome II, page 124,* & *l'étourneau à tête jaune* de M. Edwards, *planche 323.*

LE
CAROUGE OLIVE DE LA LOUISIANE.

C'EST l'oiſeau repréſenté dans *la planche 607, fig. 2*, ſous le nom de carouge du cap de Bonne-eſpérance *(a)*. J'avois ſoupçonné depuis long-temps que ce carouge, quoiqu'apporté peut-être du cap de Bonne-eſpérance en Europe, n'étoit point originaire d'Afrique, & mes ſoupçons viennent d'être juſtifiés par l'arrivée récente *(en octobre 1773)* d'un carouge de la Louiſiane, qui eſt viſiblement de la même ~~eſpèce~~, & qui n'en diffère abſolument que par la couleur de la gorge, laquelle eſt noire dans celui-ci, & orangée dans celui-là. Je ſuis perſuadé qu'il en ſera de même de tous les prétendus carouges & troupiales de l'ancien continent, & que l'on reconnoîtra tôt ou tard, ou que ce ſont des oiſeaux d'une autre eſpèce, ou que leur patrie véritable, leur climat originaire eſt l'Amérique.

Le carouge olive de la Louiſiane, a en effet beaucoup d'olivâtre dans ſon plumage, principalement ſur la partie ſupérieure du corps; mais cette couleur n'a pas la même teinte par-tout : ſur le ſommet de la tête elle eſt fondue avec du gris; derrière le cou, ſur le dos, les épaules, les ailes & la queue avec du brun; ſur le croupion & l'origine de la queue avec un brun plus clair; ſur les flancs & les jambes avec du jaune : enfin elle borde les grandes couvertures & les pennes des ailes, dont le fond eſt brun. Tout le deſſous du corps eſt jaune, excepté la gorge qui eſt orangée; le bec & les pieds ſont d'un brun cendré.

_____

(a) M. Briſſon l'a donné ſous le même nom de *Carouge du Cap*, tome *II*, page *128*.

1. *Le Carouge*. 2. *Carouge de l'Isle St Thomas*.

1. *Carouge, de Cayenne.* 2. *Carouge, du Cap de bonne-Espérance.*

Dessiné et Gravé par Martinet.

1. Carouge du Méxique.　　2. Carouge de Sᵗ Domingue,

Cet oiseau a à peu-près la grosseur du moineau-franc, six à
sept pouces de longueur, & dix à onze pouces de vol. Le bec
a près d'un pouce, & la queue deux pouces & plus : celle-ci
est quarrée & composée de douze pennes. Dans l'aile c'est la
première penne qui est la plus courte, & ce sont les troisième
& quatrième qui sont les plus longues.

LE KINK.

CETTE nouvelle efpèce arrivée dernièrement de la Chine, nous a paru avoir affez de rapport avec le carouge d'une part, & de l'autre avec le merle, pour faire la nuance entre les deux: il a le bec comprimé par les côtés comme le merle, mais les bords en font fans échancrures comme dans celui du carouge, & c'eft avec raifon que M. Daubenton le jeune lui a donné un nom particulier, comme à une efpèce diftincte & féparée des deux autres efpèces, qu'elle femble réunir par un chaînon commun.

Le kink *(pl. 617)* eft plus petit que notre merle; il a la tête, le cou, le commencement du dos & la poitrine d'un gris cendré, & cette couleur fe fonce davantage aux approches du dos: tout le refte du corps, tant deffus que deffous, eft blanc, ainfi que les couvertures des ailes, dont les pennes font d'une couleur d'acier poli, luifante, avec des reflets qui jouent entre le verdâtre & le violet. La queue eft courte, étagée & mi-partie de cette même couleur d'acier poli & de blanc, de manière que fur les deux pennes du milieu, le blanc ne confifte qu'en une petite tache à leur extrémité; cette tache blanche s'étend d'autant plus haut fur les pennes fuivantes, qu'elles s'éloignent davantage des deux pennes du milieu, & la couleur d'acier poli fe retirant toujours devant le blanc qui gagne du terrein, fe réduit enfin fur les deux pennes les plus extérieures, à une petite tache près de leur origine.

LE

Le Kink, de la Chine.

LE LORIOT (a).

ON a dit des petits de cet oiseau *(pl. 26)* qu'ils naissoient en détail & par parties séparées, mais que le premier soin des père & mère étoit de rejoindre ces parties & d'en former un tout vivant par la vertu d'une certaine herbe. La difficulté de cette merveilleuse réunion n'est peut-être pas plus grande que celle de séparer avec ordre les noms anciens que les Modernes ont appliqués confusément à cette espèce, de lui conserver tous ceux qui lui conviennent en effet, & de rapporter les autres aux espèces que les Anciens ont eu réellement en vue; tant ceux-ci ont décrit superficiellement des objets trop connus, & tant les Modernes se sont déterminés légèrement dans l'application des noms imposés par les Anciens. Je me contenterai donc de dire ici que, selon toute apparence, Aristote n'a connu le loriot que par

(a) C'est le *Loriot* de M. Brisson, *tome II, page 320.* En Grec, selon les Auteurs, Χλωείον (traduit en Latin par *Vireo*); Χλωείς la femelle, suivant Élien; Κολίος, Κολέος, Κελέος (traduit par *Galgulus*) Κλωρίος; *(Luteus)* en Grec moderne, Συκοφάγος; *(quasi ficedula)* en Latin, *Chlorion, Chloris, Chloreus, Oriolus, Merula aurea, Turdus aureus, Luteus, Lutea, Luteolus, Ales luridus, Picus nidum suspendens, Avis icterus, Galgulus,* (ces quatre derniers noms sont de Pline) *Galbulus, Galbula Vireo, Vineo;* en Italien, *Oriolo, Regalbulo, Gualbedro, Galbero, Reigalbero, Garbella, Rigeyo, Melziozallo, Becquafigo, Becquafiga, Brusola;* en Espagnol, *Oropendola, Oryendola;* en vieux François, *Lorion, Lourion, Louriou, Auriou, Lauriol, Oriol, Orio;* en différentes provinces de France, *Oriot, Piloriot, Biloriot, compère Loriot, Lousot, Merle-jaune, Merle-doré, Becfigue, Courtpendu.* M. Salerne soupçonne que c'est le bel oiseau jaune qu'on appelle la *Lutronne* du côté d'Abbeville; en Allemand, *Bierholdt, Bierolf, Brouder berolft, Byrolt, Tyrolt, Kirscholdt, Gerolft, Kersenrife, Goldamsel, Goldmerle, Gut-merle, Olimerle, Gelbling, Widdewal, Witwol;* en Anglois, *a Witwol;* en Suisse, *Wittewalch;* en Polonois, *Wilga, Wywielga.* On a dérivé le nom du loriot, les uns du mot Grec *Chlorion,* les autres du mot Latin *Aureolus,* d'autres enfin du cri de l'oiseau.

ouï-dire : quelque répandu que foit cet oifeau, il y a des pays qu'il femble éviter ; on ne le trouve ni en Suède, ni en Angleterre, ni dans les montagnes du Bugey, ni même à la hauteur de Nantua, quoiqu'il fe montre régulièrement en Suiffe deux fois l'année : Belon ne paroît pas l'avoir aperçu dans fes voyages de Grèce, & d'ailleurs comment fuppofer qu'Ariftote ait connu par lui-même cet oifeau, fans connoître la fingulière conftruction de fon nid, ou que la connoiffant, il n'en ait point parlé !

Pline qui a fait mention du *chlorion* d'après Ariftote *(b)*, mais qui ne s'eft pas toujours mis en peine de comparer ce qu'il empruntoit des Grecs avec ce qu'il trouvoit dans fes Mémoires, a parlé du loriot fous quatre dénominations différentes *(c)*, fans avertir que c'étoit le même oifeau que le *chlorion*. Quoi qu'il en foit, le loriot eft un oifeau très-peu fédentaire, qui change continuellement de contrées & femble ne s'arrêter dans les nôtres que pour faire l'amour, ou plutôt pour accomplir la loi impofée par la Nature à tous les êtres vivans, de tranfmettre à une génération nouvelle l'exiftence qu'ils ont reçue d'une génération précédente,

---

(b) Hift. Nat. *lib. X, cap. XXIX.*

(c) *Picorum aliquis fufpendit in furculo* (nidum) *primis in ramis cyathi modo.* Pline, lib. X, cap. XXXIII. *Jam publicum quidem omnium eft* (galgulos) *tabulata ramorum fuftinendo nido providè eligere, camerâque ab imbri aut fronde protegere denfâ.* Ibidem.

La conftruction du nid du *picus* & du *galgulus*, étant à peu-près la même & fort reffemblante à celle du loriot, on en peut conclure que dans ces deux paffages il s'agit de notre loriot fous deux noms différens ; mais que le *galgulus* foit le même oifeau que l'*avis icterus* & que l'*ales luridus*, c'eft ce qui eft démontré par les deux paffages fuivans. *Avis icterus vocatur a colore, quæ fi fpectetur, fanari id malum* (regium) *tradunt, & avem mori ; hanc puto latinè vocari galgulum*, lib. XXX, cap. XI. *Icterias* (lapis) *aliti lurido fimilis, ideo exiftimatur falubris contra regios morbos*, lib. XXXVII, cap. X. D'ailleurs ce que Pline dit de fon *galgulus*, lib. X, cap. XXV. *Cum fœtum eduxere abeunt*, convient tout-à-fait à notre loriot.

car l'amour n'eſt que cela dans la langue des Naturaliſtes. Les
loriots ſuivent cette loi avec beaucoup de zèle & de fidélité :
dans nos climats c'eſt vers le milieu du printemps que le mâle &
la femelle ſe recherchent, c'eſt-à-dire, preſque à leur arrivée.
Ils font leurs nids ſur des arbres élevés, quoique ſouvent à une
hauteur fort médiocre ; ils le façonnent avec une ſingulière induſtrie & bien différemment de ce que font les merles, quoiqu'on
ait placé ces deux eſpèces dans le même genre. Ils l'attachent
ordinairement à la bifurcation d'une petite branche & ils enlacent
autour des deux rameaux qui forment cette bifurcation, de longs
brins de paille ou de chanvre, dont les uns allant droit d'un
rameau à l'autre forment le bord du nid par-devant, & les autres
pénétrant dans le tiſſu du nid, ou paſſant par-deſſous & revenant
ſe rouler ſur le rameau oppoſé, donnent la ſolidité à l'ouvrage.
Ces longs brins de chanvre ou de paille qui prennent le nid
par-deſſous, en font l'enveloppe extérieure : le matelas intérieur,
deſtiné à recevoir les œufs, eſt tiſſu de petites tiges de *gramen,*
dont les épis ſont ramenés ſur la partie convexe & paroiſſent ſi
peu dans la partie concave, qu'on a pris plus d'une fois ces tiges
pour des fibres de racines ; enfin entre le matelas intérieur &
l'enveloppe extérieure, il y a une quantité aſſez conſidérable de
mouſſe, de lichen & d'autres matières ſemblables, qui ſervent,
pour ainſi dire, d'ouate intermédiaire, & rendent le nid plus
impénétrable au dehors, & tout-à-la-fois plus mollet au dedans.
Ce nid étant ainſi préparé, la femelle y dépoſe quatre ou cinq
œufs, dont le fond blanc-ſale eſt ſemé de quelques petites taches
bien tranchées, d'un brun preſque noir, & plus fréquentes ſur
le gros bout que par-tout ailleurs ; elle les couve avec aſſiduité
l'eſpace d'environ trois ſemaines, & lorſque les petits ſont éclos,

non - feulement elle leur continue fes foins affectionnés pendant très-long-temps *(d)*, mais elle les défend contre leurs ennemis & même contre l'homme, avec plus d'intrépidité qu'on n'en attendroit d'un fi petit oifeau. On a vu le père & la mère s'é-lancer courageufement fur ceux qui leur enlevoient leur couvée, & ce qui eft encore plus rare, on a vu la mère, prife avec le nid, continuer de couver en cage & mourir fur fes œufs.

Dès que les petits font élevés, la famille fe met en marche pour voyager; c'eft ordinairement vers la fin d'août ou le com-mencement de feptembre; ils ne fe réuniffent jamais en troupes nombreufes, ils ne reftent pas même affemblés en famille, car on n'en trouve guère plus de deux ou trois enfemble. Quoiqu'ils volent peu légèrement & en battant des ailes, comme le merle, il eft probable qu'ils vont paffer leur quartier d'hiver en Afrique; car d'une part, M. le chevalier de Mazy, Commandeur de l'ordre de Malte, m'affure qu'ils paffent à Malte dans le mois de feptembre & qu'ils repaffent au printemps; & d'autre part, Thévenot dit qu'ils paffent en Égypte au mois de mai & qu'ils repaffent en feptembre *(e)*. Il ajoute, qu'au mois de mai ils font très-gras; & alors leur chair eft un bon manger. Aldrovande s'étonne de ce qu'en France on n'en fert pas fur nos tables *(f)*.

Le loriot eft à peu-près de la groffeur du merle, il a neuf à dix pouces de longueur, feize pouces de vol, la queue d'environ

---

(d) Les petits *(loriots)* fuivent long-temps leurs père & mère, dit Belon, jufqu'à ce qu'ils aient bien appris à fe pourchaffer eux-mêmes. *Nature des Oifeaux*, page *293*.

(e) Voyage du Levant, *tome I, page 493.*

(f) Ornithologie, *tome I, page 861.*

trois

trois pouces & demi, & le bec de quatorze lignes. Le mâle eft
d'un beau jaune fur tout le corps, le cou & la tête, à l'exception
d'un trait noir qui va de l'œil à l'angle de l'ouverture du bec.
Les ailes font noires, à quelques taches jaunes près qui terminent
la plupart des grandes pennes & quelques-unes de leurs couvertures; la queue eft auffi mi-partie de jaune & de noir, de
façon que le noir règne fur ce qui paroît des deux pennes
du milieu, & que le jaune gagne toujours de plus en plus fur
les pennes latérales, à commencer de l'extrémité de celles qui
fuivent immédiatement les deux du milieu; mais il s'en faut bien
que le plumage foit le même dans les deux fexes; prefque tout
ce qui eft d'un noir décidé dans le mâle n'eft que brun dans la
femelle, avec une teinte verdâtre; & prefque tout ce qui eft
d'un fi beau jaune dans celui-là, eft dans celle-ci olivâtre, ou
jaune-pâle, ou blanc; olivâtre fur la tête & le deffus du corps,
blanc-fale varié de traits bruns fous le corps, blanc à l'extrémité
de la plupart des pennes des ailes, & jaune-pâle à l'extrémité
de leurs couvertures; il n'y a de vrai jaune qu'au bout de la queue
& fur fes couvertures inférieures. J'ai obfervé de plus dans une
femelle un petit efpace derrière l'œil qui étoit fans plumes & de
couleur ardoifée-claire.

Les jeunes mâles reffemblent d'autant plus à la femelle pour
le plumage, qu'ils font plus jeunes; dans les premiers temps ils
font mouchetés encore plus que la femelle, ils le font même
fur la partie fupérieure du corps; mais dès le mois d'août le
jaune commence déjà à paroître fous le corps; ils ont auffi un
cri différent de celui des vieux; ceux-ci difent *yo, yo, yo,*
qu'ils font fuivre quelquefois d'une forte de miaulement comme
celui du chat; mais indépendamment de ce cri, que chacun entend

à sa manière *(g)*, ils ont encore une espèce de sifflement, sur-tout lorsqu'il doit pleuvoir *(h)*, si toutefois ce sifflement est autre chose que le miaulement dont je viens de parler.

Ces oiseaux ont l'iris des yeux rouge, le bec rouge-brun, le dedans du bec rougeâtre, les bords du bec inférieur un peu arqués sur leur longueur, la langue fourchue & comme frangée par le bout, le gésier musculeux, précédé d'une poche formée par la dilatation de l'œsophage, la vésicule du fiel verte, des *cæcum* très-petits & très-courts, enfin la première phalange du doigt extérieur soudée à celle du doigt du milieu.

Lorsqu'ils arrivent au printemps ils font la guerre aux insectes & vivent de scarabées, de chenilles, de vermisseaux, en un mot, de ce qu'ils peuvent attraper; mais leur nourriture de choix, celle dont ils sont le plus avides, ce sont les cerises, les figues *(i)*, les baies de sorbier, les pois, &c. Il ne faut que deux de ces oiseaux pour dévaster en un jour un cerisier bien garni, parce qu'ils ne font que becqueter les cerises les unes après les autres, & n'entament que la partie la plus mûre.

Les loriots ne sont point faciles à élever ni à apprivoiser. On les prend à la pipée, à l'abreuvoir & avec différentes sortes de filets.

(g) Gesner dit qu'ils prononcent *oriot* ou *loriot;* Belon, qu'ils semblent dire, *compère loriot;* d'autres ont cru entendre, *loufot bonnes merises*, &c. Voyez l'*Histoire Naturelle des Oiseaux* de M. Salerne, *page 186.*

(h) Aliquando instar fistulæ canit præsertim imminente pluviâ. Gesner, *De Avibus,* page 714.

(i) C'est de-là qu'on leur a donné en certains pays les noms de Becfigues, de συκοφάγος, &c. & c'est peut-être cette nourriture qui rend leur chair si bonne à manger. On sait que les figues produisent le même effet sur la chair des merles & d'autres oiseaux.

26.

Dessiné et gravé   par Martinet.

Le Loriot mâle .

Ces oiſeaux ſe ſont répandus quelquefois juſqu'à l'extrémité du continent, ſans ſubir aucune altération dans leur forme extérieure ni dans leur plumage; car on a vu des loriots de Bengale & même de la Chine parfaitement ſemblables aux nôtres; mais auſſi on en a vu d'autres venant à peu-près des mêmes pays, qui ont quelques différences dans les couleurs, & que l'on peut regarder, pour la plupart, comme des variétés de climat juſqu'à ce que des obſervations faites avec ſoin ſur les allures & les mœurs de ces eſpèces étrangères, ſur la forme de leur nid, &c. éclairent ou rectifient nos conjectures.

VARIÉTÉS DU LORIOT.

I. LE COULAVAN *(a)*. Cet oiseau de la Cochinchine *(pl. 570)* est peut-être un tant soit peu plus gros que notre loriot; il a aussi le bec plus fort à proportion; les couleurs du plumage sont absolument les mêmes & distribuées de la même manière par-tout, excepté sur les couvertures des ailes qui sont entièrement jaunes, & sur la tête où l'on voit une espèce de fer-à-cheval noir; la partie convexe de ce fer-à-cheval bordé l'occiput, & ses branches vont, en passant sur l'œil, aboutir aux coins de l'ouverture du bec; c'est le trait de dissemblance le plus caractérisé du coulavan, encore retrouve-t-on dans le loriot une tache noire entre l'œil & le bec qui semble être la naissance de ce fer-à-cheval.

J'ai vu quelques individus coulavans qui avoient le dessus du corps d'un jaune rembruni. Tous ont le bec jaunâtre & les pieds noirs.

II. LE LORIOT DE LA CHINE *(pl. 79)*, *(b)*. Il est un peu moins gros que le nôtre mais c'est la même forme, les mêmes proportions & les mêmes couleurs, quoique disposées différemment. La tête, la gorge & la partie antérieure du cou sont entièrement noires *(c)*, & dans toute la queue il n'y a de noir

---

(a) Les Cochinchinois le nomment *Couliavan*. C'est le cinquante-neuvième merle de M. Brisson, *tome II, page 326.*

(b) C'est le *loriot de Bengale* de M. Brisson, *tome II, page 329*, & le *Black-headed Indian icterus* de M. Edwards, *planche 77.*

(c) L'espèce de pièce noire qui couvre la gorge & le devant du cou, a dans la figure d'Edwards une échancrure de chaque côté vers le milieu de sa longueur.

qu'une

Martinet.

Le Couliavan, de la Cochinchine.

Loriot de la Chine.

qu'une large bande qui traverfe les deux pennes intermédiaires près de leur extrémité, & deux taches fituées auffi près de l'extrémité des deux pennes fuivantes. La plupart des couvertures des ailes font jaunes, les autres font mi-parties de noir & de jaune; les plus grandes pennes font noires dans ce qui paroît au-dehors, l'aile étant dans fon repos, & les autres font bordées ou terminées de jaune : tout le refte du plumage eft de cette dernière couleur & de la plus belle teinte.

La femelle *(d)* eft différente, car elle a le front ou l'efpace entre l'œil & le bec d'un jaune vif, la gorge & le devant du cou d'une couleur claire plus ou moins jaunâtre avec des mouchetures brunes, le refte du deffous du corps d'un jaune plus foncé, le deffus d'un jaune brillant, toutes les ailes variées de brun & de jaune, la queue jaune auffi, excepté les deux pennes du milieu qui font brunes, encore ont-elles un œil jaunâtre & font-elles terminées de jaune.

III. LE LORIOT DES INDES *(e)*. C'eft le plus jaune des loriots; car il eft en entier de cette couleur, excepté, 1.° un fer-à-cheval qui embraffe le fommet de la tête & aboutit des deux côtés à l'angle de l'ouverture du bec; 2.° quelques taches longitudinales fur les couvertures des ailes; 3.° une bande qui traverfe la queue vers le milieu de fa longueur; le tout de couleur azurée, mais le bec & les pieds font d'un rouge éclatant.

(d) C'eft l'*yellow Indiam ftarling* d'Edwards, *pl. 186;* & d'Albin, *t. II, p. 38.* M. Edwards lui auroit donné le nom de loriot tacheté, *fpotted icterus,* s'il n'avoit cru plus à propos de conferver le nom d'Albin. Il penfe que ce pourroit bien être le *mottled jai* de Madras, & par conféquent le cinquième troupiale de M. Briffon.

(e) C'eft le nom que lui donnent Aldrovande, *tome I, page 862;* & M. Briffon qui en a fait fon foixantième merle. Voyez le *tome II, page 328.*

LE LORIOT RAYÉ *(a)*.

CET oiseau ayant été regardé par les uns comme un merle & par les autres comme un loriot, sa vraie place semble marquée entre les loriots & les merles ; & comme d'ailleurs il paroît autrement proportionné que l'une ou l'autre de ces deux espèces, je suis porté à le regarder plutôt comme une espèce voisine & mitoyenne que comme une simple variété.

Le loriot rayé est moins gros qu'un merle & modelé sur des proportions plus légères ; il a le bec, la queue & les pieds plus courts, mais les doigts plus longs ; sa tête est brune, finement rayée de blanc ; les pennes des ailes sont brunes aussi, & bordées de blanc ; tout le corps est d'un bel orangé, plus foncé sur la partie supérieure que sur l'inférieure : le bec & les ongles sont à peu-près de la même couleur, & les pieds sont jaunes.

(a) C'est le loriot à tête rayée de M. Brisson, *tome II, page 332 ;* & le *merula bicolor* d'Aldrovande, *tome II, pages 623 & 624 ;* je ne sais pourquoi ce dernier Auteur lui applique l'épithète de *bicolor,* vu que, selon sa description même, il entre trois ou quatre couleurs dans le plumage de cet oiseau, du brun, du blanc & de l'orangé de deux nuances.

FIN du troisième Volume.

Avis pour l'ordre des Planches du Tome III.

FAUTES À CORRIGER.

Page 51, ligne 9, effacez *(pl. 487)*, & ajoutez à la ligne 10, après les mots, Saint-Domingue, *(pl. 487)*.

Page 158, ligne 2, *(pl. 488)*, lisez *(pl. 50.)*